初心如磐

中国式现代化的本质要求

「中国式现代化研究」丛书

颜晓峰 主编　颜晓峰 等 著

浙江人民出版社

图书在版编目（CIP）数据

初心如磐：中国式现代化的本质要求 / 颜晓峰等著.
杭州：浙江人民出版社，2024.7. — ISBN 978-7-213-11509-7

Ⅰ．D61

中国国家版本馆 CIP 数据核字第 2024FL6482 号

初心如磐

——中国式现代化的本质要求

颜晓峰　等著

出版发行	浙江人民出版社（杭州市环城北路177号　邮编　310006）
	市场部电话：(0571)85061682　85176516
责任编辑	高辰旭　沈敏一　尚咪咪
责任校对	陈　春　杨　帆
责任印务	程　琳
封面设计	异一设计
电脑制版	杭州兴邦电子印务有限公司
印　　刷	浙江新华数码印务有限公司
开　　本	710毫米×1000毫米　1/16
印　　张	20.25
字　　数	247千字
版　　次	2024年7月第1版
印　　次	2024年7月第1次印刷
书　　号	ISBN 978-7-213-11509-7
定　　价	58.00元

如发现印装质量问题，影响阅读，请与市场部联系调换。

目 录

导 论　中国式现代化的规律体系……………………………001

第一章　坚持中国共产党领导……………………………027

中国式现代化是中国共产党领导的社会主义现代化，坚持中国共产党领导是中国式现代化的本质要求，党的领导直接关系中国式现代化的根本方向、前途命运、最终成败。

第一节　中国共产党领导是中国式现代化最本质的
　　　　特征　/ 029
第二节　中国共产党领导体现了中国式现代化的本质
　　　　要求　/ 039
第三节　在中国式现代化新征程中深入推进新时代
　　　　党的建设新的伟大工程　/ 048

第二章　坚持中国特色社会主义……………………………061

"坚持中国特色社会主义"是党的二十大报告概括的中国式现代化的本质要求之一，中国式现代化的"中国式"，从根本上说是基于中国特色社会主义而形成的。中国特色社会主义体现了中国式现代化的质的规定性，是中国式现代化同西方现代化的根本区别，深刻指明了中国式现代化的根本性质和根本方向。

第一节　坚持中国特色社会主义是中国式现代化的本质要求　/ 063

第二节　中国式现代化是坚持和发展中国特色社会主义的现代化　/ 069

第三节　在新征程中要毫不动摇坚持和发展中国特色社会主义　/ 075

第三章　实现高质量发展 …………………………………… 087

当代世界，发展是解决人类一切问题的"总钥匙"。没有发展就没有现代化，没有高质量发展就没有全面现代化。这是我国推动实现快速发展和社会长期稳定的必要前提。

第一节　高质量发展是中国式现代化本质要求的经济特征　/ 089

第二节　高质量发展在经济建设中展现中国式现代化的本质要求　/ 094

第三节　在全面建设社会主义现代化国家进程中推动高质量发展　/ 103

第四章　发展全过程人民民主 …………………………………… 117

全过程人民民主是新时代我们党领导人民推进社会主义政治建设取得的重大理论和实践创新成果，它实现了过程民主和成果民主、程序民主和实质民主、直接民主和间接民主、人民民主和国家意志相统一，是全链条、全方位、全覆盖的民主，是最广泛、最真实、最管用的社会主义民主，充分彰显了中国式现代化的民主向度。

第一节　发展全过程人民民主是中国式现代化本质要求的政治标识　/ 119

第二节　发展全过程人民民主在政治建设中展现中国式现代化的本质要求　/ 129

第三节　在全面推进中国式现代化进程中建设社会主义政治文明　/ 137

第五章　丰富人民精神世界 ……………………………… 151

中国式现代化是物质文明与精神文明协调发展的现代化，既把不断发展生产力作为实现现代化的基本要求，同时也在丰富人民精神世界的过程中克服西式现代化的精神贫乏弊端。作为中国式现代化本质要求的文化维度，丰富人民精神世界在文化建设中展现了中国式现代化的独特意蕴。

第一节　丰富人民精神世界是中国式现代化本质要求的文化维度　/ 153

第二节　丰富人民精神世界在文化建设中展现中国式现代化的本质要求　/ 160

第三节　在全面推进中国式现代化进程中建设社会主义精神文明　/ 166

第六章　实现全体人民共同富裕 …… 181

党的二十大擘画了以高质量发展推进全体人民共同富裕的宏观、中观和微观的实现路径，使全体人民共同富裕成为党的第二个百年奋斗目标的重要组成部分，是中国式现代化的重要内容。

第一节　全体人民共同富裕是中国式现代化本质要求的价值立场和实践旨归　/ 183

第二节　全体人民共同富裕在不断增进人民福祉中彰显中国式现代化的本质要求　/ 191

第三节　在全面推进中国式现代化进程中实现全体人民共同富裕　/ 201

第七章　促进人与自然和谐共生 …… 211

中国式现代化是人与自然和谐共生的现代化。"人与自然和谐共生"既是中国式现代化的中国特色之一，也是中国式现代化的本质要求。我们党秉承"人与自然和谐共生"的生态理念，在全面推进中国式现代化的历史进程中建设美丽中国。

第一节　促进人与自然和谐共生是中国式现代化本质要求的生态标识　/ 213

第二节　促进人与自然和谐共生是中国式现代化本质要求的重要内容　/ 216

第三节　在全面推进中国式现代化进程中建设美丽中国　/ 223

第八章　推动构建人类命运共同体 ……………………… 235

构建人类命运共同体是世界各国人民的前途所在。中国坚持对话协商，推动建设一个持久和平的世界；坚持共建共享，推动建设一个普遍安全的世界；坚持合作共赢，推动建设一个共同繁荣的世界；坚持交流互鉴，推动建设一个开放包容的世界；坚持绿色低碳，推动建设一个清洁美丽的世界。

第一节　推动构建人类命运共同体是中国式现代化的本质要求　/ 237

第二节　推动构建人类命运共同体彰显中国式现代化的天下胸怀　/ 244

第三节　在推动构建人类命运共同体中丰富拓展中国式现代化　/ 254

第九章　创造人类文明新形态 ……………………………… 267

中国式现代化创造了人类文明新形态，展现出人类现代化的崭新图景。人类文明新形态作为中国式现代化的本质要求，彰显了中国式现代化的显著优势，标注了中国式现代化的文明高度，必将在以中国式现代化全面推进中华民族伟大复兴的进程中不断丰富和发展。

第一节　创造人类文明新形态是中国式现代化本质要求的文明标识　/ 269

第二节　创造人类文明新形态在"五位一体"建设中展现中国式现代化的本质要求　/ 277

第三节　在以中国式现代化建设全面推进中华民族伟大复兴中丰富和发展人类文明新形态　/ 286

结　语　在新征程上全面贯彻、丰富拓展中国式现代化的本质要求 ················ 297

主要参考文献 ················ 312

后　记 ················ 315

导 论
中国式现代化的规律体系

党的二十大报告提出新时代新征程以中国式现代化全面推进中华民族伟大复兴的使命任务，明确了中国式现代化的本质要求，这就是"坚持中国共产党领导，坚持中国特色社会主义，实现高质量发展，发展全过程人民民主，丰富人民精神世界，实现全体人民共同富裕，促进人与自然和谐共生，推动构建人类命运共同体，创造人类文明新形态"。本质要求凝结着根本属性、关键要素、内在联系、实践逻辑，中国式现代化的本质要求集中体现了中国式现代化的规律体系。全面准确把握中国式现代化的本质要求及其蕴含的规律体系，是全面建设社会主义现代化国家、全面推进中华民族伟大复兴的必然要求。

一、在党领导的中国式现代化进程中探索出来的规律体系

中国式现代化是在世界现代化的潮流中，在中华民族近代以来追求现代化、实现民族复兴的进程中，中国共产党带领人民开创的社会主义现代化事业。党在这一历史进程中，注重总结中国式现代化的实践经验，探索中国式现代化的内在规律，这在中国式现代化的本质要求中得到凝练概括和精辟表述，正如习近平总书记在党的二十届一中全会上所指出的，"党的二十大对中国式现代化的本质要求作出科学

概括。这个概括是党深刻总结我国和世界其他国家现代化建设的历史经验,对我国这样一个东方大国如何加快实现现代化在认识上不断深入、战略上不断完善、实践上不断丰富而形成的思想理论结晶"[1]。

(一)新中国成立特别是改革开放以来推进中国式现代化的探索和实践提供了宝贵经验

中国共产党自成立之日起,就开始了为中国人民谋幸福、为中华民族谋复兴的奋斗历程,致力于推进中华民族伟大复兴。新中国的成立,为中国式现代化创造了根本社会条件,让中国从此开启了现代化的新纪元。只有在党的领导下才能实现民族独立、人民解放,只有社会主义才能救中国,党的领导和社会主义是中国式现代化的政治前提和道路根本,就是新民主主义革命时期得出的最为重要的历史结论。

新中国成立后,党领导社会主义革命,推进社会主义建设,为中国式现代化奠定根本政治前提和制度基础,提供宝贵经验和物质基础。党在过渡时期总路线中,提出了国家的社会主义工业化目标,开启了中国社会主义现代化的进程。社会主义制度的建立,为我国一切发展进步、为中国式现代化确立了政治制度、经济制度和各项制度的基础。社会主义改造基本完成后,党提出努力把我国逐步建设成为一个具有现代农业、现代工业、现代国防和现代科学技术的社会主义强国,明确了"四个现代化"的重点领域。在当时的历史条件下,中国式现代化只能首先在最紧要的领域展开,农业是基础,工业是主导,国防是保障,科技是核心。党在外交领域倡导和坚持和平共处五项原则,赢得国际社会特别是广大发展中国家的尊重和赞赏。党注重加强

---

[1] 习近平:《为实现党的二十大确定的目标任务而团结奋斗》,载《求是》2023年第1期。

自身建设，提高党的领导水平。毛泽东同志提出关于社会主义建设的一系列重要思想，包括走出一条适合中国国情的工业化道路，在科学文化领域实行"双百"方针等。这一历史时期，实现了一穷二白、人口众多的东方大国大步迈进社会主义的伟大飞跃，得出了只有社会主义才能发展中国的历史结论。

进入改革开放和社会主义现代化建设新时期，我们党致力于在中国特色社会主义道路上实现社会主义现代化，中国式现代化的思想和实践深入展开。邓小平同志指出："我们搞的现代化，是中国式的现代化。我们建设的社会主义，是有中国特色的社会主义。"[1]这就表明中国式现代化与中国特色社会主义是一体的。改革开放和社会主义现代化建设，为中国式现代化提供充满新的活力的体制保证和物质条件。党提出"一个中心、两个基本点"的基本路线，以经济建设为中心就是一心一意搞现代化建设，坚持四项基本原则保证了党对中国式现代化的领导和社会主义现代化道路，坚持改革开放要求建立社会主义市场经济体制、实现全方位开放。党制定了分三步走、基本实现社会主义现代化的发展战略，勾画了推进中国式现代化的宏伟蓝图。社会主义现代化建设在经济、政治、文化、社会等领域逐步展开，加快转变经济发展方式，建设社会主义政治文明，建设社会主义精神文明，促进社会和谐稳定。提出和平与发展是当今时代的主题，积极促进世界多极化和国际关系民主化，促进世界持久和平、共同繁荣。开创和推进党的建设新的伟大工程，加强执政能力建设和先进性建设。这一历史时期，我国经济实现了历史性突破，人民生活水平实现了历史性提高，得出了中国特色社会主义道路是让中国走向发展繁荣、实现现代化的正确道路的历史结论。

---

[1] 《邓小平文选》（第三卷），人民出版社1993年版，第29页。

（二）党的十八大以来中国式现代化的成功推进和拓展彰显本质属性

党的二十大报告指出："在新中国成立特别是改革开放以来长期探索和实践基础上，经过十八大以来在理论和实践上的创新突破，我们党成功推进和拓展了中国式现代化。"新时代对中国式现代化的创新突破、推进拓展，在党的十八大以来的历史性成就和历史性变革中得到充分展现。

全面加强党的领导。强调"两个确立"具有决定性意义，确保党中央权威和集中统一领导，确保党在实现"两个一百年"奋斗目标进程中总揽全局、协调各方，着力解决落实党的领导弱化、虚化、淡化问题，党的政治领导力、思想引领力、群众组织力、社会号召力显著增强，保证了党始终成为中国式现代化的坚强领导核心。创立习近平新时代中国特色社会主义思想，创新发展中国式现代化理论，为中国式现代化的创新突破、推进拓展提供了根本遵循。

作出新时代坚持和发展中国特色社会主义这一科学完善的战略部署。提出以中国式现代化实现中华民族伟大复兴，统揽伟大斗争、伟大工程、伟大事业、伟大梦想，统筹推进"五位一体"总体布局，协调推进"四个全面"战略布局，解决新时代我国社会主要矛盾。完成脱贫攻坚、全面建成小康社会的历史任务，让近1亿农村贫困人口脱贫。

贯彻新发展理念，推进高质量发展，构建新发展格局。实施供给侧结构性改革，解决经济结构性体制性突出矛盾，战略性新兴产业发展壮大，我国进入创新型国家行列。许多领域实现历史性变革、系统性重塑、整体性重构，形成更大范围、更宽领域、更深层次对外开放格局。新时代续写了经济快速发展和社会长期稳定两大奇迹，我国发展具备了更为坚实的物质基础。

全面发展全过程人民民主。决不照抄照搬他国政治制度，坚持党的领导、人民当家作主、依法治国有机统一，社会主义民主政治制度化、规范化、程序化全面推进，健全全面、广泛、有机衔接的人民当家作主制度体系。全面推进依法治国，建设社会主义法治国家，一体建设法治国家、法治政府、法治社会，着力解决有法不依、执法不严等问题，党运用法治方式领导和治理国家的能力显著增强。

建设具有强大凝聚力和引领力的社会主义意识形态。坚定文化自信，建设社会主义文化强国，用社会主义先进文化、革命文化、中华优秀传统文化培根铸魂，更好构筑中国精神、中国价值、中国力量。社会主义核心价值观广泛传播，坚决抵制拜金主义、享乐主义、极端个人主义和历史虚无主义等错误思潮，为人民提供更多更好的精神食粮，全体人民焕发出更为强烈的历史自觉和主动精神。

共同富裕取得新成效。深入贯彻以人民为中心的发展思想，注重加强普惠性、基础性、兜底性民生建设，针对民生保障的不少薄弱环节，解决好人民群众急难愁盼问题。历史性地解决了绝对贫困问题，建成世界上规模最大的教育体系、社会保障体系、医疗卫生体系，人民生活全方位改善，经济社会发展取得重大积极成果，人民群众的获得感、幸福感、安全感更加充实、更有保障、更可持续。

绿色、循环、低碳发展迈出坚实步伐。坚持绿水青山就是金山银山的理念，走生产发展、生活富裕、生态良好的文明发展道路，像对待生命一样对待生态环境，着力解决资源环境约束趋紧、环境污染等突出问题。坚持山水林田湖草沙一体化保护和系统治理，推动形成节约资源和保护环境的空间格局、产业结构、生产方式、生活方式，我国天更蓝、山更绿、水更清。

推动构建人类命运共同体。弘扬全人类共同价值，坚定维护国际公平正义，高举和平、发展、合作、共赢的旗帜，引领人类进步潮流，反对一切霸权主义和强权政治，推动构建新型国际关系。积极参与全球治理体系改革和建设，在气候变化、减贫、反恐、网络安全和维护地区稳定安全等领域发挥积极作用，我国国际影响力、感召力、塑造力、亲和力显著提升。

不断丰富和发展人类文明新形态。在全面建成小康社会、全面建设社会主义现代化国家进程中，建设高质量发展的物质文明、全过程人民民主的政治文明、人民精神富有的精神文明、共同富裕的社会文明、人与自然和谐共生的生态文明，以及人类命运共同体的人类社会文明，凸显中国式现代化的本质要求和普遍意义。

二、包含各国现代化共同特征和中国特色的规律体系

现代化是世界近代以来在生产力和生产关系的变革中，在世界市场和科技进步力量的推动下，由西方资本主义国家率先进入、其他国家和民族相继卷入的历史性潮流。马克思、恩格斯在《共产党宣言》等著作中，对资本主义现代化的兴起及其带来的巨变作出了生动的描述，也作出了尖锐的批判。世界现代化的历史呈现出极不平衡的状况，各国现代化也经历了不同的过程、有着不同的结果。现代化不等同于西方化，各国的现代化是现代化的共同特征和各民族自身特色的综合体。党的二十大报告指出，中国式现代化"既有各国现代化的共同特征，更有基于自己国情的中国特色"。中国式现代化的本质要求所蕴含的规律体系，也必然是各国现代化共同特征和中国特色的统一。

导 论
中国式现代化的规律体系

（一）各国现代化共同特征融入中国式现代化的本质要求之中

现代化是一种历史性趋势性描述，是指世界历史从古代社会转向近现代社会，文明形态从古代文明转向现代文明，技术形态从手工工具转向动力机械，产业形态从农业经济转向工业经济，社会形态从封建社会转向资本主义社会乃至社会主义社会。现代化是一种社会性全局性描述，是指从现代化生产、现代化科技、现代化市场、现代化制度向一个国家其他社会领域和层面全面扩散、整体变革的过程，经济、政治、法律、文化、思想、社会、军事、外交等各个领域，或先或后、或深或浅，都要在现代化的大潮中实现转变和转型。现代化是一种关系性深层性描述，是指现代化"化"的范围既包括实体性对象，也包括关系性对象，各种结构关系、交往关系、思想关系等也都随之发生着深刻变革；"化"的层面既包括器物层面，也包括人的层面，人的能力素质、世界观价值观等也都渐次嬗变。现代化是一种价值性评价性描述，是指现代化总的来说符合人类社会发展进步的潮流，但也包含着成就与代价、革新与破坏、兴起与消亡。

本质要求是本质特征的要求，中国式现代化的本质要求反映了各国现代化的共同特征。在各国现代化进程中，代表生产力发展要求和生产关系变革要求的阶级及其政党，对实现现代化具有自觉性和主动性，起着推动力量和领导力量的作用，能够破除现代生产力发展的障碍，建立起适应现代化要求的社会关系和各种制度。中国共产党代表中国先进生产力的发展要求，是中国人民、中华民族实现现代化的先锋队，坚持中国共产党领导符合现代化的一般规律。现代化不是资本主义化，迄今为止的各国现代化就制度形态而言，有资本主义现代化和社会主义现代化。社会主义现代化是在资本主义现代化成果基础上，建立起来的高于和超越资本主义现代化的新型现代化。社会主是资本主义内在矛盾发展的必然趋势，建立社会主义社会反映了人类社会的发展规律，坚持中国特色社会主义同样是现代化共同特征的应有之义。现代化在经济、政治、文化、社会、生态等领域渐次展开，在人类社会中各国互利普惠，在人类文明发展进步中共建共享等，都是世界现代化的"公约数"。

（二）中国式现代化的中国特色是本质要求的实践根据

任何国家的现代化都有自己的民族特色，各国国情不同，现代化也就各具特色。中国式现代化的中国特色，源于历史、基于国情、根于制度，是中国式现代化规律体系的实践基础，决定着中国式现代化的本质要求。

人口规模巨大的现代化，决定了必须坚持中国共产党领导，坚持中国特色社会主义。我国有14亿多人口，超过现有发达国家人口的总和，要整体迈进现代化社会，任务极其艰巨、矛盾极其复杂。党的领导的政治优势，保证了中国式现代化进程中有了团结人民、凝聚人心、集聚力量的坚强领导核心。中国特色社会主义的制度优势，保证了人民在现代化过程中的主体地位，保证了全体人民共建共享现代化成果。

全体人民共同富裕的现代化，本身就是中国式现代化的本质要求，中国式现代化还要求实现高质量发展，夯实共同富裕的物质基础，要求发展全过程人民民主，巩固共同富裕的民主保障。文化建设是促进人民精神生活共同富裕的基本条件，生态文明建设满足人民对美好生态环境的更高需要。

物质文明和精神文明相协调的现代化，决定了必须把实现高质量发展和丰富人民精神世界统一起来，以物质富足促进精神富有，以精神富有彰显中国式现代化的本质要求。中国式现代化既要实现物的全面丰富，又要实现以美好精神生活为显著标志的人的全面发展。

人与自然和谐共生的现代化，本身也是中国式现代化的本质要求，这就决定了必须坚持人与自然是生命共同体的生态文明理念，像保护眼睛一样保护生态环境，为实现第二个百年奋斗目标、为中华民族永续发展筑牢生态保障。

走和平发展道路的现代化，决定了必须推动构建人类命运共同体，中国式现代化与人类社会现代化休戚相关、同存共荣，决不走依靠侵略掠夺、殖民扩张、武力战争的西方现代化老路。中国式现代化创造的人类文明新形态，不仅造福于中国人民、中华民族，而且造福于人类社会、世界人民。

（三）实现现代化共同性和民族性的有机统一

普遍性和特殊性是统一的，统一于具体事物之中，普遍性存在于特殊性之中，特殊性包含着普遍性。各国现代化的共同特征与基于自己国情的中国特色，统一于中国式现代化之中，二者融为一体。各国现代化共同特征不等同于西方现代化道路，中国式现代化必然要吸收各国现代化包括西方现代化的有益成果和经验，并且将其运用于中国式现代化的建设过程中。中国式现代化的中国特色，并不是与世界现代化一般规律毫无关联的，不是与各国现代化共同特征相互隔绝的，而是在与人类现代化潮流相一致、自信自立的基础上坚持和彰显自己的特色和优势。中国式现代化的中国特色越是鲜明、越是有效，在人类实现现代化进程中的地位作用就越是重要。坚持中国式现代化的中国特色，既不封闭僵化，又不食洋不化，而是遵循规律、立足国情，一切以有利于全面建成社会主义现代化强国、实现第二个百年奋斗目标为判断标准。中国式现代化的本质要求，是将各国现代化的共同特征和基于自己国情的中国特色统一于一体的集中体现。

初心如磐
——中国式现代化的本质要求

三、实现新时代新征程党的中心任务的规律体系

党的二十大报告明确提出:"从现在起,中国共产党的中心任务就是团结带领全国各族人民全面建成社会主义现代化强国、实现第二个百年奋斗目标,以中国式现代化全面推进中华民族伟大复兴。"实现这一中心任务,是一项系统工程,需要作出战略谋划,其根本是把握好全面推进中国式现代化的规律体系。党的二十大报告在提出新时代新征程党的中心任务之后,紧接着阐述了中国式现代化的中国特色、本质要求和重大原则,揭示了实现这一中心任务必须全面遵循的规律体系。

(一)实现新时代新征程党的中心任务要求把握中国式现代化规律体系

党在长期奋斗历程中,之所以能够接续不断地将中华民族伟大复兴推向新的历史阶段和发展高度,一个重要原因,就是能够根据中国社会主要矛盾的实际,提出党在不同历史时期和发展阶段的主要任务或中心任务,并且深入认识和准确把握实现党的奋斗目标的规律,制定出正确可行的路线方针政策,通过进行社会革命使这些规律性认识转化为成功实践。以中国式现代化全面推进中华民族伟大复兴,是党长期以来坚持不懈建设社会主义现代化国家的继续,又是在新时代新征程中创造的新的伟业。这项新的伟大事业,不仅由于包含着中国式现代化新的目标、新的内涵、新的要求、新的标准而必须认识其内在规律,而且由于面对着新的战略机遇、新的战略任务、新的战略阶段、新的战略要求、新的战略环境而必须深化规律认识,把已有的规律性认识和新的复杂实际结合起来,使得对中国式现代化规律体系的

把握和运用更为精准，在全面推进中国式现代化进程中实践效果更为明显。掌握好中国式现代化规律体系，就能够加强实现新时代新征程党的中心任务的顶层设计，提高党领导全面建设社会主义现代化国家的能力水平，在遵循中国式现代化规律体系的基础上充分发挥中国特色社会主义制度和国家治理体系优势；就能够紧紧围绕实现党的中心任务谋篇布局，把握好规律体系的内在联系及运行机制，有章有序地推进实现不同阶段的目标任务，科学协同各项事业、各种力量；就能够更好统筹国内和国际、活力和秩序、眼前和未来、发展和安全，既"不畏浮云遮望眼"，坚定不移向前行，又及时应对各种不确定难预料因素造成的风险挑战，防患未然、转危为安。

理论是规律的呈现，规律是理论的内核。中国式现代化规律体系，在中国式现代化理论中得到科学阐释和规范表述。中国式现代化理论，是在党领导中国式现代化的历史进程中发展而来并不断丰富的，凝结着党在各个历史时期探索中国式现代化的思想结晶。新时代成功推进和拓展中国式现代化，包括对中国式现代化理论的完善和发展，中国式现代化理论是习近平新时代中国特色社会主义思想的重要内容。党的十八大以来，党中央在全面建设社会主义现代化国家新征程中，勇于推进实践基础上的理论创新，为马克思主义中国化时代化做出了重大贡献。党的二十大报告对中国式现代化的中国特色、本质要求、重大原则等，作出了全面深入的阐述，描绘了中国式现代化理论的主要框架，是对中国式现代化规律体系最为集中的提炼概括，为实现新时代新征程党的中心任务提供了规律依据和理论指导。中国式现代化的中国特色是中国式现代化规律体系的实践基础，体现着中国式现代化理论的内涵特征；中国式现代化的本质要求是中国式现代化规律体系的核心内容，显示了中国式现代化理论的主旨要义；中国式现代化的重大原则是中国式现代化规律体系的重要内容，反映了中国式现代化理论的实践要求。中国式现代化理论还要在实现新时代新征程党的中心任务过程中，继续丰富理论内涵、完善规律体系，更好地指导全面建成社会主义现代化强国新的实践。

（二）中国式现代化的本质要求和重大原则保证实现新时代新征程党的中心任务

规律是对事物本质联系的科学认识，规律的价值并不仅仅是理论上的创新，更重要的是实践上的引领。中国式现代化的本质要求，作为中国式现代化规律体系的集中体现，是全面推进中国式现代化的基本遵循。坚持中国共产党领导，要求党始终成为新征程上最可靠的主心骨，团结带领人民同心协力实现第二个百年奋斗目标。坚持中国特色社会主义，要求不走封闭僵化老路或改旗易帜邪路，确保全面建设社会主义现代化国家的正确方向。实现高质量发展，要求形成新发展格局，基本实现新型工业化、信息化、城镇化、农业现代化。发展全过程人民民主，要求健全人民当家作主制度体系，充分体现人民意志、保障人民权益、激发人民创造活力。丰富人民精神世界，要求发展社会主义先进文化，弘扬革命文化，传承中华优秀传统文化，建设社会主义文化强国。实现全体人民共同富裕，要求坚持多劳多得，鼓励勤劳致富，促进机会公平，明显提高中等收入群体比重。促进人与自然和谐共生，要求推进生态优先、节约集约、绿色低碳发展，基本实现美丽中国目标。推动构建人类命运共同体，要求促进世界和平与发展，开创人类更加美好的未来。创造人类文明新形态，要求尊重世界文明多样性，促进人类文明交流互鉴共存。

中国式现代化的本质要求，本身就包含着全面建设社会主义现代化国家的重大原则。坚持中国共产党领导，坚持中国特色社会主义，本身就是中国式现代化必须牢牢把握的首要的根本的重大原则。同时，中国式现代化的中国特色和本质要求，要在全面建设社会主义现代化国家新征程中实践化现实化，还需要全面贯彻在坚持和加强党的全面领导、坚持中国特色社会主义道路之后的其他三条原则，这就是坚持以人民为中心的发展思想、坚持深化改革开放、坚持发扬斗争精神。坚持以人民为中心的发展思想，这是中国式现代化的根本目的，是中国特色社会主义的本质体现。中国式现代化的本质要求，贯穿着一条价值主线，这就是维护人民根本利益，是为了人民、依靠人民、由人民共建共享的现代化。西方现代化是以资本为中心的现代化，这就决定了现代化成果的最大享有者和享用者是资本所有者。中国式现代化则是以人民为中心的现代化，这就决定了人民是现代化成果的最大受益者。坚持深化改革开放，这是中国式现代化的强劲动力。全面建设社会主义现代化国家是一场深刻的社会变革，必须着力破解与现代化要求不相适应的深层次体制机制障碍，激发和增强社会主义现代化建设的巨大活力；必须着力构建新发展格局，在坚定不移扩大开放中促进国内国际双循环。只有深化改革开放，才能全面推进中国式现代化。坚持发扬斗争精神，这是我们党的重要思想武器。中国式现代化的每一步进展、每一个成就，都不是顺顺当当、轻轻松松就能实现的，必须进行具有许多新的历史特点的伟大斗争。面对来自不同方面、不同方向、不同类型的各种风险挑战，只有敢于斗争、善于斗争，才能全力战胜前进道路上的各种困难和挑战，在勇于斗争中开辟中国式现代化新天地。

四、反映中国式现代化实践逻辑的规律体系

规律揭示了实践的本质联系，规律的逻辑存在于实践的逻辑之中。中国式现代化的本质要求，之所以构成中国式现代化的规律体

系，就在于这一系列本质要求，反映了中国式现代化的实践逻辑，特别是反映了新时代成功推进和拓展中国式现代化的实践逻辑。

（一）坚持中国共产党领导，坚持中国特色社会主义，是中国式现代化规律体系的根本支点

中国共产党领导是中国式现代化的坚强领导核心，这是近代以来中国历史所证明的实践规律。党开创中国式现代化并矢志不渝推进这一伟大事业，牢牢把握中国式现代化的正确方向，领导社会主义现代化建设在各个领域渐次展开。党的二十大报告对全面推进中国式现代化作出系统部署，深刻阐释中国式现代化理论，从时间维度和空间维度擘画中国式现代化战略布局，是坚持党对中国式现代化全面领导的重要证明。党的二十大报告明确指出："全面建设社会主义现代化国家、全面推进中华民族伟大复兴，关键在党。"这就进一步深刻揭示了党的领导在中国式现代化中的实践逻辑。全面建设社会主义现代化国家、全面推进中华民族伟大复兴，是人类历史上最为宏大而独特的实践创新，必须依靠党的坚强和正确领导。

中国式现代化的实质是中国特色社会主义现代化。党的十一届三中全会开启了改革开放和社会主义现代化建设新时期。中国式现代化内在于中国特色社会主义之中，坚持中国特色社会主义是中国式现代化的应有之义。党的十八大以来，以习近平同志为核心的党中央系统回答了新时代坚持和发展什么样的中国特色社会主义、怎样坚持和发展中国特色社会主义的重大时代课题，在新时代坚持和发展中国特色社会主义这个总课题下探索中国式现代化，全面建设社会主义现代化国家开局起步、迈上新征程。新时代坚持和发展中国特色社会主义，必然要求全面建设社会主义现代化国家；全面建设社会主义现代化国家，是新时代坚持和发展中国特色社会主义的重大战略任务。

（二）实现高质量发展，发展全过程人民民主，丰富人民精神世界，实现全体人民共同富裕，促进人与自然和谐共生，体现了中国式现代化规律体系的深化拓展

进入新时代，我国经济已由高速增长阶段转向高质量发展阶段，经济发展的目标和机制发生深刻转变。高质量发展是全面建设社会主义现代化国家的首要任务，必须推动转变发展方式、优化经济结构、转换增长动力，实现经济发展质量变革、效率变革、动力变革。只有加快构建新发展格局，构建高水平社会主义市场经济体制，建设现代化产业体系等，才能实现经济现代化。

党的二十大报告指出："全过程人民民主是社会主义民主政治的本质属性，是最广泛、最真实、最管用的民主。"新时代深化中国特色社会主义政治建设，发展全过程人民民主。全过程人民民主是社会主义民主的重大理念，形成了完整的制度程序，有着完整的参与实践，是全链条、全方位、全覆盖的民主。全过程人民民主，是以人民为中心的中国式现代化的政治标识和民主基础。

丰富人民精神世界，满足人民日益增长的美好精神生活需要，是中国式现代化的重要任务。新时代明确提出共同富裕是人民群众物质生活和精神生活都富裕，发展了马克思主义的共同富裕观。没有人民的精神富有，就没有中国式现代化的实现，这就要求我们为丰富人民精神世界打好基础、创造条件。

提倡共同富裕的中国式现代化与西方两极分化的现代化有着本质区别。新时代实现了从打赢脱贫攻坚战向扎实推动共同富裕的历史性转变，推动全体人民共同富裕取得明显的实质性进展。共同富裕具有实现和保证人类自由解放的历史意义，实现共同富裕正是为人类解放创造基础条件，本身就是社会主义现代化的一个重要目标。

初心如磐
——中国式现代化的本质要求

全面建设社会主义现代化国家，在生态文明领域就是要促进人与自然和谐共生，建设美丽中国，提供更多优质生态产品以满足人民日益增长的优美生态环境需要。人与自然和谐共生的现代化，建立在自觉调整人与自然关系的社会制度基础上，是新型生态文明观。建设社会主义生态文明，实现了社会主义现代化建设的新跃升。

（三）推动构建人类命运共同体，是中国共产党为人类谋进步、为世界谋大同的必然要求

中国式现代化既是党为中国人民谋幸福、为中华民族谋复兴的重大实践，也是我们党为人类谋进步、为世界谋大同的重大实践。党作为中国人民和中华民族的先锋队，为中国人民谋幸福、为中华民族谋复兴责无旁贷；党作为马克思主义政党，为人类谋进步、为世界谋大同义不容辞。新时代党为人类发展进步做贡献，集中体现在推动构建人类命运共同体上。构建人类命运共同体，是世界各国携手开创人类更加美好未来的必然要求。面对前所未有的世界之变、时代之变、历史之变，要回答好和平还是战争、发展还是衰退、开放还是封闭、合作还是对抗的世界之问、时代之问、历史之问，新时代新征程党的中心任务必然将推动构建人类命运共同体纳入其中。

推动构建人类命运共同体作为中国式现代化的本质要求，表明了中国式现代化对于人类整体进步的重要引领和促进作用。2022年11月，国家主席习近平在二十国集团领导人第十七次峰会上的重要讲话中指出："一个不断走向现代化的中国，必将为世界提供更多机遇，为国际合作注入更强动力，为全人类进步作出更大贡献！"[①]中国式

[①] 习近平：《共迎时代挑战 共建美好未来——在二十国集团领导人第十七次峰会第一阶段会议上的讲话》，载《人民日报》2022年11月16日。

现代化，依托我国超大规模市场的优势，吸引全球资源要素，深度参与全球产业分工与合作，扩大同各国利益的汇合点。中国式现代化，维护发展中国家利益，为发展中国家实现现代化提供中国方案。中国式现代化，尊重世界文明多样性，践行共商共建共享的全球治理观，以文明互鉴代替文明冲突，是创造人类文明新形态的贡献者。

（四）创造人类文明新形态，指明了中国式现代化的文明成果

中国式现代化，是推进中华民族伟大复兴的社会革命，是促进中国社会发展进步的重大机制，是科学社会主义在中国的伟大创举。中国式现代化的现代化成果、文明成果、实践成果，概括起来说，就是创造人类文明新形态。人类文明有其演进历史，人类文明新形态是建立在以往人类文明成果基础上的文明新形态，是中华文明在社会主义文明中实现的现代化文明新形态，是社会主义现代化的人类文明新形态。中国式现代化创造的人类文明新形态，包含先进政党和先进制度的文明性质，包含物质文明、政治文明、精神文明、社会文明、生态文明于其中。中国式现代化创造的人类文明新形态，同时也是人类现代化和全人类文明的成果。

当前，世界又一次站在历史的十字路口。世界向何处去这一问题，更为突出地摆在人类面前。人类文明是多样的，各国文明是可以交流互鉴的。中国式现代化创造的人类文明新形态，有着显著的民族特色、时代特征、制度优势，是造福于全人类的文明新形态。这种人类文明新形态，并不是要成为人类文明形态的唯一模式，或是取代其他民族的文明形态，而是在人类文明的历史进程中有其独立存在的价值，包含着全人类共同价值，能够为其他民族所接受、认可和借鉴。

(五)中国式现代化本质要求的内在逻辑关系

中国式现代化的实践逻辑,决定了中国式现代化的理论逻辑。中国式现代化的本质要求,构成了一个有机统一、逻辑完备的规律体系。坚持中国共产党领导,是本质要求的核心要素,在本质要求中处于统领地位,党的领导贯穿于其他本质要求之中,是规律体系的灵魂。坚持中国特色社会主义,是本质要求的基础底座,在本质要求中起着主线作用,是规律体系的"压舱石",其他本质要求都是坚持中国特色社会主义的实践展开。实现高质量发展,是本质要求的经济特征,体现了中国式现代化在新时代经济建设领域的鲜明特色。发展全过程人民民主,是本质要求的政治标识,体现了中国式现代化在新时代政治建设领域的创新发展。丰富人民精神世界,是本质要求的文化维度,体现了中国式现代化在新时代文化建设领域的中国特色。实现全体人民共同富裕,是本质要求的社会实现,体现了中国式现代化在新时代社会建设领域的重要特征。促进人与自然和谐共生,是本质要求的生态形式,体现了中国式现代化在新时代生态文明建设领域的崭新境界。推动构建人类命运共同体,是本质要求的世界眼光,体现了中国式现代化为人类发展进步做出新贡献的宽阔胸襟。创造人类文明新形态,是本质要求的总和形态,体现了中国式现代化和人类文明新形态的相辅相成,党的领导和中国特色社会主义决定了人类文明新形态的根本性质,中国式现代化的经济、政治、文化、社会、生态之维转化为人类文明新形态的文明成果,构建人类命运共同体成为引领人类文明的鲜明旗帜。

五、引导全面建设社会主义现代化国家战略布局的规律体系

迈上全面建设社会主义现代化国家新征程，需要有筹划全局、擘画长远的战略布局。习近平总书记在主持二十届中共中央政治局第一次集体学习时的重要讲话中指出：要全面把握中国式现代化的中国特色、本质要求和必须牢牢把握的重大原则，深刻理解中国式现代化理论和全面建设社会主义现代化国家战略布局的关系，认识到前者是后者的理论支撑，从而深刻理解全面建设社会主义现代化国家战略布局的科学性和必然性。①中国式现代化规律体系，对于全面建设社会主义现代化国家战略布局，起着基础性的作用。

（一）中国式现代化规律体系是全面建设社会主义现代化国家战略布局的理论支撑

中国式现代化规律体系确定了全面建设社会主义现代化国家这一战略布局的出发点。中国式现代化战略布局必须从中国国情出发、体现中国特色。比如，强国必先强农，农强方能国强。党的二十大后召开的中央农村工作会议强调，没有农业强国就没有整个现代化强国。习近平总书记在会上的重要讲话中指出：建设农业强国要体现中国特色，立足我国国情，立足人多地少的资源禀赋、农耕文明的历史底蕴、人与自然和谐共生的时代要求，走自己的路，不简单照搬国外现

---

① 参见《习近平在中共中央政治局第一次集体学习时强调　全面学习把握落实党的二十大精神　奋力夺取全面建设社会主义现代化国家新胜利》，载《人民日报》2022年10月27日。

代化农业强国模式。[①]

中国式现代化规律体系确定了全面建设社会主义现代化国家这一战略布局的根本点。党的领导是中国式现代化战略布局的根本保证，党制定、推进、领导着这个战略布局。中国特色社会主义是中国式现代化战略布局的根本遵循，"四个自信"是这个战略布局的"定海神针"。人民至上是中国式现代化战略布局的根本价值，这个战略布局必须以人民为中心来筹划，以人民利益为标准来贯彻。

中国式现代化规律体系确定了全面建设社会主义现代化国家这一战略布局的关键点。中国式现代化战略布局以全面推进中华民族伟大复兴为目标牵引，以统揽伟大斗争、伟大工程、伟大事业、伟大梦想为总体框架，以统筹推进"五位一体"总体布局为主要领域，以协调推进"四个全面"战略布局为运行机制，以解决新时代社会主要矛盾为重大任务，以统筹发展和安全为保障支持。

中国式现代化规律体系确定了全面建设社会主义现代化国家这一战略布局的大视野。中国式现代化战略布局统筹国内国际两个大局，集中体现在统筹中华民族伟大复兴战略全局和世界百年未有之大变局。在世界百年未有之大变局的背景环境下运筹中华民族伟大复兴战略全局，把民族复兴战略全局作为世界大变局的重要变量，推动加速演进的世界大变局朝着有利于民族复兴、有利于人类进步的方向演变。

[①] 参见《锚定建设农业强国目标　切实抓好农业农村工作》，载《人民日报》2022年12月25日。

（二）中国式现代化规律体系贯通和展开于全面建设社会主义现代化国家战略布局之中

党的二十大着眼于全面建设社会主义现代化国家战略布局，部署了新征程各个领域各个方面的战略任务，涵盖经济、科教、政治、法治、文化、社会、生态、安全、国防、港澳台、外交、党的领导和党的建设。习近平总书记在党的二十届一中全会上的重要讲话中强调："党的二十大把握国内外发展大势，在党和国家事业发展布局中突出教育科技人才支撑、法治保障、国家安全工作。"[①]中国式现代化规律体系体现在全面建设社会主义现代化国家各项部署中，"三个突出"鲜明地反映了新时代对中国式现代化新的规律性认识。

教育、科技、人才是全面建设社会主义现代化国家的基础性、战略性支撑，三者相互贯通、相互促进。科技强国依靠人才强国，人才强国依靠教育强国，同时，科技创新提高人才质量、牵引教育发展，人才水准的提高促进教育、科技水准的提高。科技是第一生产力，人才是第一资源，创新是第一动力。实现高质量发展，必须深入实施科教兴国战略、人才强国战略、创新驱动发展战略。

全面建设社会主义现代化国家，必须在法治轨道上有序运行。法治固根本、稳预期、利长远，建设社会主义法治国家，是中国式现代化的法治基石。法治国家、法治政府、法治社会，是现代化的基本标志。全面依法治国、建设法治中国，集中体现在科学立法、严格执法、公正司法、全民守法上。

[①] 习近平：《为实现党的二十大确定的目标任务而团结奋斗》，载《求是》2023年第1期。

全面建设社会主义现代化国家，要求推进国家安全体系和能力现代化，以新安全格局保障新发展格局。没有安全保障的现代化，是没有确定性、没有可持续性的现代化。现代化是安全发展的基础和目的，安全发展是现代化的条件和保障，必须以现代化促安全发展、以安全发展保现代化。加快构建新安全格局是全面贯彻总体国家安全观的内在要求和实践要求，是在更为广泛的领域、更为深层的架构、更为稳固的环境中，为构建新发展格局提供安全保障和安全基础。

（三）中国式现代化规律体系决定了全面建设社会主义现代化国家战略布局具有科学性和必然性

全面建设社会主义现代化国家战略布局具有科学性。这是由于这个战略布局体现了各国现代化普遍性和中国现代化特殊性相统一的规律，能够把人类实现现代化的共同趋势和中国式现代化的重要特征结合起来。比如，坚实的物质技术基础是各国现代化的共同特征，我国将其作为全面建成社会主义现代化强国的必要条件；同时，中国式现代化是物质文明和精神文明相协调的现代化，这反映了社会主义现代化的独特优势。这是由于这个战略布局体现了中国式现代化连续性和创新性相统一的规律，既是新中国成立特别是改革开放以来推进中国式现代化探索和实践的继续，又体现了新时代理论和实践的创新突破。比如，加快构建新发展格局，是适应我国发展新的战略阶段要求，塑造国际合作和竞争新优势的必然选择。

全面建设社会主义现代化国家战略布局具有必然性。这种必然性是顺应中国式现代化发展大势的必然性，全面建设社会主义现代化国家的目的就是全面推进中华民族伟大复兴，全面推进中华民族伟大复兴的内容就是全面建设社会主义现代化国家。这种必然性是顺应人民美好生活需要的必然性，中国式现代化的规律是深扎于人民心中的规律，中国式现代化战略布局是得人心的战略布局。这种必然性是顺应世界百年未有之大变局时与势的必然性，符合历史前进的方向，占据价值正义的高地，与中华民族伟大复兴不可逆转历史进程融为一体。党和人民团结奋斗，必将夺取全面建设社会主义现代化国家的伟大胜利。

六、在全面推进中国式现代化新征程上坚持和完善的规律体系

中国式现代化的本质要求，是一个在实践进程中内涵不断丰富发展、体系不断完善更新的规律体系。以中国式现代化全面推进中华民族伟大复兴，是新征程的中心任务，也是新时代的创新实践。在这一过程中，党对中国式现代化规律体系的认识必将更加全面和深入，使之成为夺取全面建设社会主义现代化国家新胜利的科学遵循。

（一）围绕实现新征程各阶段的战略目标，坚持和完善中国式现代化的本质要求

党的二十大科学部署了未来五年、到2035年、到本世纪中叶的近期、中期、长期各个阶段的战略目标。中国式现代化的本质要求是贯穿始终、一以贯之的，同时这些本质要求在不同发展阶段有着各自的重点内容，并在新的实践中丰富自身。

自党的二十大以来，这5年是全面建设社会主义现代化国家开局起步的关键时期，这一阶段的主要目标任务，是为到2035年基本实现社会主义现代化打好基础、夯实根基。完成这五年的主要目标任务，关键是提振信心，把中国式现代化的本质要求落实到各项工作之中。经济发展是重中之重，"我们将持续推动高质量发展，持续推进

初心如磐
——中国式现代化的本质要求

中国式现代化,既让中国人民不断过上更好生活,也为世界可持续发展作出更大贡献。中国发展前景是光明的,我们有这个底气和信心"[1]。这就是以笃定信心、稳中求进实现高质量发展。

到2035年我国发展的总体目标,就是基本实现现代化,其中包含着一系列现代化目标,如达到中等发达国家水平,基本实现国家治理体系和治理能力现代化,基本实现国防和军队现代化等,也就是中国式现代化的本质要求在各个现代化领域基本实现。党的二十大后,习近平总书记在中共中央政治局民主生活会上强调:中国式现代化是前无古人的开创性事业,需要我们探索创新。这对各级党组织和领导干部的素质能力提出了新的更高要求,对我们的精神状态、作风形象提出了新的更高要求。[2]这就是在继续学习中提高把握和运用中国式现代化规律体系的能力水平。

到本世纪中叶分两步走全面建成社会主义现代化强国,把我国建成综合国力和国际影响力领先的社会主义现代化强国,这是鼓舞人心、凝聚力量、催人奋进的总的战略安排。实现这样一个宏伟蓝图,坚持系统观念十分重要。这就是把中国式现代化的本质要求作为一个系统,全局性谋划、整体性推进,把握好全局和局部的关系,提高战略思维能力。同时把贯彻这个本质要求作为一个过程,进行前瞻性思考,把握好当前和长远的关系,一个阶段一个阶段、一个台阶一个台阶地全面推进中国式现代化。

---

[1] 《习近平会见美国工商界和战略学术界代表》,载《人民日报》2024年3月28日。

[2] 参见《中共中央政治局召开民主生活会强调 坚持团结奋斗 贯彻落实好党的二十大重大决策部署》,载《人民日报》2022年12月28日。

（二）聚焦把握战略机遇、应对风险挑战，坚持和完善中国式现代化的本质要求

中国式现代化的本质要求既不是先验的原则，也不是在真空中运行的理念，而是在中国式现代化的长期探索中形成、在艰难条件下实现的。新时代新征程，我国发展面临新的战略机遇和新的风险挑战，既要坚定战略自信，又要增强忧患意识。中国式现代化规律体系，正是在这样的崭新而复杂环境中得到丰富完善的。

世界进入新的动荡变革期，来自外部的风险挑战始终存在并日益凸显，要在全球性问题加剧的形势下实现中国式现代化的本质要求。实现第二个百年奋斗目标，要咬定青山不放松，决不动摇和倒退，坚定不移朝着全面建成社会主义现代化强国的目标前行。要准备经受风高浪急甚至惊涛骇浪的重大考验，有效应对来自外部的风险挑战。健全国家安全体系，织造新发展格局的"安全网"，健全反制裁、反干涉、反"长臂管辖"机制，有力回击国际敌对势力打压、围堵、遏制、干涉等行为。加快把人民军队建成世界一流军队，提高捍卫国家主权、安全、发展利益战略能力。

我国改革发展稳定面临不少深层次矛盾躲不开、绕不过，要在着力破解深层次体制机制障碍中拓展中国式现代化的本质要求。推动高质量发展要下功夫解决许多卡点瓶颈问题，重点领域改革仍要下决心啃下硬骨头，扎实推动共同富裕要完善分配制度，群众面临的就业、教育、医疗、托育、养老、住房等方面的难题也是深化改革的重点。

党的建设特别是党风廉政建设和反腐败斗争面临不少顽固性、多发性问题，要在解决大党独有难题中深化中国式现代化的本质要求。习近平总书记指出："大党大国，既是我们办大事、建伟业的优势，

也使我们治党治国面对很多独有难题。"[①]全面从严治党才能坚持和加强党的全面领导。要在全面从严治党、推进自我革命中跳出历史周期率，不能疲劳厌战，更不能降调变调。全面从严治党是要进一步调动全党全面推进中国式现代化的积极性、主动性、创造性。

（三）着眼为人类实现现代化提供新的选择，坚持和完善中国式现代化的本质要求

新时代伟大变革的里程碑意义，从社会主义发展史的维度看，是使得科学社会主义在21世纪的中国焕发出新的蓬勃生机。科学社会主义的振兴，一个重要证明就是中国式现代化为人类实现现代化提供了新的选择。中国式现代化以其中国特色和本质要求向世界表明，不盲从和依附西方现代化老路，人类实现现代化仍然有新的方案、新的路径、新的形态。当今世界，人类实现现代化面临着许多共同问题，包括现代化的道路目标、价值标准、得失利弊、共建共享等，中国式现代化的探索创新，正是要走出新路、提供智慧，为人类实现现代化做出新的更大贡献。中国式现代化的规律体系，既是以全新的视野深化对共产党执政规律、社会主义建设规律的认识，也是以宽阔的视域深化对人类社会发展规律、人类实现现代化规律的认识。

---

① 习近平：《在党的十九届七中全会第二次全体会议上的讲话》，载《求是》2022年第23期。

第一章

坚持中国共产党领导

中国式现代化是中国共产党领导的社会主义现代化，坚持中国共产党领导是中国式现代化的本质要求，党的领导直接关系中国式现代化的根本方向、前途命运、最终成败。

回首百年，中国共产党始终为实现中华民族伟大复兴而不懈奋斗。站在时代发展的前沿，党不断探索实现什么样的民族复兴、怎样实现民族复兴等一系列重大问题，走出了一条通往伟大复兴的中国式现代化道路，尤其是党的十八大以来，党成功推进和拓展了中国式现代化。党的二十大报告指出，"中国式现代化，是中国共产党领导的社会主义现代化，既有各国现代化的共同特征，更有基于自己国情的中国特色"，并且将"坚持中国共产党领导"置于中国式现代化本质要求的首位；将"坚持和加强党的全面领导"作为必须牢牢把握的重大原则的第一条予以强调。理论和实践不断证明，党的领导是建设社会主义现代化国家，以中国式现代化实现中华民族伟大复兴的根本政治保证，直接关系中国式现代化的根本方向、前途命运、最终成败。

第一节

中国共产党领导是中国式现代化最本质的特征

中国式现代化是中国共产党领导的社会主义现代化,不仅坚持了科学社会主义的基本原则,而且有其鲜明的中国特色和时代内涵。中国式现代化坚持把科学社会主义的基本原则在中国加以运用,强调中国式现代化是人口规模巨大、全体人民共同富裕、物质文明和精神文明相协调、人与自然和谐共生、走和平发展道路的现代化。从中国式现代化五个方面的特色入手来理解中国式现代化,能够发现中国共产党领导决定了中国式现代化的根本性质,是中国式现代化最本质的特征、最突出的优势和最高原则,是管总、管根本的。

一、中国共产党领导决定中国式现代化的根本方向

近代以来,面对被动挨打、救亡图存的局面,乃至亡国灭种的民族危机,道路问题成为关系救亡图存、国家前途和民族命运的根本问题。一部中国近代史就是一部"找路"的历史,社会各阶级、各阶层都对国家出路进行了探索,提出和尝试了各自的主张和方案。实践证明,旧式的农民战争走向了悲壮的失败结局,不触动封建根基的洋务

初心如磐
——中国式现代化的本质要求

运动没有为中国摆脱贫弱找到出路,自上而下的改良道路根本行不通,资产阶级革命派没有改变中国半殖民地半封建社会的性质,照搬照抄苏联模式不适合中国国情。无论是不能走的路、走不通的路,还是不让走的路,都鲜明地昭示着,中国必须寻找到适合自己的道路。只有这样,才能引领中国社会进步、实现人民福祉,而这一历史重任则落在了中国共产党的肩上。

中国式现代化道路,是党领导全国各族人民在长期探索和实践中所找到的一条国家富强、民族复兴、人民富裕的正确道路。这一道路深刻改变了近代以后中华民族发展的方向和进程、中国人民和中华民族的前途和命运、世界发展的趋势和格局。中国共产党团结带领全国各族人民在新民主主义革命时期浴血奋战、百折不挠,在社会主义革命和建设时期自力更生、发愤图强,在改革开放和社会主义现代化建设新时期解放思想、锐意进取,在中国特色社会主义新时代自信自强、守正创新,不仅为开辟、推进和拓展中国式现代化打下了扎实的基础,而且保证了中国式现代化的前进方向。习近平总书记强调,党的领导直接关系中国式现代化的根本方向、前途命运、最终成败。[①] 正是坚持中国共产党的领导,坚持党的两个先锋队性质和全心全意为人民服务的宗旨,坚守为中国人民谋幸福、为中华民族谋复兴的初心使命,坚定对马克思主义的信仰、对社会主义和共产主义的信念,坚决一切从人民立场和人民利益出发制定政策主张等,才决定了中国式现代化是社会主义现代化,而不是别的什么现代化。从实践中看,中国共产党领导的社会主义现代化,坚持科学社会主义基本原则,以实现人的自由全面发展为价值目标,以实现绝大多数人的利益为出发

[①] 参见《习近平在学习贯彻党的二十大精神研讨班开班式上发表重要讲话强调 正确理解和大力推进中国式现代化》,载《人民日报》2023年2月8日。

点，以解放和发展生产力为根本任务，以消灭私有制、建立生产资料公有制为社会条件，保证了中国式现代化的根本方向。与此同时，中国共产党领导的中国式现代化，基于自己的国情，具有中国特色，根植于中华大地、中华民族历史文化沃土。

中国共产党始终高举中国特色社会主义伟大旗帜，坚持把马克思主义作为根本指导思想，为中国式现代化提供了科学指引。在马克思主义的指导下，中国共产党人把握历史主动，锚定全面建成社会主义现代化强国奋斗目标，一代接一代地接力推进，不断开辟马克思主义中国化时代化新境界。中国共产党坚定不移走中国特色社会主义道路，不断深化对共产党执政规律、社会主义建设规律、人类社会发展规律的认识，从根本上确保了中国式现代化在正确的轨道上顺利向前推进。可以说，中国共产党领导决定了中国式现代化的根本性质，中国式现代化的前途命运同中国共产党紧密相连。而实践也不断证明，中国共产党领导的中国式现代化道路走得通、行得稳，是强国富民、民族复兴的唯一正确道路。只有毫不动摇坚持中国共产党领导，中国式现代化道路才能前景光明，越走越宽，才能够达到中华民族伟大复兴的胜利顶点；否则，中华民族伟大复兴的巍巍巨轮就会偏离中国式现代化道路的正确航向，不可避免地走弯路、走回头路、走错路。

二、中国共产党领导为中国式现代化提供强劲动力

党的二十大报告指出："从现在起，中国共产党的中心任务就是团结带领全国各族人民全面建成社会主义现代化强国、实现第二个百年奋斗目标，以中国式现代化全面推进中华民族伟大复兴。"回首过去一百年，中国共产党带领全国各族人民交出了满意的答卷，发挥了坚强的领导核心作用。面向未来，中国式现代化是一项前无古人的开

创性事业，前途光明、任重道远，前进道路上还会遇到许多风险挑战，仍然需要把党的领导落实到党和国家事业各领域各方面各环节。实践也必将证明，无论是过去还是未来，无论是光明前景还是道路艰辛，中国共产党领导都将始终为中国式现代化提供强劲动力。

全面建设社会主义现代化国家，中国共产党领导能够最大程度地激发建设中国式现代化的内在力量。人民是历史的创造者，亿万人民汇聚在一起将形成建设中国式现代化的磅礴力量。中国式现代化既是人口规模巨大的现代化，也是全体人民共同富裕的现代化，这是亿万人民自己的事业。而14亿多人口整体迈入现代化社会，艰巨性和复杂性前所未有，这就需要中国共产党站稳人民立场、把握人民愿望、尊重人民创造、集中人民智慧，激发和发挥亿万人民认识世界和改造世界的创造力量。中国共产党始终坚持党的群众路线，从群众中来，到群众中去，把党的正确主张变为群众的自觉行动。"这就是说，将群众的意见（分散的无系统的意见）集中起来（经过研究，化为集中的系统的意见），又到群众中去作宣传解释，化为群众的意见，使群众坚持下去，见之于行动，并在群众行动中考验这些意见是否正确。然后再从群众中集中起来，再到群众中坚持下去。如此无限循环，一次比一次地更正确、更生动、更丰富。"[1]同时，中国共产党发展全过程人民民主，健全人民当家作主制度体系，充分体现人民意志，充分保障人民权益，充分激发人民创造活力。实践充分证明，只有中国共产党能够代表中国最广大人民的根本利益，保持同人民群众的血肉联系，将亿万人民组织起来，凝聚起团结奋斗的强大力量。

全面建设社会主义现代化国家，中国共产党领导能够最大程度地凝聚建设中国式现代化的各方力量。中国共产党是最高政治领导力

---

[1] 《毛泽东选集》（第三卷），人民出版社1991年版，第899页。

第一章
坚持中国共产党领导

量,是中国特色社会主义各项事业的领导核心,党的领导充分保障中国特色社会主义制度优势的有效发挥。坚定不移坚持和加强党的全面领导,切实把党的领导落实到改革发展稳定、内政外交国防、治党治国治军等各领域各方面各环节,从根本上保证了全民族、全社会、全体中国人民在根本利益上的高度一致,确保拥有团结奋斗的强大政治凝聚力、发展自信心,有利于调动社会各方力量投入中国式现代化建设中。"历史反复证明,党的团结统一是党的生命,党中央坚强有力领导是我们战胜一切困难和风险的根本保证。"[①]坚决维护以习近平同志为核心的党中央权威和集中统一领导,既是马克思主义政党的一条重大政治原则,也是党的百年奋斗历史经验的深刻总结和科学提炼,更是前进道路上进行伟大斗争、建设伟大工程、推进伟大事业、实现伟大梦想的重要政治保证。

全面建设社会主义现代化国家,中国共产党高举爱国主义和社会主义两面旗帜,正确处理和协调各种不同的社会利益和矛盾,团结一切可以团结的力量,调动一切积极因素,努力化消极因素为积极因素。巩固和发展最广泛的爱国统一战线,本质上是解决凝聚人心、汇聚力量的问题。以中国共产党领导汇聚强劲动力,就要不断完善大统战工作格局,牢牢把握大团结大联合主题,动员全体中华儿女围绕建设中国式现代化一起来想、一起来干,做到坚持一致性和多样性的统一。一方面,坚持共同思想政治基础的一致性,就是要在中国特色社会主义道路、中国特色社会主义理论、中国特色社会主义制度和中国特色社会主义文化四个方面形成共识。另一方面,必须高度重视各种社会力量所处的经济社会地位,以及所呈现出不同的思想观念、价值

---

① 习近平:《全面从严治党探索出依靠党的自我革命跳出历史周期率的成功路径》,载《求是》2023年第3期。

取向、行为方式和利益要求，最大程度地求同存异、聚同化异，找到最大公约数，画出最大同心圆。

全面建设社会主义现代化国家，中国共产党坚持和发展中国特色社会主义文化，推进文化自信自强，"围绕举旗帜、聚民心、育新人、兴文化、展形象建设社会主义文化强国"[①]，为中国式现代化提供强大精神力量。举旗帜，就是要高举马克思主义、中国特色社会主义的旗帜，坚持不懈用新时代中国特色社会主义思想武装全党、教育人民、推动工作，在学懂弄通做实上下功夫，推动当代中国马克思主义和21世纪马克思主义深入人心、落地生根。聚民心，就是要牢牢把握正确舆论导向，唱响主旋律，壮大正能量，做大做强主流思想舆论，把全党全国人民士气鼓舞起来、精神振奋起来，朝着党中央确定的宏伟目标团结一心向前进。育新人，就是要坚持立德树人、以文化人，建设社会主义精神文明、培育和践行社会主义核心价值观，提高人民思想觉悟、道德水准、文明素养，培养能够担当民族复兴大任的时代新人。兴文化，就是要坚持中国特色社会主义文化发展道路，推动中华优秀传统文化创造性转化、创新性发展，继承革命文化，发展社会主义先进文化，激发全民族文化创新创造活力，建设社会主义文化强国。展形象，就是要推进国际传播能力建设，讲好中国故事、传播好中国声音，向世界展现真实、立体、全面的中国，提高国家文化软实力和中华文化影响力。

踏上全面建设社会主义现代化国家新征程，战略机遇和风险挑战并存，不确定和难预料因素增多，各种"黑天鹅""灰犀牛"事件随

---

① 习近平：《高举中国特色社会主义伟大旗帜　为全面建设社会主义现代化国家而团结奋斗——在中国共产党第二十次全国代表大会上的报告》，人民出版社2022年版，第43页。

时可能发生，而风雨来袭时，党的坚强领导、党中央的权威是最坚实的靠山。中国共产党在面对错综复杂的国际形势、艰巨繁重的改革发展稳定任务时，能够起到中流砥柱作用。面向未来，现代化进程的推进要求全党始终保持探索前行、改革创新的精神，守正创新，不断拓展中国式现代化的广度和深度，不断破除各方面体制机制弊端，为中国式现代化注入不竭动力。

三、中国共产党领导为中国式现代化稳步前行提供坚强制度保证

新中国成立初期，通过社会主义改造，中国共产党领导人民实现了中国社会由新民主主义向社会主义的过渡，确立了社会主义基本制度，发展了社会主义经济、政治和文化，为建设中国式现代化提供了根本政治前提和制度基础。进入改革开放和社会主义现代化建设新时期，中国共产党领导人民巩固和发展我国的基本政治制度、基本经济制度以及各方面重要制度，为中国式现代化提供了根本制度保障。党的十八大以来，以习近平同志为核心的党中央把制度建设摆在更加突出的位置，不断推进全面深化改革，不仅提出"推进国家治理体系和治理能力现代化"的重大命题，而且确定了"完善和发展中国特色社会主义制度、推进国家治理体系和治理能力现代化"的总目标，推动中国特色社会主义制度走向更加成熟定型。党的十九届四中全会审议通过的《中共中央关于坚持和完善中国特色社会主义制度 推进国家治理体系和治理能力现代化若干重大问题的决定》，第一次完整深刻论述了坚持和完善中国特色社会主义制度必须坚持的根本制度、基本制度和重要制度。这一整套制度体系，以马克思主义为指导，具有深厚的中华文化根基，是党和人民在长期实践探索中形成的科学制度体

系，具有诸多方面的显著优势，为中国式现代化稳步前行提供了坚强制度保证。

中国特色社会主义根本制度覆盖改革发展稳定、内政外交国防、治党治国治军等各方面、各领域，从根本上体现了中国特色社会主义本质和国家性质，在中国特色社会主义制度中起决定性作用，保证了中国式现代化的前进方向。坚持和完善党的领导根本制度，健全总揽全局、协调各方的党的领导制度体系，能够推动各级党组织、党和国家机构把党的领导全方位落实到国家治理各领域各方面各环节，有效转化为建设中国式现代化的制度优势和治理效能。坚持和完善人民民主专政，体现了"我国是工人阶级领导的、以工农联盟为基础的人民民主专政的社会主义国家"的国家性质，鲜明表达了人民主体地位，确保国家各方面制度更好体现人民意志、保障人民权益、激发人民创造，确保人民依法通过各种途径和形式管理国家事务，管理经济文化事业，管理社会事务等。坚持和完善人民代表大会制度这一根本政治制度，体现了人民通过人民代表大会行使国家权力，各级人大都由民主选举产生、对人民负责、受人民监督，各级国家机关都由人大产生、对人大负责、受人大监督，密切人大代表同人民群众的联系，充分发挥代表作用。坚持和完善马克思主义在意识形态领域指导地位的根本制度，必须坚持和巩固习近平新时代中国特色社会主义思想在党和国家的指导思想地位，旗帜鲜明反对和抵制各种错误观点，彰显了马克思主义是新时代指导中国特色社会主义建设的根本指针。坚持和完善党对人民军队的绝对领导，强调了军队必须无条件地置于党的领导之下，永葆人民军队的性质、宗旨、本色，在巩固党的执政地位、保证人民当家作主、实现党和国家长治久安等方面发挥根本作用。

中国特色社会主义基本制度，就是通过贯彻和体现国家政治生

第一章
坚持中国共产党领导

活、经济生活的基本原则、对国家经济社会发展等发挥重大影响的制度，包括基本政治制度和基本经济制度。中国共产党领导的多党合作和政治协商制度是从中国的社会土壤中生长出来的新型政党制度，强调"长期共存、互相监督、肝胆相照、荣辱与共"，旨在团结同党外朋友的亲密关系，在共同的政治基础上，共同为建设中国式现代化贡献力量。民族区域自治制度是以维护民族团结和国家统一为最高利益，走中国特色解决民族问题的正确道路。这条道路巩固和发展了平等、团结、互助、和谐的社会主义民族关系，促进各民族像石榴籽一样紧紧抱在一起，能够最大程度地团结和调动各民族建设中国式现代化的"一家亲"力量。基层群众自治制度是城乡社区群众自我管理、自我教育、自我服务、自我监督的有效制度形式，不仅有利于基层群众更好地行使各项民主权利，提高人民群众组织化程度，而且对加强党和政府与人民群众的关系，调动最广大人民群众建设中国式现代化的积极性创造性具有十分独特的作用。以公有制为主体、多种所有制共同发展，以按劳分配为主体、多种分配方式并存，实行社会主义市场经济体制等社会主义基本经济制度，对解放和发展生产力，消除两极分化和实现共同富裕具有根本作用。

中国特色社会主义重要制度，就是建立在根本制度、基本制度之上的关于法律法治、行政管理、文化建设、民生保障、社会治理、生态文明、"一国两制"、对外事务、党和国家监督等方面的主体性制度。[1]它具有联系两头的重要特征，向上连接社会主义根本制度和基本制度，指向顶层设计；向下延伸到社会生产生活的方方面面，指向落实落细，充分体现中国特色社会主义的制度优势。中国特色社会主

---

[1] 参见何毅亭：《坚持和完善中国特色社会主义重要制度》，载《学习时报》2019年12月9日。

义重要制度包括中国特色社会主义法治制度体系、中国特色社会主义政府治理制度体系、中国特色社会主义文化建设制度体系、社会治理和民生保障制度体系、生态文明制度体系、"一国两制"制度体系、外事工作制度体系、党和国家监督制度体系等。

第二节
中国共产党领导体现了中国式现代化的本质要求

将"坚持中国共产党领导"置于中国式现代化九个方面本质要求的首位,进一步明确了中国式现代化的领导力量、前进方向、发展要求和崇高目标等。从中国共产党是最高政治领导力量入手来理解党的领导如何体现中国式现代化的本质要求,既揭示了党的领导是全面的、系统的、整体的实质,以及必须全面、系统、整体加以落实的要求,同时又展示出党的领导是全面建成社会主义现代化强国、实施和实现总的战略安排的可靠保证。

一、中国共产党是中国式现代化的领导力量

中国共产党具有强烈的政治信仰、历史主动、使命担当,是推动中国式现代化、创造人类文明新形态的领导力量,具有强大的政党领导力。党的二十大报告强调,"中国式现代化,是中国共产党领导的社会主义现代化","全面建设社会主义现代化国家、全面推进中华民族伟大复兴,关键在党",深刻阐明了中国共产党与中国式现代化、社会主义现代化国家、中华民族伟大复兴之间的关系。

初心如磐
——中国式现代化的本质要求

一百八十多年的中国近现代史、一百多年的中国共产党党史充分证明，中国共产党成为中国式现代化的领导力量，是历史的选择、时代的选择、人民的选择。中国近现代各种政治力量先后登上历史舞台探索现代化之路，但都失败了。这不断证实着，在半殖民地半封建社会的中国探索现代化建设道路，必须经历一个由"铲地基"到"起房子"的过程。如果不从根本上推翻旧的社会制度和国家政权，即通过一场彻底的人民革命建立起由人民当家作主的政权、制度和秩序，道路探索是注定无法成功的。各种政治力量的探索虽有意义，却没有找到并走上一条符合中国实际、反映人民意愿、适应时代发展要求的独立自主的现代化建设道路。中国共产党在20世纪初走上历史舞台，通过新民主主义革命和社会主义革命，不仅推翻了旧政权、废除了旧制度、改变了旧秩序，而且逐步掌握了进行现代化建设的领导权，为中国式现代化建设提供了政治前提和制度保障，在此基础上开启了一条将马克思主义基本原理同中国具体实际相结合、同中华优秀传统文化相结合的现代化道路。

党的十八大以来，党的理论和实践创新不断取得新突破，成功推进和拓展了中国式现代化，进一步展现了党是中国式现代化的领导力量。党坚定不移推进马克思主义中国化时代化，用马克思主义真理的力量激活几千年中华文明，为中国式现代化提供科学理论指引。党坚定不移走中国特色社会主义道路，既不封闭僵化又不食洋不化，既自信自立又守正创新，确保中国式现代化的前进方向、正确轨道和顺利推进。党坚持和完善中国特色社会主义制度，推动中国特色社会主义制度更加成熟定型，使之更加符合中国国情、体现国家性质、保证人民当家作主、巩固和发展人民民主专政，不断彰显中国特色社会主义制度优势和治理效能，为中国式现代化提供坚强制度保障。党坚持和发展中国特色社会主义生态文明，加快发展方式绿色转型，推进环境

第一章
坚持中国共产党领导

污染防治,提升生态系统多样性、稳定性、持续性,为中国式现代化提供赖以发展的基本条件。党坚持和发展中国特色社会主义文化,发展面向现代化、面向世界、面向未来的,民族的科学的大众的社会主义文化,激发全民族文化创新和创造活力,为中国式现代化提供强大精神力量。实践已经并将继续证明,党的领导是中国式现代化的领导力量,是党和国家的根本所在、命脉所在,是全国各族人民的利益所系、命运所系。

中国共产党作为中国式现代化的领导力量,体现为具有强大的政治领导力、思想引领力、群众组织力、社会号召力、战略思维力、变革创新力、统筹协调力、政策执行力、选人用人力、学习实践力、监督约束力和自身建设力。旗帜鲜明讲政治是马克思主义政党的本质要求。党的政治领导力是党在把方向、谋大局、定政策、促改革中所展现出来的政治能力及其运作的效果。把方向,即高举中国特色社会主义伟大旗帜,坚定不移走中国特色社会主义道路;谋大局,即健全党总揽全局、协调各方的领导核心作用,增强驾驭复杂政治局面的定力,有效防范和化解政治风险的能力;定政策,即从党和人民的利益出发制定出符合客观实际的行动方针、斗争策略和方式,并确保中央政令畅通、决策落地生根;促改革,即以完善和发展中国特色社会主义制度,推进国家治理体系和治理能力现代化为全面深化改革的总目标,学好用好全面深化改革的正确方法,推动落实全面深化改革的各项重点任务,为中国式现代化注入强大生机活力。党的思想引领力体现为党创造新思想、传播新思想、运用新思想引导人们改造主观世界和客观世界的能力。[1]坚持不懈用新时代中国特色社会主义思想凝心

---

[1] 参见骆郁廷:《新时代如何提升党的思想引领力》,载《人民论坛》2019年第12期。

聚魂，注重在研究和解答改革发展稳定重大问题中增强党的思想传播力和思想疏导力，推动党的创新理论转化为指导实践的强大武器，为中国式现代化提供强大思想引领力。群众组织力是中国共产党坚持从人民主体性出发发动组织群众、团结带领群众完成党和人民的伟大历史任务的核心能力，为中国式现代化提供了永不枯竭的人民力量。社会号召力是中国共产党唤起民众、团结人民、凝聚人心和动员社会的能力，从中国共产党人的初心使命到百年奋斗辉煌成就，从与人民群众血肉联系到永葆政治本色，这铸就了"一呼百应"的社会号召力，为中国式现代化提供了强大的势能和动能。

中国共产党的领导力来自人民，党的理论、方针、政策都要尊重人民意志，反映人民意愿，发挥人民创造，汇聚人民力量；中国共产党的领导力来自彻底的自我革命，时刻保持解决大党独有难题的清醒和坚定，发扬彻底的自我革命精神，是解决大党独有难题的领导力体现；中国共产党的领导力来自中国共产党人的精神谱系，"坚持真理、坚守理想，践行初心、担当使命，不怕牺牲、英勇斗争，对党忠诚、不负人民"的伟大建党精神为之提供了源头活水，这是中国共产党领导力的精神来源；中国共产党的领导力来自上下贯通、严密稳定、执行有力的组织体系，确保了党中央决策部署的有效落实，这对实现全面建成社会主义现代化强国总的战略安排具有重要作用；中国共产党的领导力来自强大的学习能力，在每一个重大历史关头和转折时期，面对新形势和新任务，号召全党加强学习正是形成强大领导力的要求。

二、中国共产党领导是全面的、系统的、整体的

在中国式现代化进程中，必须回答中国共产党领导是什么、怎么

第一章
坚持中国共产党领导

做，即党的领导本质要求是如何体现的问题。党的二十大报告强调："党的领导是全面的、系统的、整体的，必须全面、系统、整体加以落实。"这是以习近平同志为核心的党中央提出的重大政治论断，为把党的全面领导、系统领导、整体领导全面地、系统地、整体地落实到党和国家事业各领域各方面各环节提供了根本方针。

党的领导是全面的、系统的、整体的。所谓"全面"，是指领导对象要全面覆盖，"党政军民学，东西南北中，党是领导一切的"，包括党领导人大、政府、政协、监察机关、审判机关、检察机关、武装力量、人民团体、企事业单位、基层群众性自治组织、社会组织等；领导内容要全面，必须体现到经济建设、政治建设、文化建设、社会建设、生态文明建设和国防军队、祖国统一、外交工作、党的建设等各方面；领导过程要全面，既制定路线方针政策，又协调各方、督促落实，贯穿于治国理政的立法、决策、执行、管理、监督等各项工作之中；领导方法要全面，通过制定大政方针，提出立法建议，推荐重要干部，进行思想宣传，发挥党组织和党员的作用等，实施党对国家和社会的领导。所谓"系统"，是指按照系统论的科学方式方法实施领导。中国特色社会主义制度是一个严密完整的科学制度体系，起四梁八柱作用的是根本制度、基本制度、重要制度，其中中国共产党的领导是载入宪法的，党的领导制度是我国的根本领导制度、居于统领地位。所谓"整体"，是指从党的中央组织到地方组织再到基层组织，都要按照党章的规定发挥应有作用，党的领导作用要体现到治国理政的全过程，领导功能的发挥要完整。[①]无论是全面的内在要求，还是系统的科学方法，抑或是整体的功能发挥，三者融为一体，成为

[①] 中央组织部党建研究所：《坚持党的全面领导不动摇》，载《求是》2021年第23期。

初心如磐
——中国式现代化的本质要求

坚持中国共产党领导，推进中国式现代化的科学世界观和方法论。

全面、系统、整体落实党的领导需要在多个方面发力。必须坚决维护习近平总书记党中央的核心、全党的核心地位，坚决维护党中央权威和集中统一领导，这是坚持中国共产党领导的核心要义和最高原则；必须贯彻落实民主集中制，这是党和国家的根本领导制度和工作制度，既有利于集中全党智慧，体现全党意志，又有利于提高党的领导能力和领导水平，这是坚持中国共产党领导的核心价值；必须坚持和完善中国特色社会主义制度，其中具有统领地位的是党的领导制度，坚定制度自信，发挥制度优势，强化制度执行力，加强制度执行监督，推进国家治理体系和治理能力现代化；必须建强上下贯通、执行有力的严密组织体系，彰显党独特的组织优势和强大的组织力量，这是实现党的全面领导、系统领导、整体领导的强大组织保证；必须找准"总揽全局、协调各方"的功能定位，既要总揽全局，又不能包办具体事务，既要协调各方，又不能陷入纠纷失调，党中央总揽各方力量、总揽各项工作、总揽国家治理等；必须坚持从实际出发、实事求是地制定政策和策略，以原则的坚定性和策略的灵活性实行正确的政策和策略，切实提高全党掌握和运用政策和策略的能力水平；必须实行系统的科学方法，"推进中国式现代化是一个系统工程，需要统筹兼顾、系统谋划、整体推进，正确处理好顶层设计与实践探索、战略与策略、守正与创新、效率与公平、活力与秩序、自立自强与对外开放等一系列重大关系"[①]。党的领导必须体现中国式现代化的整体性、综合性、动态性、最优化特征，为中国式现代化提供科学的方法论支撑。

[①]《习近平在学习贯彻党的二十大精神研讨班开班式上发表重要讲话强调正确理解和大力推进中国式现代化》，载《人民日报》2023年2月8日。

三、中国共产党领导是全面建成社会主义现代化强国的可靠保证

"战略问题是一个政党、一个国家的根本性问题。战略上判断得准确,战略上谋划得科学,战略上赢得主动,党和人民事业就大有希望。"[1]中国共产党是一个具有强大战略规划能力和坚定战略执行力的政治领导力量,党的百年奋斗历程充分证明了这一核心能力所具有的独特优势。党的二十大报告提出,全面建成社会主义现代化强国总的战略安排是分两步走:从2020年到2035年基本实现社会主义现代化;从2035年到本世纪中叶把我国建成富强民主文明和谐美丽的社会主义现代化强国。这一总的战略安排立足于新时代中国特色社会主义总体进程,从中华民族伟大复兴、中国式现代化要求和中国人民整体福祉出发,判断准确、决策科学、目标清晰、任务明确,是未来一个较长时期内党和国家事业发展的行动纲领。

踏上全面建设社会主义现代化国家新征程,中国共产党总的战略安排的路线图、时间表、任务清单更加明确,实现了战略规划和发展远景的高度统一。第一,从党的二十大开始至未来五年是全面建设社会主义现代化国家开局起步的关键时期,主要目标任务包括经济高质量发展,科技自立自强,构建新发展格局和建设现代化经济体系取得重大进展;国家治理体系和治理能力现代化深入推进;社会主义市场经济体制更加完善,更高水平开放型经济新体制基本形成;全过程人民民主制度化、规范化、程序化水平进一步提高,中国特色社会主义法治体系更加完善,人民精神文化生活更加丰富,中华民族凝聚力和

---

[1] 《习近平谈治国理政》(第二卷),外文出版社2017年版,第10页。

初心如磐
——中国式现代化的本质要求

中华文化影响力不断增强;居民收入增长和经济增长基本同步,劳动报酬提高与劳动生产率提高基本同步,基本公共服务均等化水平明显提升;城乡人居环境明显改善,美丽中国建设成效显著;国家安全更为巩固,平安中国建设扎实推进;中国国际地位和影响进一步提高等。第二,到2035年,我国发展的总体目标是:经济实力、科技实力、综合国力大幅跃升,人均国内生产总值迈上新的大台阶,达到中等发达国家水平;实现高水平科技自立自强,进入创新型国家前列;建成现代化经济体系,形成新发展格局,基本实现新型工业化、信息化、城镇化、农业现代化;基本实现国家治理体系和治理能力现代化,全过程人民民主制度更加健全,基本建成法治国家、法治政府、法治社会;建成教育强国、科技强国、人才强国、文化强国、体育强国、健康中国,国家文化软实力显著增强;人民生活更加幸福美好,居民人均可支配收入再上新台阶,中等收入群体比重明显提高,基本公共服务实现均等化,农村基本具备现代生活条件,社会保持长期稳定,人的全面发展、全体人民共同富裕取得更为明显的实质性进展;广泛形成绿色生产生活方式,碳排放达峰后稳中有降,生态环境根本好转,美丽中国目标基本实现;国家安全体系和能力全面加强,基本实现国防和军队现代化等。第三,在基本实现现代化的基础上,继续奋斗,到本世纪中叶把我国建设成为综合国力和国际影响力领先的社会主义现代化强国。

中国共产党高度重视战略问题,坚持中国共产党领导是落实全面建成社会主义现代化强国总的战略安排,实现中华民族伟大复兴的关键所在。从阶段性的战略规划到长期性的战略目标,再到美好的发展远景接续递进,是党的二十大后未来五年主要目标任务和总的战略安排两步走的突出特点,体现了中国共产党卓越的治国理政领导能力。在未来的接续奋斗中,必须继续坚持党的全面领导,增强政治意识、大局意识、核心意识、看齐意识，在思想上政治上行动上同党中央保持高度一致。与此同时，党的全面领导必须体现到治国理政的方方面面，体现到国家政权的机构、体制、制度等的设计、安排、运行之中，从战略的高度指引社会主义现代化建设的前进方向。

第三节

在中国式现代化新征程中深入推进新时代党的建设新的伟大工程

以中国式现代化全面推进中华民族伟大复兴，关键在党，关键在党的全面领导和党中央集中统一领导，关键在总揽全局、协调各方的党的领导制度体系。新时代以来，党以政治建设统领党的建设各项工作，确保了党的建设的正确方向和积极成效。通过全面加强党的领导和全面从严治党，党的领导这个中国特色社会主义最本质的特征、中国特色社会主义制度最大优势不断得到彰显。在新征程上，坚持和加强党的领导，把党建设得更加坚强有力，必须持之以恒推进全面从严治党，深入推进新时代党的建设新的伟大工程，确保中国共产党始终成为中国特色社会主义事业的坚强领导核心。

一、坚持中国共产党领导，始终成为中国特色社会主义事业的坚强领导核心

确保党始终成为中国特色社会主义事业的坚强领导核心，是落实新时代党的建设总要求，健全全面从严治党体系，全面推进党的自我革命的要求。党的二十大报告提出，"全党同志务必不忘初心、牢记

第一章
坚持中国共产党领导

使命，务必谦虚谨慎、艰苦奋斗，务必敢于斗争、善于斗争"。初心使命是中国共产党的本质规定性，是激励中国共产党人不断前进的根本动力；谦虚谨慎、艰苦奋斗是中国共产党的光荣传统和优良作风，是中国共产党人的政治品格和行动标识；敢于斗争、善于斗争是中国共产党的鲜明品格和制胜法宝，是中国共产党人磨砺本领能力、克服一切艰难险阻、创造辉煌成就的必然要求。"三个务必"根植于党的百年历史实践和伟大建党精神，集中体现了中国共产党伟大的历史主动和历史创造精神，为中国式现代化提供了重要精神动力。

中国共产党必须通过革命性锻造才能变得更加坚强有力。党的十八大以来，以习近平同志为核心的党中央统揽伟大斗争、伟大工程、伟大事业、伟大梦想，经过新时代全面从严治党的革命性锻造，从根本上扭转了管党治党宽松软的状况，把党的建设新的伟大工程推进到了新阶段。然而，前进道路上还依然存在着一些突出问题，例如，一些党员、干部缺乏担当精神，面对大是与大非、矛盾与危机、挫折与失误、歪风与邪气不敢上，绕着走；斗争本领不强，防风险、迎挑战、抗打压能力还需增强；舍我其谁、只争朝夕、久久为功、功成必定有我、功成不必在我的实干精神不足，干成事、会干事、善干事的作用还不够突出；形式主义、官僚主义现象仍较突出，深入整治这一"顽瘴痼疾"还需花极大力气；铲除腐败滋生土壤任务依然艰巨；等等。

全面从严治党永远在路上，党的自我革命永远在路上。只有坚持和加强党中央集中统一领导，深入推进全面从严治党，全面推进党的自我净化、自我完善、自我革新、自我提高，才能不断形成和发展风清气正的党内政治生态，确保党发挥总揽全局、协调各方的领导核心作用，巩固全党团结统一。加强党的政治建设，致力于消除党内严重政治隐患、形成鲜明政治导向，为自我革命锚定根本政治方向。党的

初心如磐
——中国式现代化的本质要求

思想建设是全党始终保持统一的思想、坚定的意志、协调的行动、强大的战斗力的根本保证,加强理想信念教育、用习近平新时代中国特色社会主义思想武装全党、重视党性教育和党性修养,不断推进党的思想建设的制度化,淬炼了自我革命锐利思想武器。严密的组织体系是党的优势所在、力量所在,增强党组织政治功能和组织功能,各级党组织要履行好党章赋予的各项职责,把党的路线方针政策和党中央决策部署贯彻落实好,把各领域广大群众组织凝聚好。全面加强党的纪律建设,督促领导干部特别是高级干部严于律己、严负其责、严管所辖,坚持党性党风党纪一起抓,涵养富贵不能淫、贫贱不能移、威武不能屈的浩然正气。作风建设是党的形象,关系人心向背,关系党的生死存亡,从遏制"舌尖上的浪费"、刹住"车轮上的腐败"、整治"会所里的歪风",到持续解决形式主义突出问题……以钉钉子精神纠治'四风',反对特权思想和特权现象,坚决整治群众身边的不正之风和腐败问题,任何时候都不能掉以轻心。坚持制度治党、依规治党,以党章为根本,以民主集中制为核心,完善党内法规制度体系,增强党内法规权威性和执行力。反腐败是最彻底的自我革命,坚决打赢反腐败斗争攻坚战持久战,必须坚持不敢腐、不能腐、不想腐一体推进,同时发力、同向发力、综合发力。

坚持中国共产党领导,确保党始终成为中国特色社会主义事业的坚强领导核心,"始终"二字从历史与现实的维度提出了能否始终赢得人民拥护、能否巩固长期执政地位、能否跳出治乱兴衰历史周期率的重大时代课题。既要看到中国共产党是一个拥有9800多万名党员,志向远大、组织严密、团结统一、人民拥护的马克思主义执政党,又要看到党自身所存在的"大党独有难题"。以习近平同志为核心的党中央以前所未有的勇气和定力推进全面从严治党,打出一套自我革命的"组合拳",深入回答了建设什么样的长期执政的马克思主义政党、怎样建设长期执政的马克思主义政党的重大时代课题，不仅丰富和发展了马克思主义建党学说，而且探索出一条长期执政条件下解决自身问题、跳出历史周期率的成功道路。

二、坚决维护党中央权威和集中统一领导，确保党的团结统一

坚决维护党中央权威和集中统一领导，既是马克思主义政党必须坚持的一条重大原则，又是新时代党的建设和党的政治建设的核心议题。党的十八大以来，以习近平同志为核心的党中央刀刃向内、正风肃纪、消除隐患、破解难题，坚决维护了党中央权威和团结统一，推动党和国家事业发生历史性变革、取得历史性成就。党的十九大报告强调："保证全党服从中央，坚持党中央权威和集中统一领导，是党的政治建设的首要任务。"这一科学的重大论断，创新了新时代中国共产党建设的认识和格局，既是对中国特色社会主义进入新时代全面从严治党、依规治党、制度治党的科学总结，又是开启新时代党的建设新征程的政治要求，为毫不动摇把党建设得更加坚强有力指明了方向，提供了政治保证。党的二十大报告强调："加强党的政治建设，严明政治纪律和政治规矩，落实各级党委（党组）主体责任，提高各级党组织和党员干部政治判断力、政治领悟力、政治执行力。"这为坚定不移加强党的全面领导和党的建设提供了坚强政治保证。

坚决维护党中央权威和集中统一领导，是推进中国式现代化建设的政治优势。何谓政治优势？在当代中国政治发展形态中，中国共产党在国家政治和经济社会发展中扮演着核心角色，不仅提供了前进的根本动力，而且决定着前进的方向。"中国共产党是执政党，党的领导是做好党和国家各项工作的根本保证，是我国政治稳定、经济发

展、民族团结、社会稳定的根本点，绝对不能有丝毫动摇。"①坚持和维护党中央权威，就是党对一切工作的领导获得公认和执行的过程，它不是抽象的而是具体的，在坚持和发展中国特色社会主义的十四条基本方略中得到实践和衡量。

一个政党强大与否、稳定与否，全凭它能否在维护国家政治安全和社会稳定，建设现代化经济体系和促进经济发展，筑牢民族团结和民族共同体意识中求得最佳值。只有坚决维护党中央权威和集中统一领导，才能保证全党团结统一，进而团结一切可以团结的力量，促进政党关系、民族关系、宗教关系、阶层关系、海内外同胞关系和谐，最大程度凝聚起共同奋斗的力量。要发挥最高政治领导力量，坚持党对组织、宣传、统战、政法工作的领导，人大、政府、政协、法院、检察院的党组织要贯彻落实党中央的工作部署，事业单位、人民团体等的党组织更要积极发挥作用。更重要的是，各方面党组织和党员干部要严格执行请示报告制度，提高请示报告意识。从根本上讲，党对一切工作的领导具体体现为各层级、各地方、各组织自觉向上级直至党中央请示报告重大事项和重大情况，这既是体现党中央权威，防止破坏党的集中统一领导的制度形式，也是党中央集思广益、群策群力，落实好中央决策的重要途径。各级党组织和每个党员都应牢固树立向党负责、向人民负责、向历史负责的政治核心意识，积极维护党的团结统一，这是以中国式现代化全面推进中华民族伟大复兴的根本要求和关键所在。

---

① 中共中央党史和文献研究院、中央"不忘初心、牢记使命"主题教育领导小组办公室编：《习近平关于"不忘初心、牢记使命"论述摘编》，党建读物出版社、中央文献出版社2019年版，第100页。

三、健全总揽全局、协调各方的党的领导制度体系，把党的领导落实到党和国家事业各领域各方面各环节

总揽全局、协调各方，是对中国共产党最高政治领导力量以及领导核心作用的最好诠释。党的领导制度体系，是中国共产党进行革命、建设和改革事业，实现长期执政的根本制度基础和政治支撑。健全总揽全局、协调各方的党的领导制度体系，对于坚持党的全面领导，把党的领导全面、系统、整体落实到国家治理各领域各方面各环节，把党和国家制度优势更好转化为国家治理效能具有重要意义。

党的十九届四中全会对健全总揽全局、协调各方的党的领导制度体系作出顶层设计和全面部署，明确了建立、健全、完善六方面制度：建立不忘初心、牢记使命的制度；完善坚定维护党中央权威和集中统一领导的各项制度；健全党的全面领导制度；健全为人民执政、靠人民执政各项制度；健全提高党的执政能力和领导水平制度；完善全面从严治党制度。第一，不忘初心、牢记使命体现了党的理想信念、性质宗旨、奋斗目标，不忘来时路、眺望未来路，这是激励一代代中国共产党人永葆政治本色、不懈奋斗前行的根本动力。第二，坚定维护党中央权威和集中统一领导是中国共产党作为最高政治领导力量的最高政治原则，对于确保全党在政治立场、政治方向、政治原则、政治道路上同党中央保持高度一致，增强党的团结统一，具有决定性意义。第三，党的全面领导既强调党对一切工作的领导，又不同于包办一切的领导，而是一种全新的领导体制和领导方式，这是确保党的领导贯彻到党和国家所有机构履行职责全过程，把握中国式现代化正确方向，推动各方面协调行动，增强政治凝聚力和发展自信心的根本政治保证。第四，为人民执政、靠人民执政集中体现人民群众是

初心如磐
——中国式现代化的本质要求

历史的创造者,揭示了马克思主义政党与其他政党的根本区别,既代表最广大人民群众的根本利益,没有任何自己特殊的利益,也从来不代表任何利益集团、任何权势团体、任何特权阶层的利益,始终与人民群众休戚与共、生死相依,这是中国共产党的生命之源和力量之基。第五,党的执政能力和领导水平包括学习本领、政治领导本领、改革创新本领、科学发展本领、依法执政本领、群众工作本领、狠抓落实本领、驾驭风险本领等,这是事关中国共产党能否长期执政的关键因素之一。第六,全面从严治党是党永葆生机活力、走好新的赶考之路的必由之路,是确保党永远不变质、不变色、不变味,永葆党的先进性和纯洁性的伟大实践。通过新时代全面从严治党伟大实践,党找到了自我革命这一跳出治乱兴衰历史周期率的第二个答案。

在新时代,党不断丰富党的领导制度体系的基本要素,强调制度建立、制度健全、制度完善,依靠制度机制来保证党的领导科学有效。这不仅搭建起了总揽全局、协调各方的党的领导制度体系的整体架构,而且实现了党的领导制度与国家治理体系和治理能力现代化的有机融合,为坚决维护党中央权威和集中统一领导,发挥总揽全局、协调各方的领导核心作用,把党的领导落实到国家治理各领域各方面各环节具有纲领性意义。

推进中国式现代化,必须坚持和完善党的领导的体制机制,以担负起进行伟大斗争、建设伟大工程、推进伟大事业、实现伟大梦想的重大职责。必须更好发挥党的领导这一最大优势,切实把我国制度优势转化为治理效能。首先,切实增强坚持党的领导的自觉性和坚定性,从历史逻辑、理论逻辑、实践逻辑深刻认识党的领导地位是历史的选择和人民的选择,准确把握坚持和完善党的领导制度体系的制度设计、深刻内涵和实践要求,将其落实到党和国家事业发展的各方面全过程。其次,"各级党委和政府以及各级领导干部要切实强化制度意识，带头维护制度权威，做制度执行的表率"[1]。不断深化对党的领导制度体系理论的学习、思考和研究，通过思想淬炼、政治历练、实践锻炼、专业训练等途径和方式方法，不断提高执行制度的能力水平。与此同时，做好坚持和完善党的领导制度体系的理论宣传工作，使全社会深刻认识到坚持党的领导制度体系对推进中国式现代化、实现中华民族伟大复兴的极端重要性，并将之转化为全面建设社会主义现代化国家的合力。

四、创新和改进党的领导方式，不断破除各方面体制机制弊端

中国共产党是马克思主义执政党，是中国特色社会主义事业的领导核心，党的领导主要是政治、思想和组织领导，且必须通过科学的领导体制和方式方法来实现。具体而言，这一领导作用表现为：通过制定大政方针，提出立法建议，推荐重要干部，进行思想宣传，发挥党组织和党员的作用，来实现对国家的领导，履行执政的责任；党委充分发挥对同级人大、政府、政协等各种组织的领导核心作用，同时这些组织中的党组也充分发挥领导核心作用；党委支持人大、政府、政协和审判机关、检察机关依照法律和章程独立负责、协调一致地开展工作，及时研究并统筹解决工作中的重大问题，又通过这些组织中的党组织和党员干部贯彻党的路线方针政策，贯彻党委的重大决策和工作部署。

创新和改进党的领导方式，归根到底就是要不断提高党把方向、

---

[1] 《中共中央关于坚持和完善中国特色社会主义制度　推进国家治理体系和治理能力现代化若干重大问题的决定》，人民出版社2019年版，第42页。

初心如磐
—— 中国式现代化的本质要求

谋大局、定政策、促改革的能力，不断增强党的政治领导力、思想引领力、群众组织力、社会号召力，以调动各方积极性，汇聚中国人民建设中国式现代化的磅礴力量。

第一，要"不断提高战略思维、历史思维、辩证思维、系统思维、创新思维、法治思维、底线思维能力，为前瞻性思考、全局性谋划、整体性推进党和国家各项事业提供科学思想方法"[①]。科学的思维方式为人们认识世界和改造世界提供了科学的思想方法，是中国共产党领导力和执政力的重要组成部分和关键因素，集中体现了马克思主义的世界观和方法论。着眼于解决新时代改革开放和社会主义现代化建设的实际问题，科学的思维方式和思想方法是正确认识把握共产党执政规律、社会主义建设规律、人类社会发展规律的根本前提和有效工具。各级党员领导干部必须坚持运用马克思主义的世界观和方法论，在纷繁复杂的时代大势中观方向、探本质、究规律，只有这样才能不断提高分析和解决实际问题的本领，更好履行党和人民赋予的职责。

第二，要坚持民主集中制这一根本领导制度。善于运用民主的办法汇集意见、科学决策，善于通过协商的方式增进共识、凝聚力量。同时，要善于集中、敢于担责，防止议而不决、决而不行。全过程人民民主是最广泛、最真实、最管用的民主，充分体现了人民意识，保障了人民权益、激发了人民创造活力，有利于党集思广益、科学决策和民主决策。协商民主是实践全过程人民民主的重要形式，有利于深度协商互动、意见充分表达、广泛凝聚共识，汇聚各方力量。只有在

[①] 习近平：《高举中国特色社会主义伟大旗帜　为全面建设社会主义现代化国家而团结奋斗——在中国共产党第二十次全国代表大会上的报告》，人民出版社2022年版，第21页。

高度民主的基础上实行高度、高效、有效的集中,才能防止独断专行、独裁专制和软弱涣散、各自为政,为中国式现代化提供强大的政治领导力量。

第三,要坚持群众路线这一基本领导方法。增强群众工作本领就要坚决走好群众路线,改进和创新联系群众的途径方法,俯下身子做好调查研究,认真倾听人民群众的呼声和诉求,虚心接受人民群众的建议和意见,将从群众中来的感性认识上升为理性认识、形成党的政策和主张,再到群众中去、转变为群众自觉行动。与此同时,要把群众满意与否作为评价工作得失和领导成效的标准,坚决防范和纠正人民群众痛恨的"四风"问题,特别是形式主义、官僚主义,自觉接受人民群众和历史的检验。

第四,坚持依法执政这一基本领导方式。习近平总书记强调,法律是治国之重器,法治是国家治理体系和治理能力的重要依托。注重运用法治思维和法治方式治国理政,就是要善于使党的主张通过法定程序成为国家意志、转化为法律法规、转化为国家意志的重大行动,自觉把党的领导活动纳入制度轨道。依法治国是党领导人民治理国家的基本方略,依法执政是我们党执政的基本方式,依法行政是政府行政的基本准则。坚持依法治国、依法执政、依法行政共同推进,意味着无论是我们党执掌政权、政府施政,还是经济运行、社会治理,党和国家各项工作只有纳入法治化轨道才能实现有序运转,这是建设社会主义现代化国家的重要方面、实施路径和关键指标。

初心如磐
——中国式现代化的本质要求

📖 延伸阅读

推进中国式现代化关键在党*

山雄有脊，房固因梁。党的领导是党和国家事业不断发展的"定海神针"。党的二十大报告提出，"中国式现代化，是中国共产党领导的社会主义现代化"。在新进中央委员会的委员、候补委员和省部级主要领导干部学习贯彻习近平新时代中国特色社会主义思想和党的二十大精神研讨班开班式上，习近平总书记深入阐释党在中国式现代化建设中的领导地位，深刻指出："这是对中国式现代化定性的话，是管总、管根本的。为什么要强调党在中国式现代化建设中的领导地位？这是因为，党的领导直接关系中国式现代化的根本方向、前途命运、最终成败。"

中国的现代化，承载着中国人民的梦想和期盼。近代以后，国家蒙辱、人民蒙难、文明蒙尘，中华民族遭受了前所未有的劫难。从洋务运动的"师夷长技以制夷"，到戊戌变法的"改良图强"，再到辛亥革命的"资产阶级共和国""振兴实业"方案……为了拯救民族危亡，无数仁人志士奔走呐喊，各种救国方案轮番出台，但都以失败告终。探索中国式现代化道路的重任，历史地落在了中国共产党身上。

新民主主义革命时期，为实现现代化创造了根本社会条件；社会主义革命和建设时期，为现代化建设奠定根本政治前提和宝贵经验、理论准备、物质基础；改革开放和社会主义建设新时期，为中

---

* 参见《中国式现代化是中国共产党领导的社会主义现代化》，载《人民日报》2023年3月1日。

国式现代化提供了充满新的活力的体制保证和快速发展的物质条件；新时代十年的生动实践和伟大变革，丰富了中国式现代化的科学内涵，彰显了中国式现代化的中国特色，明确了中国式现代化的本质要求，拓宽了中国式现代化的前进道路。

回首百年历程，中国共产党肩负起探索中国现代化道路的重任，团结带领人民以不懈奋斗深刻改变了近代以后中华民族发展的方向和进程，深刻改变了中国人民和中华民族的前途和命运，深刻改变了世界发展的趋势和格局，生动诠释了"中国式现代化走得通、行得稳，是强国建设、民族复兴的唯一正确道路"。推进中国式现代化，必须坚持和加强党的全面领导，充分发挥党总揽全局、协调各方的领导核心作用。以党的旗帜为旗帜、以党的方向为方向、以党的意志为意志，把党的领导落实到党和国家事业各领域各方面各环节，使党始终成为风雨来袭时全体人民最可靠的主心骨，就一定能确保我国社会主义现代化建设正确方向，确保中国式现代化前景光明、繁荣兴盛。

第二章

坚持中国特色社会主义

"坚持中国特色社会主义"是党的二十大报告概括的中国式现代化的本质要求之一，中国式现代化的"中国式"，从根本上说是基于中国特色社会主义而形成的。中国特色社会主义体现了中国式现代化的质的规定性，是中国式现代化同西方现代化的根本区别，深刻指明了中国式现代化的根本性质和根本方向。

方向决定道路，道路决定命运。历史和实践证明，只有社会主义才能救中国，只有中国特色社会主义才能发展中国，只有坚持和发展中国特色社会主义才能实现中华民族伟大复兴。党的二十大报告指出，坚持中国特色社会主义是中国式现代化的本质要求之一。中国特色社会主义，是我们党在"两个结合"中，在中国革命建设改革伟大实践中历经千辛万苦、付出各种代价所探索、开创和发展起来的，它根植中国大地、体现人民期盼、适应时代要求，是历史选择之路、时代选择之路、人民选择之路，我们必须倍加珍惜、毫不动摇坚持、与时俱进发展。

第一节

坚持中国特色社会主义是中国式现代化的本质要求

中国式现代化，是中国共产党领导的社会主义现代化，是在党领导人民成功开创、坚持和发展中国特色社会主义的过程中探索和推进的。中国式现代化的本质属性是党的领导和社会主义，我国建设的现代化国家本质上是社会主义国家。中国式现代化的"中国式"是基于中国特色社会主义形成的。坚持中国特色社会主义，深刻体现了中国式现代化的基本性质和发展方向，有力保证了中国式现代化的独立性、方向性和优越性，是中国式现代化的本质要求和应有之义。

一、中国特色社会主义规定了中国式现代化的基本内核

党和国家的长期实践充分证明，只有社会主义才能救中国，只有中国特色社会主义才能发展中国。只有高举中国特色社会主义伟大旗帜，我们才能团结带领全党全国各族人民，在中国共产党成立100年时全面建成小康社会，在新中国成立100年时建成富强民主文明和谐的社会主义现代化国家，赢得中国人民和中华民族更加幸福美好的未来。

中国式现代化是中国共产党领导、开创、推动的现代化，是坚持

初心如磐
——中国式现代化的本质要求

和发展中国特色社会主义的现代化；中国特色社会主义规定了中国式现代化的性质方向，指明了中国式现代化的旗帜道路。邓小平同志曾指出："我们搞的现代化，是中国式的现代化。我们建设的社会主义，是有中国特色的社会主义。"[1]习近平总书记强调："要守好中国式现代化的本和源、根和魂，毫不动摇坚持中国式现代化的中国特色、本质要求和重大原则，坚持党的基本理论、基本路线、基本方略，坚持党的十八大以来的一系列重大方针政策，确保中国式现代化的正确方向。"[2]中国式现代化是以中国特色社会主义制度安排为基础，围绕中国特色社会主义本质要求而展开的实践活动。一定意义上说，党领导人民开创、推进和拓展中国式现代化的过程，就是成功开创、坚持和发展中国特色社会主义的过程。离开了中国特色社会主义这个根基，中国式现代化既不可能成功开创，也不可能继续前进。换句话说，中国式现代化道路以中国特色社会主义为根本取向，通过中国特色社会主义实践谋求高度现代化与社会主义的统一，从而超越资本主义现代化，开启人类社会走向现代化新的可能性。

中国式现代化质的规定性是由中国特色社会主义决定的，这个规定性既反映在中国共产党领导这个根本要求上，也体现在实现高质量发展、发展全过程人民民主、丰富人民精神世界、实现全体人民共同富裕、促进人与自然和谐共生等方面。这些方面分别对应中国特色社会主义"五位一体"总体布局的不同维度，既各自独立又相互联系，共同构成中国式现代化的本质要求，共同推进中国式现代化在正确的方向上行稳致远。

---

[1] 《邓小平文选》（第三卷），人民出版社1993年版，第29页。
[2] 习近平：《推进中国式现代化需要处理好若干重大关系》，载《求是》2023年第19期。

二、中国特色社会主义决定了中国式现代化的中国特色

党的二十大报告指出:"中国式现代化,是中国共产党领导的社会主义现代化,既有各国现代化的共同特征,更有基于自己国情的中国特色。"从宏观角度看,现代化首先是一个世界性的过程,表现出巨大的共性,如资本积累、技术创新、工业化、城市化、全球化以及作为前提和基础的现代国家建构等。正是因为这些共性,"世界现代化"命题才得以成立。但是,因历史境遇、文化传统、现实国情不同,世界各个国家通向现代化的方式、道路、标准等不可能一样。现代化在本质上是共性和个性、普遍性和特殊性的统一。[①]

中国式现代化是社会主义与现代化的有机统一,中国特色社会主义是中国式现代化内生性的核心因素,是中国式现代化的本和源、根和魂。中国特色社会主义不仅规定了中国式现代化的基本内核,还决定了中国式现代化的中国特色。中国式现代化打破了"现代化＝西方化"的迷思,展现了现代化的另一幅图景,拓展了发展中国家走向现代化的路径选择,为人类对更好社会制度的探索提供了中国方案。习近平总书记在庆祝中国共产党成立100周年大会上的讲话中指出:"我们坚持和发展中国特色社会主义,推动物质文明、政治文明、精神文明、社会文明、生态文明协调发展,创造了中国式现代化新道路,创造了人类文明新形态。"这深刻表明,中国特色社会主义坚持"五位一体"总体布局和全面发展,指明了当代中国发展进步的根本方向,创造了中国式现代化新道路,创造了人类文明新形态。中国特

[①] 参见王先俊、苗笛:《习近平对中国式现代化的系统阐释》,载《学术界》2022年第11期。

色社会主义追求的发展进步不仅包含经济的繁荣富强，也包括民主法治的健全、文化艺术的繁荣、社会的和谐稳定、生态环境的优美等，五者缺一不可、相辅相成。中国特色社会主义"五位一体"的总体布局，传递着对美好社会理想的执着追求，暗含了中国式现代化的多维目标，勾画了中国式现代化的基本样子，明确了中国式现代化的方向路径，决定了中国式现代化的鲜明特色。

中国式现代化作为社会主义与现代化的真正统一，被中国特色社会主义赋予了不同于西方现代化的鲜明特色。党的二十大报告明确概括了中国式现代化五个方面的中国特色，这既深刻揭示了中国式现代化的科学内涵，也深刻揭示了中国式现代化的社会主义属性。此外，中国式现代化蕴含的独特世界观、价值观、历史观、文明观、民主观、生态观等及其伟大实践，是建立在科学社会主义基础之上的独特创造，是对世界现代化理论和实践的重大创新。

三、中国特色社会主义内含了中国式现代化的鲜明优势

一个国家的现代化能否成功，取决于这个国家能否找到适合自己的发展道路。中国特色社会主义是改革开放以来党的全部理论和实践的主题，从理论和实践结合上回答了在我国这样一个具有五千年文明的东方大国，实现什么样的现代化、怎样实现现代化这个重大问题。[1]推进中国式现代化，必须高举中国特色社会主义伟大旗帜，沿着中国特色社会主义指引的方向前进。中国特色社会主义是适合中国国情的理论和实践，是中国式现代化的根本基础。进而言之，中国特

---

[1] 参见戴木才：《中国特色社会主义是改革开放以来党的全部理论和实践的主题》，载《红旗文稿》2017年第15期。

色社会主义的"特"就特在其道路、特在其理论、特在其制度、特在其文化，这些特色、特点、特别之处奠定了中国式现代化的独有优势。

中国特色社会主义道路，是以中国式现代化全面推进中华民族伟大复兴的唯一正确道路。党的十九大报告指出，"中国特色社会主义道路是实现社会主义现代化、创造人民美好生活的必由之路"。这一道路既坚持以经济建设为中心，又坚持四项基本原则、坚持改革开放，既追求全面发展、又注重协调发展，既促进人的全面发展、又实现全体人民共同富裕，既发展自身、又造福世界。实践证明，这条道路符合中国实际、反映中国人民意愿、适应时代发展要求，不仅走得对、走得通，而且也一定能够走得稳、走得好。只有这条道路而没有别的道路，能够引领中国进步、增进人民福祉、实现民族复兴。

中国特色社会主义理论体系是指导党和人民实现中华民族伟大复兴的正确理论，是立于时代前沿、与时俱进的科学理论。这一理论体系深深扎根于中国大地，贯穿着辩证唯物主义和历史唯物主义的世界观方法论，既坚持科学社会主义基本原则，又具有鲜明的实践特色、民族特色和时代特色，既为开创中国式现代化道路提供了理论指导和强大精神力量，又为推进人类现代化征程贡献了独具魅力的思想理论成果，具有无可比拟的理论优势。中国特色社会主义制度是当代中国发展进步的根本制度保障，是具有鲜明中国特色、明显制度优势、强大自我完善能力的先进制度，能为中国式现代化提供根本制度保障。文化是一个民族、一个国家生存和发展的精神根基。中国特色社会主义文化积淀着中华民族最深沉的精神追求，代表着中华民族独特的精神标识，为推进中国式现代化提供强大精神力量。[①]

中国特色社会主义总体布局为党和国家事业发展提供了总体架构和基本路径，统领了中国式现代化道路的全面性，内含了中国式现代化的鲜明优势。中国特色社会主义是全面发展的社会主义，其总体布局是经济建设、政治建设、文化建设、社会建设、生态文明建设五位一体。基于这一布局，中国共产党人锚定人民对美好生活的向往，顺应人民对文明进步的渴望，努力实现物质富裕、政治清明、精神富足、社会安定、生态宜人，让现代化更好回应人民各方面诉求和多层次需要，既增进当代人福祉，又保障子孙后代权益，促进人类社会可持续发展，清晰展示了中国共产党对人类文明新形态的求索与创造。中国特色社会主义始终蕴含着促进人的现代化这一价值立场，开辟了以人民为中心的现代化新境界，深刻揭示了中国式现代化的显著优势。

[①] 参见张浩：《牢牢把握中国式现代化的本质要求》，载《红旗文稿》2022年第24期。

第二节

中国式现代化是坚持和发展中国特色社会主义的现代化

走自己的路，是党的全部理论和实践立足点，更是党百年奋斗得出的历史结论。人类历史上没有一个民族、一个国家可以通过依赖外部力量、照搬外国模式、跟在他人后面亦步亦趋实现强大和振兴。实践证明，中国式现代化走得通、行得稳，是强国建设、民族复兴的唯一正确道路，而中国式现代化道路在本质上是中国特色社会主义道路。中国式现代化是始终走在中国特色社会主义道路上的现代化，是立足于中国特色社会主义事业之上的现代化。中国特色社会主义和中国式现代化道路相伴而生、相互契合，彼此加强、同向同行。当代中国的发展是"中国特色社会主义"和"中国式现代化道路"的双重开创进程。这一过程，既为繁荣中国特色社会主义和实现中华民族伟大复兴夯了基，也为拓展现代化新途径和开创人类文明新形态塑了形。

一、坚持中国特色社会主义是中国式现代化同西方现代化的根本区别

现代化不是少数国家的"专利品"，也不是非此即彼的"单选

题"，不能搞简单的千篇一律、"复制粘贴"。一个国家走向现代化，既要遵循现代化的一般规律，更要立足本国国情，具有本国特色。中国式现代化没有照搬西方现代化发展的既定模板，而是基于自身国情经过长期艰辛探索得出的崭新道路，它深深植根于中华优秀传统文化，体现科学社会主义的先进本质，借鉴吸收一切人类优秀文明成果，代表人类文明进步的发展方向，展现了不同于西方现代化的新图景，是一种全新的人类文明形态。

中国式现代化与西方现代化的区别在于，我们是建立在社会主义生产方式而非资本主义生产方式上的现代化。社会主义生产方式和生活方式决定了中国式现代化具有不同于资本主义现代文明的性质特点与前途命运。中国特色社会主义生产方式实现了对资本主义生产方式和传统计划经济的社会主义生产方式的扬弃与超越，是更加公正合理和富有效率的生产方式。社会主义和市场经济的结合实现了现代化进程中，人类文明内在生产方式从死劳动（资本）剥削活劳动向死劳动（资本）为活劳动服务的转换，这是对人类生存范式的重大创新。[①]因而，中国式现代化形成的显著优势，绝不是"翻版"西方现代化的结果，也绝不是"再版"其他社会主义国家现代化发展模式的结果，而是在坚持和发展中国特色社会主义道路的基础上，吸收世界现代化先进经验与历史教训，独立自主地推动现代化理论创新、制度创新、实践创新的结果。

中国式现代化是基于中国特色社会主义制度基础上的伟大实践活动。中国式现代化走在中国特色社会主义道路上，具有鲜明的社会主义属性，既为中国特色社会主义的繁荣进步创设了重要前提，又深刻

[①] 参见陈鹏：《中国式现代化是世界现代化理论和实践的重大创新》，载《人民论坛》2023年第6期。

改变了世界现代化格局，为人类实现现代化提供了新的选择，为解决人类面临的共同问题提供更多更好的中国智慧、中国方案、中国力量。在全面建设社会主义现代化国家的新征程上，将中国式现代化继续向前推进，更好地巩固、展现与发展中国式现代化的显著优势，必须既不走封闭僵化的老路，也不走改旗易帜的邪路，保持战略定力，掌握历史主动，始终坚定不移地走中国特色社会主义道路，凝聚起实现第二个百年奋斗目标的历史合力，把我国建设成为富强民主文明和谐美丽的社会主义现代化强国。①

二、建成社会主义现代化强国是中国式现代化的应有之义

中国式现代化是社会主义现代化，推进中国式现代化实现的过程同时也是全面建成社会主义现代化强国的过程。只有坚持和发展中国特色社会主义才能全面推进中国式现代化，才能实现中华民族伟大复兴、建成社会主义现代化强国。

中国式现代化的一个显著特点就是将社会主义与现代化有机结合。相比于由资本逻辑主导的西方现代化，中国式现代化是由社会主义逻辑所主导，追求的是全体14亿人的现代化，是充分而全面的现代化。第一，它是高度现代化的。中国式现代化丰富、发展、升级了现代化的标准，是以人民为中心的更加公正的现代化，是追求协调平衡的更加全面的现代化，是扬弃既往的更加超越、进步的现代化。第二，它是以社会主义为定向的。中国式现代化摒弃西方以资本为本的现代化逻辑，探索与西方资本主义现代化道路截然不同的社会主义现

---

① 参见项久雨：《中国式现代化的显著优势》，载《马克思主义研究》2022年第5期。

代化道路，是以人为本、以人民为中心的现代化。换句话说，中国式现代化是以扬弃现代性本身为定向的，是以坚持和发展中国特色社会主义为总目标的。比如强调"以人民为中心"的发展理念就是要突破以资本为本的现代性，强调"共同富裕"的理念就是要超越马克思所谓"犹太精神"或"犹太本质"（唯利是图）的现代性，提倡"新型大国关系"的理念就是要突破超越"威斯特伐利亚体系"这一现代性国际关系的丛林法则，提倡"文明互鉴"的理念就是要突破现代性的权力所设置的支配—从属关系。①中国式现代化的内涵还在不断丰富，道路还在不断延伸，但它始终坚持以人民为中心、以全人类共同价值为取向、以社会主义为鲜明定向。②

中国式现代化的目标是全面建成社会主义现代化强国。党的十九大对全面建成社会主义现代化强国作出了战略部署，总的战略安排是分两步走：从2020年到2035年基本实现社会主义现代化；从2035年到本世纪中叶把我国建成富强民主文明和谐美丽的社会主义现代化强国。党的二十大对全面建成社会主义现代化强国两步走战略安排进行了宏观展望。当然，中国式现代化的理论和实践不会终止于全面建成社会主义现代化强国的目标，而是致力于实现共产主义的远大理想。

三、实现人的现代化是中国式现代化的根本价值追求

马克思恩格斯认为，历史进步是社会发展和人的发展相统一的过

---

① 参见吴晓明：《世界历史与中国式现代化》，载《学习与探索》2022年第9期。
② 参见陈鹏：《中国式现代化是世界现代化理论和实践的重大创新》，载《人民论坛》2023年第6期。

第二章
坚持中国特色社会主义

程,现实的、活生生的人在创造这一切,"历史不过是追求着自己目的的人的活动而已"。他们明确主张在改造现实的实践活动中要把从事实际活动的人当作其理论的出发点,并将每个人的"自由而全面的发展"作为根本准则。在现代化这一问题上,马克思恩格斯格外强调以人为主体,从现实的人及其独立性和自主性出发,把握社会主义现代化的真谛。人民是历史的创造者,是推进现代化最坚实的根基、最深厚的力量。习近平总书记曾深刻指出,"现代化的本质是人的现代化"[1],"现代化的最终目标是实现人自由而全面的发展"[2],这些论断既是对马克思主义经典理论的继承与发展,也揭示了中国式现代化的根本目的与价值旨归。

中国式现代化是为中国人民谋幸福、为中华民族谋复兴的现代化,是中国共产党领导下的以人民为中心的现代化。不断满足人民日益增长的美好生活需要,是中国共产党推进中国式现代化最根本的价值立场,这也是中国特色社会主义最根本的价值追求。在资本主义社会,资产阶级及其代表政党与人民的利益存在着根本矛盾,而马克思主义政党——中国共产党没有不同于人民解放的整个运动利益的特殊利益。世界现代化的其他理论和实践,主要是资产阶级主导下的现代化,总体上是为资产阶级的意志和利益服务的。虽然这种现代化实现了生产力的巨大发展,但问题在于这种发达的生产力并不属于人民。在这种现代化中,劳动人民虽然绝对生活条件有所改善,但其被剥削被压迫的地位并没有根本改变。

中国共产党领导的以人民为中心的中国式现代化,实现了对传统

---

[1] 习近平:《论"三农"工作》,中央文献出版社2022年版,第58页。
[2] 习近平:《携手同行现代化之路——在中国共产党与世界政党高层对话会上的主旨讲话》,人民出版社2023年版,第2页。

初心如磐
——中国式现代化的本质要求

现代化主体方面的重大创新。"中国式现代化是人口规模巨大的现代化",而不是一小部分人或某个地区的现代化。观照古今、对比中外,中国式现代化既是最难的,也是最伟大的,我们不同于几十万人、几百万人、几千万人的现代化,而是十四亿人口的现代化。中国式现代化是"全体人民共同富裕的现代化",而不是个别人富裕的现代化。我们摒弃西方以资本为中心、追求资本利益最大化导致贫富差距过大和两极分化严重的价值取向,坚守人民至上理念,突出现代化方向的人民性,不断推动全体人民共同富裕。中国式现代化是"物质文明和精神文明相协调的现代化",而不是只重视经济发展和物质文明建设,不注重文化滋养和浸润,满目"精神荒原"的畸形现代化。我们既要物质财富极大丰富,也要精神财富极大丰富、在思想文化上自信自强,物质富足、精神富有是社会主义现代化的根本要求。中国式现代化克服了西方现代化"见物不见人"的弊端,重塑了现实的、鲜活的人作为世界历史的主体性地位,促使人的价值在现代化的进程中得到尊重、彰显和实现,为实现人的自由全面发展奠定了坚实的基础。[1]

---

[1] 参见浙江省习近平新时代中国特色社会主义思想研究中心:《准确把握中国式现代化的三个基本问题》,载《浙江日报》2022年11月7日。

第三节

在新征程中要毫不动摇坚持和发展中国特色社会主义

中国特色社会主义是当代中国发展进步的根本方向。知所从来，思所将往，方明所去。中国特色社会主义既是我们必须不断推进的伟大事业，又是我们开辟未来的根本保证。习近平总书记庄严宣示："坚持和发展中国特色社会主义是一篇大文章，邓小平同志为它确定了基本思路和基本原则，以江泽民同志为核心的党的第三代中央领导集体、以胡锦涛同志为总书记的党中央在这篇大文章上都写下了精彩的篇章。现在，我们这一代共产党人的任务，就是继续把这篇大文章写下去。"[1]在二十届中共中央政治局常委同中外记者见面时，习近平总书记明确指出："我们要埋头苦干、担当作为，以更加强烈的历史主动精神推进马克思主义中国化时代化，不断谱写新时代中国特色社会主义新篇章，奋力实现中华民族伟大复兴的中国梦。"[2]当前，我国发展面临新的战略机遇、新的战略任务、新的战略阶段、新的战

---

[1] 《习近平著作选读》（第一卷），人民出版社2023年版，第80页。
[2] 习近平：《在二十届中央政治局常委同中外记者见面时的讲话》，载《求是》2022年第22期。

略要求、新的战略环境，越是面对艰难险阻，越要保持战略定力，坚定历史自信，增强历史主动，不断把中国特色社会主义伟大事业推向前进。

一、在聚焦解决新时代社会主要矛盾中坚持和发展中国特色社会主义

辩证唯物主义认为，人类社会是在矛盾运动中不断前进的。矛盾和问题是人类社会发展的动力。没有矛盾斗争，就没有运动变化，也就没有发展进步。人类社会每前进一步，都是在解决矛盾和问题的斗争中实现的。社会主要矛盾是贯穿于某个历史时期或阶段全程的核心问题，是影响制约时代进步、社会发展的纽结和关键，是推动事物发展的主要动力。抓社会主要矛盾带动全面工作，是我们党一以贯之的思想方法和工作方法，也是推进中国特色社会主义伟大事业持续向前发展的重要法宝。经过长期努力，中国特色社会主义进入新时代，这是我国发展新的历史方位。中国特色社会主义进入新时代，我国社会主要矛盾已经转化为人民日益增长的美好生活需要和不平衡不充分的发展之间的矛盾。我国社会主要矛盾的变化是关系全局的历史性变化，这对党和国家工作提出了许多新要求。新征程上，党领导人民进行新的伟大社会革命开创中国特色社会主义事业新辉煌，需要我们牢牢抓住新时代我国社会主要矛盾变化这个牛鼻子和突破口，从而为全面推进中国特色社会主义事业发展、推动中华民族伟大复兴进程提供新的动力。

第一，在不断满足人民美好生活需要、推动实现人的全面自由发展中，谱写新时代中国特色社会主义新篇章。马克思主义唯物史观主张和强调，从现实的人的需要出发来考察和研究社会历史问题。需

要，反映的是人在现实生活中的一种匮乏或不足。需要的满足，则是人存在与发展的基本条件。需要使人有所追求，是人的一切行为活动的原始根据，是主体积极性、能动性、创造性的内在源泉。人的需要是整个社会历史发展的最终动因。中国特色社会主义的开辟正是基于对人民现实利益的高度关切，中国特色社会主义的发展也是以人民对日益增长的各方面需要的追求为动力。美好生活需要更准确地揭示了新时代人民群众的更丰富多元的生活需要，它是推动中国特色社会主义发展的深层动因。

美好生活需要的超越性决定了中国特色社会主义需要不断开拓创新。首先，从需要的性质或层次角度看，美好生活需要是相比基本生存需要或生理需要的更高层次需要。美好生活需要是生产力发展积累到较高阶段的历史产物，具有超越性和高层次性的特征。其次，从价值导向上看，美好生活需要是对虚假需要的超越和对需要异化的克服。美好生活需要不是自然的、简单化的需要，而是经过人民主体思考判断、存善去恶选择后的共同需要，是符合人的美好期待和社会进步发展要求的需要。最后，美好生活需要体现了需要的目的性回归，是一种丰富、真实、全面并真正满足人民内心需求的需要，它克服了需要的物质化、贫乏化、两极化、病态化等异化现象。这就决定了中国特色社会主义需要不断开拓创新，以新的发展满足更高层次的需要。

美好生活需要的发展性决定了中国特色社会主义将不断迎来新突破。人民美好生活需要具有"日益增长"的特点，它是一种动态发展、日益升级的需要，并提供了推动社会发展进步的不竭动力。一方面，美好生活需要是一个动态的历史变迁过程，它会随着时代和社会生产力的发展而不断得以拓展。另一方面，人民对美好生活需要的价值判断和认同也有一个不断升华的过程。美好生活需要作为一种主体的价值判断，人民对它的认识会不断地变化、提高，且有着程度之别和远近之分，蕴含了无限延展的广阔空间。这就决定了中国特色社会主义需要以持续的创新发展满足不断出现的新需要。

第二，在不断解决不平衡不充分发展、推动实现社会全面进步中，谱写新时代中国特色社会主义新篇章。中国特色社会主义是全面发展的社会主义。统筹推进"五位一体"总体布局，是适应我国社会主要矛盾变化全新要求的重要现实抉择和逻辑必然，是回应发展不平衡不充分这一突出问题、全面谱写社会主义现代化事业新篇章的重要路径和关键支撑。统筹推进"五位一体"总体布局，就是要在坚持以经济建设为中心的同时，通过补齐短板、强化弱项，实现平衡发展、充分发展、共同发展，避免出现长的很长、短的很短的状况。一是推动物质文明和精神文明协调发展。物质富足、精神富有是社会主义现代化的根本要求，我们要促进物的全面丰富和人的全面发展。二是统筹协调物质文明和政治文明。用制度体系保证人民当家作主是最稳定、最有效和管长远的方法，是实现人民美好政治生活期待的必由之路。健全完善人民当家作主制度体系是破解人民对法治更高要求、对社会公平正义更高诉求、对依法行使各项权利热切期盼的重要支撑，因而是解决社会主要矛盾的重要政治路径。三是统筹协调经济发展与民生改善工作。保障和改善民生，实现更加公平的发展是解决新时代社会主要矛盾的重要抓手和应有之义。四是统筹协调经济发展与生态环境保护的关系。进入新时代，生态环境已经成为群众生活幸福指数的重要指标，成为民生福祉的重要内容。

二、在贯彻新发展理念中坚持和发展中国特色社会主义

发展是党执政兴国的第一要务，是解决我国一切问题的基础和关

第二章
坚持中国特色社会主义

键。没有坚实的物质技术基础，就不可能全面建成社会主义现代化强国。发展理念是发展行动的先导，发展理念是否对头，从根本上决定着发展成效乃至成败。实践告诉我们，发展是一个不断变化的进程，发展环境不会一成不变，发展条件不会一成不变，发展理念自然也不会一成不变。党的十八大以来，我们对经济社会发展提出了许多重大理论和理念，其中新发展理念是最重要、最主要的。新发展理念是一个系统的理论体系，回答了关于发展的目的、动力、方式、路径等一系列理论和实践问题，阐明了我们党关于发展的政治立场、价值导向、发展模式、发展道路等重大政治问题。习近平总书记指出："新时代推动经济社会发展，必须坚定不移贯彻创新、协调、绿色、开放、共享的新发展理念，推动高质量发展。"[①]

坚持创新发展、协调发展、绿色发展、开放发展、共享发展是关系我国发展全局的一场深刻变革。创新是引领发展的第一动力，协调是持续健康发展的内在要求，绿色是永续发展的必要条件和人民对美好生活追求的重要体现，开放是国家繁荣发展的必由之路，共享是中国特色社会主义的本质要求。党的二十大报告强调，贯彻新发展理念是新时代我国发展壮大的必由之路。新发展理念集中反映了中国共产党对经济社会发展规律的新认识，深刻揭示了实现更高质量、更有效率、更加公平、更可持续、更为安全的发展的必由之路，是新时代我国发展思路、发展方向、发展着力点的集中体现，是管全局、管根本、管长远的导向。

坚定以人民为中心的根本立场，从根本宗旨把握新发展理念。以人民为中心是坚持和发展中国特色社会主义的根本立场，是中国特色

[①] 习近平：《论把握新发展阶段、贯彻新发展理念、构建新发展格局》，中央文献出版社2021年版，第333页。

社会主义的价值旨归，从根本宗旨上把握新发展理念是新时代坚持和发展中国特色社会主义的应有之义、是全面建成社会主义现代化强国的内在要求。"人民是我们党执政的最深厚基础和最大底气。为人民谋幸福、为民族谋复兴，这既是我们党领导现代化建设的出发点和落脚点，也是新发展理念的'根'和'魂'。只有坚持以人民为中心的发展思想，坚持发展为了人民、发展依靠人民、发展成果由人民共享，才会有正确的发展观、现代化观。苏联是世界上第一个社会主义国家，取得过辉煌成就，但后来失败了、解体了，其中一个重要原因是苏联共产党脱离了人民，成为一个只维护自身利益的特权官僚集团。即使是实现了现代化的国家，如果执政党背离人民，也会损害现代化成果。"[1]

扭住高质量发展这个首要任务，从问题导向把握新发展理念。高质量发展是全面建设社会主义现代化国家的首要任务，坚持问题导向精准贯彻新发展理念，是推动实现高质量发展和坚持中国特色社会主义的重要方法论和指导原则。坚持问题导向把握新发展理念，要根据新发展阶段的新要求，抓住主要矛盾和矛盾的主要方面，切实解决影响构建新发展格局、实现高质量发展的突出问题，切实解决影响人民群众生产生活的突出问题。比如，我国城乡区域发展差距较大，而究竟怎样解决这个问题，有很多新的问题需要深入研究，尤其是区域板块分化重组、人口跨区域转移加快、农民落户城市意愿下降等问题要抓紧研究、明确思路。

统筹发展与安全，从忧患意识把握新发展理念。国家安全是民族复兴的根基，社会稳定是国家强盛的前提。当前，国内改革发展稳定

---

[1] 习近平：《把握新发展阶段，贯彻新发展理念，构建新发展格局》，载《求是》2021年第9期。

面临的不少深层次矛盾躲不开、绕不过。来自外部的打压遏制随时可能升级，各种"黑天鹅""灰犀牛"事件随时可能发生。习近平总书记深刻地指出："当前和今后一个时期，我们在国际国内面临的矛盾风险挑战都不少，决不能掉以轻心。各种矛盾风险挑战源、各类矛盾风险挑战点是相互交织、相互作用的。如果防范不及、应对不力，就会传导、叠加、演变、升级……最终危及党的执政地位、危及国家安全。"[①]历史和现实昭示我们：必须增强忧患意识，时刻准备经受风高浪急甚至惊涛骇浪的重大考验；必须推进国家安全体系和能力现代化，坚决维护国家安全和社会稳定。

三、在推动实现共同富裕中坚持和发展中国特色社会主义

党的二十大报告指出："共同富裕是中国特色社会主义的本质要求，也是一个长期的历史过程。我们坚持把实现人民对美好生活的向往作为现代化建设的出发点和落脚点，着力维护和促进社会公平正义，着力促进全体人民共同富裕，坚决防止两极分化。"这深刻阐明了推进中国式现代化的根本目的和鲜明指向，也凸显了实现共同富裕的重要性、长期性、艰巨性，是新征程我们扎实推动共同富裕的科学指引和根本遵循。

共同富裕是中国特色社会主义发展的根本目的。马克思在《1857—1858年经济学手稿》中说，在未来的社会主义制度中，社会生产力的发展将如此迅速，生产将以所有人的富裕为目的。毛泽东同

---

① 习近平：《论把握新发展阶段、贯彻新发展理念、构建新发展格局》，中央文献出版社2021年版，第107页。

初心如磐
——中国式现代化的本质要求

志曾指出,"这个富,是共同的富,这个强,是共同的强,大家都有份"[①]。邓小平同志说:"共同致富,我们从改革一开始就讲,将来总有一天要成为中心课题。社会主义不是少数人富起来、大多数人穷,不是那个样子。"[②]党的十八大以来,以习近平同志为核心的党中央对共同富裕道路作了新的探索,对共同富裕理论作了新的阐释,对共同富裕目标作了新的部署。党的十九大提出到本世纪中叶"全体人民共同富裕基本实现"的目标。党的十九届五中全会进一步提出,到2035年"全体人民共同富裕取得更为明显的实质性进展"的重要阶段性发展目标。这表明,进入中国特色社会主义新时代,共同富裕正在加速推进。

共同富裕,是中国人民矢志不渝的奋斗目标,是中华民族几千年来不懈追逐的梦想,是中国特色社会主义长远发展的根本目的。共同富裕以所有人的富裕、美好生活为目的,而不是以一部分人或少数人过上富裕生活为目的,其根本价值目标就是人的全面发展。在全面建设社会主义现代化国家新征程上,我们要逐步消灭剥削、消除两极分化,逐步消灭一切由于社会制度不健全和社会生产力发展不足而造成的社会不平等和重大社会差别,着力促进全体人民共同富裕,使中国特色社会主义这一人间正道越走越坚定、越走越宽广。

共同富裕是衡量社会主义社会的基本标准。贫穷不是社会主义。一部分人富起来、一部分人长期贫困,也不是社会主义。实现共同富裕不仅是经济问题,而且是关系党的执政基础的重大政治问题,是关乎社会主义本质的实现、关乎社会主义巩固和发展的根本问题。中国特色社会主义是社会主义,不是别的什么主义,一个重要的确证标准

---

① 《毛泽东文集》(第六卷),人民出版社1999年版,第495页。
② 《邓小平文选》(第三卷),人民出版社1993年版,第364页。

就是，中国走的是一条实现共同富裕的道路，是一条让发展成果更多更公平惠及全体人民、不断促进人的全面发展、朝着实现全体人民共同富裕不断迈进的道路。共同富裕的基本原则越是能够得到坚守和实践，社会公平正义就越能得到体现，社会主义的本质就越能得到彰显，中国特色社会主义事业就越能得到广大人民群众的真心拥护，新时代中国特色社会主义事业航船就越能行稳致远。

共同富裕是社会主义制度优越性的本质体现。邓小平同志曾指出："社会主义最大的优越性就是共同富裕，这是体现社会主义本质的一个东西。"[1]他还强调："社会主义与资本主义不同的特点就是共同富裕，不搞两极分化。"[2]资本主义社会在特定阶段，通过一些手段能较为有效地处理好"公平"与"效率"的关系，但是无法从根本上解决共同富裕的问题，"两极分化"是资本主义的必然结果，也是其基本特征。正如习近平总书记所指出的，"一些发达国家工业化搞了几百年，但由于社会制度原因，到现在共同富裕问题仍未解决，贫富悬殊问题反而越来越严重"[3]。共同富裕是社会主义优于资本主义的一个根本体现，只有社会主义制度，才能避免两极分化，逐步实现共同富裕。共同富裕的"共同"，体现的是中国特色社会主义先进生产关系的优越性，旨在切好分好社会财富"蛋糕"，化解发展不平衡问题，使发展成果更公平地惠及全体人民；共同富裕的"富裕"，体现的是中国特色社会主义先进生产力的优越性，旨在做大做优社会财富"蛋糕"，通过高质量发展不断保障和改善民生，化解发展不充分问题，使发展成果更多地惠及全体人民。在全面建设社会主义现代化

---

[1] 《邓小平文选》（第三卷），人民出版社1993年版，第364页。

[2] 《邓小平文选》（第三卷），人民出版社1993年版，第123页。

[3] 习近平：《扎实推动共同富裕》，载《求是》2021年第20期。

初心如磐
——中国式现代化的本质要求

国家新征程上，我们必须聚力解决社会公平正义问题，着力促进全体人民共同富裕，坚决防止两极分化，使中国特色社会主义制度的优越性不断彰显。

> 📖 **延伸阅读**

中国特色社会主义是实现中华民族伟大复兴的必由之路*

2022年10月17日，习近平总书记在参加广西代表团讨论时深刻指出，实践证明，党的十八大以来党中央的大政方针和工作部署是完全正确的，中国特色社会主义道路是符合中国实际、反映中国人民意愿、适应时代发展要求的，不仅走得对、走得通，而且走得稳、走得好。

"爷爷辈造蒸汽机车，父辈造绿皮火车，我造高速动车组列车。"二十大代表、中车青岛四方机车车辆股份有限公司钳工首席技师郭锐一家三代都是铁路人。

作为中国第一代高铁工人，郭锐和他所在的团队为1600多列高速动车组装配转向架。如今，这些列车已经安全运行超过40亿公里。"交通之变，折射的是一个国家和民族史诗般的巨变。"郭锐说，"铁路网越织越密，高铁的速度更是不断提升，这让我真切感受到了华夏大地澎湃着持续发展的活力与激情。"

"从事了30多年的菌草研究，我的菌草梦说到底就是脱贫梦、生态梦。"二十大代表、福建农林大学教授林占熺说，"'绿水青山就是金山银山'的理念已经成为全社会共识，绿色成为美丽中国更加亮丽厚重的底色。"

北京冬奥会、冬残奥会成功举办，兑现了我们对国际社会的庄严承诺。二十大代表、国际奥委会委员张虹感触很深："北京冬奥

---

* 参见《人间正道　必由之路——党的二十大代表谈坚定不移走中国特色社会主义道路》，新华网，2022年10月21日。

会、冬残奥会令世界惊叹。共同参与、群策群力,正是集中力量办大事的制度优势。"

路走对了,就不怕水远山高。新时代绘就出波澜壮阔的时代画卷:经济实力、科技实力、综合国力和人民生活水平跃上新的台阶,稳居世界第二大经济体;"嫦娥"落月、"天问"探火、神舟飞天,一个个重大工程体现我国雄厚实力……

正是沿着中国特色社会主义道路砥砺奋进,中国人民创造了世所罕见的经济快速发展和社会长期稳定两大奇迹。实践充分证明,中国特色社会主义是实现中华民族伟大复兴的唯一正确道路。

第三章

实现高质量发展

当代世界，发展是解决人类一切问题的"总钥匙"。没有发展就没有现代化，没有高质量发展就没有全面现代化。这是我国推动实现快速发展和社会长期稳定的必要前提。

党的二十大报告对全面建设社会主义现代化国家、全面推进中华民族伟大复兴进行了战略谋划，明确了实现高质量发展是中国式现代化的本质要求之一。经济工作是党和国家的中心工作，做好经济工作是党治国理政的重大任务。进入新发展阶段，我们要坚定不移把发展作为党执政兴国的第一要务，坚持解放和发展社会生产力，推动高质量发展，为实现中国式现代化而不懈奋斗。

第一节

高质量发展是中国式现代化
本质要求的经济特征

党的十八大以来，党着眼我国在发展阶段、发展环境、发展条件上的一系列变化，不断深化对经济形势和任务的认识，指出我国发展已由高速增长阶段转向高质量发展阶段。从高速度增长转向高质量发展，是党中央对我国未来经济社会发展提出的新目标和新要求，是中国式现代化本质要求的经济特征，是遵循经济发展规律的必然要求，更是社会主义现代化建设的题中应有之义。

一、高质量发展是社会主义现代化建设的本质内容

"现代"（modern）这个词最早于1585年出现在《韦氏辞典》，距今已有400多年历史。当时，欧洲正处于大航海时代，世界贸易兴起，各国出现了很多新鲜的事物，于是就有了modern这个"新鲜时髦"的意思，以示区别于以前传统时代。后来，欧洲相继出现第一次工业革命和第二次工业革命，整个社会经济结构、生产方式、意识形态、政治制度等方面都出现了翻天覆地的新变化，很多人开始出现放弃传统、追逐现代的思想和行为。自20世纪上半叶至今，国际学术

界掀起了经典现代化研究、后现代化研究、新型现代化研究等至少三波研究浪潮。综合起来主要有以下共识：第一，现代化是一个综合的概念。其包括政治、经济、文化、社会、生态各方面的建设。第二，现代化是一个动态的概念。社会发展变得愈发深刻，现代化的内涵也在不断丰富。第三，现代化是一个多元化的概念。受到不同文化传统、地域习惯、民族习俗、政治制度、历史契机等内外因素的影响，各国现代化的时间起点、发展速度、进化过程、方式特点等也各有千秋。第四，现代化是一个可量化的目标。中科院中国现代化研究中心对1950—2017年世界人口超过百万的131个国家（覆盖全球96%的人口）的现代化水平进行评价，并提出了现代化国家的分类标准，即现代化国家的定量标准、排名标准、定性标准。在定性标准中，有三个方面非常关键，即先进生产力、社会公平进步和人的全面发展。第五，现代化的本质是人的现代化。在现代化进程中，人既是实践主体，也是价值主体，更是终极目的，人民群众自己解放自己，最终实现自由而全面的发展。

从现代化的内涵来看，现代化的实现需要以高质量发展为物质支撑，需要依托高质量发展以实现社会形态演变。高质量发展是新发展理念指引下的发展，是全面建设社会主义现代化国家的基本路径，是推动现代化建设行稳致远的重要保障。没有高质量发展，现代化发展就是无源之水、无本之木。

二、高质量发展是回应现代化课题的战略筹划

改革开放以来，我们党紧紧扭住发展这个主题，不懈努力奋斗，使中华民族不可逆转地屹立于世界东方。这一成就具体体现在三个方面。一是经济总量不断扩大。经过改革开放以来的发展，中国经济已

经有了一定积累，2022年我国国内生产总值突破120万亿元，成为推动世界经济增长的主要动力源。二是经济结构不断优化。发展的质量效益稳步提升是高质量发展的重要标志。三是民生状况持续改善。民生投入持续增加，各项社会事业快速发展，居民收入继续提高，社会保障持续完善。

我们的现代化进程已经站在了一个新的历史起点。在此背景之下，党中央审时度势作出重大战略判断——我国经济已由高速增长阶段转向高质量发展阶段。在这一阶段，我们不能简单地以生产总值增长率论英雄。必须实现创新成为第一动力、协调成为内生特点、绿色成为普遍形态、开放成为必由之路、共享成为根本目的的高质量发展，推动经济发展质量变革、效率变革、动力变革，把实施扩大内需战略同深化供给侧结构性改革有机结合起来，增强国内大循环内生动力和可靠性，增强定力，坚定信念，以饱满的热情和积极的态度追求高质量发展。

三、高质量发展是遵循现代化发展规律的内在要求

经济发展有其客观规律，一个国家走向现代化必须遵循客观规律。当经济发展中量的积累达到一定程度后，就必须转向质的提升，否则发展将陷入停滞甚至出现衰退。有资料显示，自20世纪60年代以来，全世界100多个中等收入经济体中，只有十几个经济体进入了高收入行列。这些取得成功的经济体，都在经历经济高速增长阶段后，实现经济发展从量的扩张到质的提高，并完成了产业结构优化。那些陷入中等收入陷阱的经济体徘徊甚至倒退，其根本原因就是没有实现这个转变。

伴随现代化进程的持续，我国经济发展正处于转型升级的关键阶

段，面临着一些发展难题，比如，资源利用效益不高，环境污染日益严重，经济模式难以持续，经济结构和收入分配失衡等问题。面对这一局面，我国要想跨越中等收入陷阱，迈入高收入国家行列，就必须顺应并遵循这一规律，坚决摒弃思维定式和路径依赖，坚定不移推动高质量发展，进行经济发展方式的改革，探索适合我们国家的高质量发展方式，通过高质量发展畅通生产、流通、分配、消费循环，切实把发展方式转变到依靠质量和效益提升上来。

四、高质量发展是化解社会主要矛盾的必由之路

化解社会主要矛盾是我们制定路线、谋划发展的重要出发点。进入新时代，我国社会主要矛盾已经转化为人民日益增长的美好生活需要和不平衡不充分的发展之间的矛盾。相比过去，这一主要矛盾更多体现在发展质量上，关键点从"有没有"转移到了"好不好"，我国发展不平衡不充分问题更加凸显，推进高质量发展还有许多卡点瓶颈。

从国际上来看，面对百年未有之大变局，逆全球化思潮抬头，单边主义、保护主义、民粹主义明显上升，国际贸易、投资等要素流动受阻，全球产业链、供应链深度重构，全球性问题加剧，世界进入新的动荡变革期，各种不确定性和矛盾挑战日益增多。面对这些冲击和挑战，我们必须有力应对，加快科技自立自强，实现创新驱动发展，以高质量发展为中国经济注入新动能，帮助我国抵御外部的不确定性。

从国内来看，我国经济增速发生趋势性变化，从原来追赶型的高速增长转向中高速增长，发展进入新常态，需要着力解决发展不平衡不充分问题。就发展不平衡来看，主要存在区域发展不平衡、城乡发展不平衡、产业结构不平衡、经济增长同生态环境不平衡，以及收入不平衡五个方面。同时，我国发展还存在明显不充分问题。比如，市

场机制不够健全，市场存在竞争不充分、效率发挥不充分、潜力释放不充分、有效供给不充分等问题，以及核心技术"缺芯少魂"问题。

面对发展不平衡不充分问题，我们必须坚持高质量发展，与时俱进，加快转变发展方式，更多依靠创新驱动，着力提高发展质量和水平。把质量强国放到战略高度，推动中国制造向中国创造转变、中国速度向中国质量转变、中国产品向中国品牌转变，努力实现更高质量、更有效率、更加公平、更可持续的发展。可以说，发展质量和效益问题是当前推进社会主义现代化发展的核心课题。

五、高质量发展是在国际竞争中赢得先机的现实需要

谋划和推动发展，必须深入分析国际国内大势，科学把握面临的机遇和挑战。当前，我国发展进入战略机遇和风险挑战并存、不确定难预料因素增多的时期。面对国际环境的深刻变化，我们党日益重视发展质量和效益问题，从上世纪末提出的"内涵式增长"到本世纪初提出的"转变经济发展方式"，再到党的十八大以来的"高质量发展"，我们党对提高发展质量和效益早有思考并进行战略布局。我们既要顺势而为，也要乘势而上，加快推动科技自立自强，坚持人才强国战略，大力提高科技、人才等高端生产要素在高质量发展中的投入产出密度和强度，全面提升劳动生产率和技术进步效率，加快实现经济发展主要依靠全要素生产率的提升和贡献，以高质量发展为中国经济注入新动能。我们必须坚定方向，摒弃思维定式和路径依赖，切实把发展方式转变到依靠质量和效益提升上来，推动经济持续健康发展，真正实现从高投入、高耗能和低效率的粗放型增长转向创新驱动的低耗能、低成本、高效率的集约型增长，实现我国经济高质量发展。

第二节

高质量发展在经济建设中展现中国式现代化的本质要求

党的二十大报告把"实现高质量发展"作为中国式现代化的本质要求,充分凸显了新时代新征程中高质量发展的引领作用。发展是党执政兴国的第一要务。没有坚实的物质技术基础,就不可能全面建成社会主义现代化强国。高质量发展的核心是实现质的有效提升和量的合理增长,这不仅是满足人类现代化共同特征的需要,更是实现中国式现代化的坚实基础。

一、产业体系高度现代化

产业体系是一个国家经济体系的重要组成部分,是影响国家经济发展的底层逻辑。合适的产业体系,将对一个国家产业结构升级、产业新动能培育、产业竞争优势形成起到决定性作用。所以,现代化产业体系是实现高质量发展、推进中国式现代化步伐的关键,是判断一个国家是否实现经济现代化和体现其发展实力的重要标志。

具体来看,一是产业结构优化。产业结构优化,就是通过不断调整产业结构,实现产业结构的高级化和合理化,在全球产业链中不断向中高端攀升，实现国民经济效益最优。产业结构优化，一方面要求产业结构高级化，主要体现为产业结构以第一产业为主导逐渐向第二、三产业为主导的方向演变，劳动密集型产业逐步演变为知识、技术密集型产业，生产效率和产业附加值提高。另一方面，产业结构合理化，即产业间互补协调，不同产业之间具有互补和转换能力；产业间地位协调，各产业的组合方式有序；产业间联动优化，让第一、二、三产业比例协调，新产业和旧产业更迭有序形成动态、协调、可持续的产业结构与产业关系，为我国现代化发展提供源源不断的动力。二是产业要素畅通。产业要素指进行社会生产经营活动时所需要的各种社会资源，是维系经济生产过程必须具备的基本因素。产业要素天然具有"逐利性"，其充分流通可以增加各地资源配置的合理性，给经济发展带来积极影响。我们要通过深化改革消除产业发展中的不协调因素，加快科技要素、资本要素、人力资本要素以及新兴要素的有效流通与配置，充分调动产业要素，促进产业发展的活力与潜能。三是产业功能明确。构建现代化产业体系要以产业功能为导向，对各产业及相互关系所形成的经济作用、民生作用、生态影响进行宏观和微观的把握，充分发挥现代化产业体系在现代化经济体系中的支撑作用。

党的十八大以来，我国各个产业发展实现了新的阶段性跃升。但是，从总体上看，我国的产业发展仍存在大而不强的问题，具体表现为：产业科技含量不高，全要素生产率偏低，在全球产业价值链中仍处于中低端水平，产业链上存在薄弱环节和明显短板，产业体系不牢固、不够健全，影响产业发展安全。对此，我们首先要确保在原有的支柱性产业向一般性产业转化的过程中，不能出现问题，不能引起经济及社会风险。在这一基础上，我们要进一步练好内功、站稳脚跟。要切实提升产业链及供应链的韧性和安全水平，抓紧补短板、锻长板，提升产业基础、巩固优势产业、发展战略性新兴产业等，最终形成实体经济、科技创新、现代金融、人力资源协同发展的现代化产业体系。一是以科技创新全面提升我国产业发展的层次和水平，并把它作为重点加以推进。二是以补齐短板实现关键核心技术攻坚突破，集中优质资源打攻坚战，坚决把急需紧迫的核心关键技术掌握在自己手中，确保产业体系的自主安全。三是以加强农业基础提升产业体系战略支撑，把粮食安全问题紧紧地抓在自己手中，确保农产品供应链安全可靠。四是以完善新型能源体系提升保障能力，着力提升新能源储备量（使用量）在能源体系中的占比，全面提升国家战略物资储备保障能力。

二、美好生活需要被满足

人的现代化是基于中国式现代化本质特征的内在要求。在推动高质量发展的进程中，我们要紧紧围绕人和人的需求，不断满足人民群众对美好生活的需要。人民对美好生活的需要主要分为几个方面：

第一，物质丰裕。人的需求是多层次与多维度的结合，满足人们对需求的渴望是人在生理与心理双重作用下的解脱。物质生活需要是人的基本需求，在整个美好生活需求中处于基础性地位。恩格斯曾指出，追求幸福的欲望绝大部分却要靠物质手段来实现。只有物质生活得到充分满足，美好生活才能真正得以建立，人们才能更加了解自己，摆脱外界环境影响，享有更多的自由。随着社会发展，人民对物质生活的追求不断升级，要求内容越来越丰富，需求层次越来越高。一方面，要求物质生活更加丰富，在吃饱穿暖的基础上吃好穿好、丰衣足食。另一方面，要求物质产品更加安全，如要求饮用水更洁净、空气更清新、食品更无公害。

第二，政治民主。人民对美好生活的向往，不仅体现在经济社会发展上，更体现在民主法治等方面。一方面，人民群众希望政治生活更加民主，需要满足人民对政治生活的期盼，提供多种多样的民主参与方式，增强人民群众的民主权利和自由。另一方面，人民群众需要更加法治的社会生活。社会发展现代化的一个重要标准就是法治，脱离了法治的保障，人民的生活安康就无从谈起，努力奋斗的劳动成果也不能保证其所有权归属于人民。新时代的法治建设尤为重要，只有当每个人的生存权利都得到应有的保障时，人民才能安居乐业，其他各项权利才能按照预期得以行使，美好生活才能得以实现。

第三，文化丰富。文化生活需要是人民群众生活需要的重要一环，在物质文明飞速发展的今天，人们越来越重视文化生活。加强精神文明建设是满足人民群众精神文化需求，促进社会主义文化繁荣发展的必要举措。

第四，社会和谐。每个人都是社会的人，需要社会关怀。人民群众对社会关怀的需要主要体现在两个方面：一是对社会保障的美好需要，包括优质教育保障、良好就业保障、完备医疗保障等。二是对社会安全的美好需要。心安即是家，安全需要既有对国家安全层面的需要，也存在对公共安全的需要。国家安全是人民安全的前提和基本。公共安全是最基本的民生保障，关系到千家万户的生活。

第五，生态美丽。生态环境是人类生存和发展的根基。伴随经济社会的快速发展，人民群众过去"求温饱"，现在"盼环保"，希望生活的环境优美宜居，能喝上干净的水、呼吸上清新的空气、吃上安全放心的食品。可以说，缺乏良好的生态文明建设，美丽中国的建设构想就无法实现，人民的美好生活需要就无法得到满足。

除此之外，在高质量发展视域下，人民群众的需求还包括其他诸多方面。我们必须牢牢把人民群众的需求记在心上、抓在手上，确保取得扎扎实实的成效。

三、全要素生产率明显提升

全要素生产率是指在各种要素投入水平既定的条件下，所达到的额外生产效率。全要素生产率并非所有要素的生产率，而是除去所有有形生产要素以外的纯技术进步的生产率增长。比如，某个工厂劳动力、资本等所有生产要素投入都没变，正常情况下产出也应该保持不变，结果产出增长了5%，这多出来的5%就是全要素生产率。全要素生产率不仅反映了生产要素的质量，也反映了生产要素配置的效率，是经济增长质量最主要的度量指标。改革开放以来，全要素生产率（TFP）不断提高，有力促进了我国经济的快速增长。然而，随着我国经济发展步入新常态，全要素生产率呈现逐步下滑趋势。

全要素生产率是经济高质量发展的重要指标。如果我国不能把经济增长转到全要素生产率驱动的轨道上来，经济减速乃至停滞从而落入中等收入陷阱，绝非危言耸听。日本就是一个惨痛的教训。20世纪90年代，日本人口红利消失，日本当局便投入更多的物质资本，提高劳动力的人均资本数量。在日本经济平均劳动生产率中，资本深化的贡献率从1985—1991年的51%，大幅度提高到1991—2000年的94%，而同期全要素生产率的贡献率则从37%一直下降到-15%，这也直接导致了日本经济长期徘徊不前。因此，我国必须把经济发展重心放在全要素生产率上。

全要素生产率的提高主要取决于以下四个因素：一是产业结构优化。伴随经济增长发生的产业结构变化，生产要素特别是劳动力从低生产率产业进入高生产率产业，可以提高整体经济的资源配置效率。二是企业激烈竞争。在市场竞争机制下，有竞争力的企业生存壮大、没有竞争力的企业萎缩消亡，能够促进资源优化配置，提高全要素生产率。三是技术创新竞争。经济学研究发现，创新会带来规模收益递增，从而带来的资源重新配置能够提高全要素生产率。四是营商环境质量提升。政府大力改革，改善营商环境，消除经营许可和要素获得方面的所有制和规模歧视，营造平等使用生产要素、公平参与市场竞争、允许自由进入退出的公平竞争机制和优胜劣汰环境，能够提高全要素生产率。

四、生产要素按市场评价反映贡献灵敏

收入分配体系是高质量发展的保障，同时也是推进中国式现代化的基石。"由市场评价贡献、按贡献决定报酬"的按生产要素分配机制，是我们党在坚持按劳分配原则基础上，为调动社会经济中各类生产要素在资源配置中的积极性和主动性而提出的。生产要素能否按市场评价反映贡献，对于建立我国统一、高效、公平、有序的要素市场至关重要。由于政府管制、市场分割等原因，我国生产要素价格未能形成竞争性市场价格。一是政府垄断土地供应导致土地价格"双轨制"，造成同地不同权不同价。二是市场分割和政府管制带来劳动力价格扭曲。例如，因利润较高，石油和金融等垄断行业员工收入普遍较高，而制造业等竞争性行业的税负较高但利润较低，导致其员工收入也普遍较低。三是政府干预造成资本价格扭曲。例如，存贷款基准利率由政府定价，不能真实反映市场资金的供求关系。四是技术和数据要素尚未形成市场化价格。目前技术和数据价格以市场主体协商定价为主，不能体现充分的市场竞争关系。要想促进完善生产要素按市场评价反映贡献，重在七个方面取得发展。

一是市场机制更加高效。健全要素市场化价格形成和传导机制，健全市场决定的要素配置体系，培育公平竞争的市场机制。二是分配

机制更加合理。要尊重劳动者的贡献，提高低收入劳动人群的收益水平；要加大向劳动、技术、数据、知识、管理的报酬分配倾斜，激发人的活力和积极性。三是劳动力市场更加有序。加大力度以维护市场秩序、保护市场主体权益、保障市场稳定运行为目标，推进工资收入分配制度改革、机关事业单位社会保障改革，在非国有制企业和困难企业中开展平等协商，更好地发挥政府、工会、企业三方机制作用，建立统一的社会养老保险体系，增强干部职工的职业稳定性。四是资本收益更加市场化。借鉴国际经验，推进贷款市场报价利率（LPR）改革，使得LPR市场化程序不断提高，能够真正反映市场利率，传达央行货币政策的真实意图，有效优化资金配置结构和提高资金配置效率。五是土地收益分配制度更加完善。坚持调节和管制并行，破解土地二元制度；明确国有土地资产收益，实行土地年租制；推进"土地换社保"，加速农民工市民化。六是技术收益分配更加合理。以健全转移转化链条为重点，加速成果转移转化；以强化功能创新模式为重点，建设强大技术市场；以更高水平技术创业为重点，推动创新创业创造。七是数据要素收益分配更加明确。分类明确界定数据要素产权，高标准建设数据要素市场体系，提高要素治理效能，避免数据要素收益分配不公平的现象发生。

五、国民经济畅通循环

我国进入新发展阶段，构建新发展格局为经济高质量发展提供了实现路径。一方面，利用国内大循环可以为经济高质量发展注入新动力新活力。在建设全国统一大市场的基础上，加快构建完整内需体系，可以形成新的经济增长点和增长极。一个国家的人均国内生产总值和人均可支配收入达到中高水平以后，需求的扩张主要依靠产品和服务体系的创新。2022年，我国人均国内生产总值85698元，达到中等收入国家水平，随之，很多新需求出现了。需求升级必然带动产业结构、产品和服务的升级，进一步推动经济高质量发展。同时，国内大循环必然要求供给体系的创新。为解决中高端需求不能被有效满足的问题，必须推动以创新为基础的供给体系创新。供给体系的适应性调整和创新，必然会进一步促进经济结构的转型，提高经济的效率效益水平。另一方面，利用国际市场与资源，可以为经济高质量发展提供良好的市场空间和资源保障。中国是世界第二大经济体，第一大货物贸易国。中国的经济发展需要融入全球市场，中国企业通过国际市场为更多国家和地区提供满足其需求的产品和服务。反过来，中国也需要获得全球性的资源，尤其是石油、天然气、煤炭、铁矿石、信息技术和产品等，来满足经济结构转型升级和高质量发展的需要。

从供给侧来看，在构建双循环的体系过程中，一方面，要提高核心技术的自主研发力度，从产业链安全的角度，解决核心技术的"卡脖子"问题。当前，引领新一轮工业革命的信息产业的关键技术和材料，由欧美、日韩等发达国家掌握，在构建双循环体系的过程中，需要认真谋划中国该如何参与对国际产业链产生关键影响的核心技术研发。另一方面，加快推进产业结构调整，通过技术升级，扩大中高端供给，改变中低端生产过剩、中高端供应不足的局面，着重补芯片和软件产业的短板，实现自主可控并形成比较优势。同时，增强供给结构对需求变化的适应性和灵活性，在总体上形成有利于双循环体系的弹性供给结构。

从需求侧来看，需要积极应对短期内由于外部环境变化造成的外需低迷问题，这是当前构建双循环体系中的关键环节。第一，利用大数据技术分析中国旅客海外消费特征，有序引导国内相关行业提供与之匹配的高质量商品。如以海南岛离岛免税市场为代表的刺激消费回流体制，引导并激发了市场活跃度和需求热情。第二，发展新业态、新模式和新经济，推动消费潜力释放，形成国内大循环下的需求新格局。在电商渗透全行业的背景下，全渠道消费已成为趋势，通过数据可以发现，线上线下融合的方式，使中国消费者的需求，尤其是服务类需求，得到了更好的满足。因此，加速完善内循环的方式之一就是构建全渠道市场空间，满足消费者不断迭代的购物体验。第三，引导高质量的国内投资需求，重点在新基建和技术密集型的资本支出投资层面发力，为双循环体系的高效运行提供基础支撑。

第三节

在全面建设社会主义现代化国家进程中推动高质量发展

2023年3月5日，习近平总书记在参加十四届全国人大一次会议江苏代表团审议时指出："高质量发展是全面建设社会主义现代化国家的首要任务。"并对如何坚持高质量发展提出了重要部署，这是新征程上推动我国经济高质量发展的重大战略部署。我们要贯彻落实习近平总书记重要讲话精神和党中央决策部署，全面准确深刻把握高质量发展的丰富内涵，以深化改革为保障，以建设高标准市场经济为根本途径，用高质量发展引领发展、推动发展，不断取得新进展。

一、加快实现高水平科技自立自强是推动高质量发展的必由之路

科技立则民族立，科技强则国家强。习近平总书记指出："加快实现高水平科技自立自强，是推动高质量发展的必由之路。"[1]进入

---

[1] 《习近平在参加江苏代表团审议时强调　牢牢把握高质量发展这个首要任务》，载《人民日报》2023年3月6日。

初心如磐
——中国式现代化的本质要求

新发展阶段，坚持高质量发展离不开高水平科技自立自强。具体而言，一是要为创新发展提供战略支撑，破解一批"卡脖子"难题，实现关键核心技术自主可控，强化现代化国家建设的技术保障。二是要为协调发展提供战略支撑，在协调不同区域、不同群体的发展水平和发展速度上，实现更高质量、更有效率的协同发展。三是要为绿色发展提供战略支撑，通过新能源、新技术等新兴产业的发展，统筹推进能源结构转型，进而实现可持续发展。四是要为开放发展提供战略支撑，通过有效地共建共享共用全球性创新资源，提升技术能力，摆脱关键领域路径依赖，以科技创新赢得发展主动权。五是要为共享发展提供战略支撑，通过数字技术的广泛应用，让不同区域的人们享受到更优质、更便捷、更安全的公共服务。实现科技自立自强是一项系统工程，需要从科技创新体制、主体、资源、人才等方面全面推进。

第一，坚决打赢关键核心技术攻坚战。要重视基础研究，大力提升原始创新能力，勇于探索、突出原创，进一步加强对未来科技发展和应用趋势的研判，善于从经济社会发展和国家安全面临的实际问题中凝练科学问题，弄通"卡脖子"技术的基础理论和技术原理。坚持问题导向，从国家急迫需要和长远需求出发，在石油天然气、基础原材料、高端芯片等关键核心技术上全力攻坚。瞄准人工智能、量子信息、集成电路等事关发展全局和国家安全的基础核心领域，前瞻部署一批战略性、储备性技术研发项目，加快突破一批重点领域关键核心技术，积极抢占科技竞争和未来发展制高点，有力保障国家经济安全、国防安全和其他安全。持续强化国家战略科技力量。坚持系统观念、分类定位、优势互补，整合优化科技资源配置，构建好国家战略科技力量。紧跟世界科技发展大势，紧密结合我国发展对科技发展提出的使命任务，高标准建设国家实验室体系，使之成为战略性、关键性重大科技成果的诞生地。以国家战略需求为导向建设国家科研机构，突出原始创新能力，着力解决影响制约国家发展全局和长远利益的重大科技问题。发挥高水平研究型大学基础研究深厚、学科交叉融合的优势，加速建成一大批基础研究的主力军和重大科技突破的生力军。发挥企业在技术创新中的主体作用，突出市场需求、集成创新、组织平台的优势，增强企业创新能力，打通从科技强到企业强、产业强、经济强的通道。

第二，深入推进科技体制改革。发挥国家作为重大科技创新组织者的作用，抓系统布局、系统组织、跨界集成，把政府、市场、社会等各方面力量拧成一股绳，形成未来的整体优势。健全社会主义市场经济条件下新型举国体制，推动有效市场和有为政府更好结合，培育直接面向市场、具有国际竞争力的市场主体，让市场在创新资源配置中起决定性作用。坚持科技创新和制度创新"双轮驱动"，优化和强化技术创新体系顶层设计，加快转变科技管理方式，破除一切制约科技创新的思想障碍和制度藩篱。进一步完善科技评价制度，建立以科技创新质量、贡献、绩效为导向的分类评价体系，改革重大科技项目立项和组织管理方式，让有真才实学的科技人员安心科研、挂帅出征。

第三，深度融入全球科技创新网络。坚持以全球视野谋划和推动科技创新，以更加开放的思维和举措推进国际科技交流合作，更大范围更深层次融入全球科技创新网络，使我国成为全球科技开放合作的广阔舞台。积极探索新的科技合作模式和机制，有效利用和组合全球创新要素，加强创新成果共享，努力打破制约知识、技术、人才等创新要素流动的壁垒，促进更加开放包容、互惠共享的国际科技创新交流。深度参与全球科技治理，提高我国在全球科技治理中的影响力和规则制定能力，积极发出中国声音、贡献中国智慧，全面提升我国在全球创新格局中的地位。聚焦人类健康、粮食安全、能源安全等全球共性问题，努力推动科技创新成果惠及更多国家和人民，让我国科技为推动构建人类命运共同体做出更大贡献。

第四，加快建设世界重要人才中心和创新高地。全面贯彻新时代人才工作新理念新战略新举措，不断改善人才发展环境、激发人才创造活力。在北京、上海、粤港澳大湾区建设高水平人才高地，积极开展人才发展体制机制综合改革试点，为人才提供国际一流的创新平台。系统培育国家战略人才力量，大力培养使用一批战略科学家，打造大批一流科技领军人才和创新团队，培养大批卓越工程师，造就规模宏大的青年科技人才队伍。增强人才自主培养能力，涵养风清气正、鼓励创新的科技人才成长生态，源源不断培养、引进、用好大批优秀人才。重视科学精神、创新能力、批判性思维的培养培育，让更多的青少年心怀科学梦想、树立创新志向，厚植人才生生不息的沃土。

二、加快构建新发展格局是推动高质量发展的战略基点

构建以国内大循环为主体、国内国际双循环相互促进的新发展格局，是以习近平同志为核心的党中央根据我国发展阶段、环境、条件变化，特别是基于我国比较优势变化，审时度势作出的重大决策。只有加快构建新发展格局，才能夯实我国经济发展的根基、增强发展的安全性稳定性，才能在各种可以预见和难以预见的狂风暴雨、惊涛骇浪中增强我国的生存力、竞争力、发展力、持续力，确保中华民族伟大复兴进程不被迟滞甚至中断，胜利实现全面建成社会主义现代化强国目标。近年来，构建新发展格局扎实推进、取得重要进展，思想共识不断凝聚、工作基础不断夯实、政策制度不断完善。面对风高浪急

的国际环境和艰巨繁重的国内改革发展稳定任务,党中央团结带领全国各族人民迎难而上,全面落实疫情要防住、经济要稳住、发展要安全的要求,加快构建新发展格局,取得了经济平稳运行、发展质量稳步提升、社会大局保持稳定的极为来之不易的新成就。

习近平总书记在参加十四届全国人大一次会议江苏代表团审议时着重从"加快建设现代化产业体系""坚持把发展经济的着力点放在实体经济上""稳步扩大制度型开放"三个方面提出明确要求。

第一,加快建设现代化产业体系。现代化产业体系是实现高质量发展、推进中国式现代化步伐的关键,是判断一个国家是否实现经济现代化和体现其发展实力的重要标志。党的十八大以来,我国各个产业发展实现了新的阶段性跃升。但是,从总体上看,我国的产业发展仍存在大而不强的问题,具体表现为:产业科技含量不高,全要素生产率偏低,在全球产业价值链中仍处于中低端水平,产业链上存在薄弱环节和明显短板,产业体系不牢固、不够健全,影响产业发展安全。对此,我们首先要确保在原有的支柱性产业向一般性产业转化的过程中,不能出现问题,不能引起经济及社会风险。在这一基础上,我们要进一步练好内功、站稳脚跟。要切实提升产业链及供应链的韧性和安全水平,抓紧补短板、锻长板,提升产业基础、巩固优势产业、发展战略性新兴产业、构建优质高效的服务业新体系、建设物联网以及更为高效的流通体系、促进数字经济和实体经济深度融合等,最终形成实体经济、科技创新、现代金融、人力资源协同发展的现代化产业体系。

第二,坚持把发展经济的着力点放在实体经济上。实体经济是我国发展的本钱,是构筑未来发展战略优势的重要支撑,在国民经济中扮演着"稳定器"的作用。党的十八大以来,以习近平同志为核心的党中央对实体经济的发展给予了极大的关注,始终把发展实体经济放在重要位置，并对其投棋布子、战略筹划、精心布局。从提出"我国是个大国，必须发展实体经济"，到部署"供给侧结构性改革要向振兴实体经济发力、聚力"，始终以坚定的方向、创新的思路、有力的行动，彰显了发展和提升实体经济的信心和决心。党的二十大报告深刻指出："坚持把发展经济的着力点放在实体经济上，推进新型工业化，加快建设制造强国、质量强国、航天强国、交通强国、网络强国、数字中国。"我国是世界上最大的发展中国家，一些地区、一些领域、一些方面还存在发展不足的问题，发展的任务仍然很重。发展实体经济可以加速资本积累，重点布局高端制造业，创造更多就业机会。发展实体经济，一方面坚持以制造业为核心，在推动生产要素的集聚时就要重点关注先进制造业的集聚。另一方面，要不断促进实体经济发展的制度规定，持续优化、动态调整有利于实体经济发展的配套政策。我们要深入、系统地学习习近平总书记关于发展实体经济的重要论述，把实体经济做大做强，为加快构建新发展格局、推进中国式现代化建设打下坚实基础。

第三，稳步扩大制度型开放。相较于"边境"开放措施，制度型开放近年来才逐步受到关注。无论是区域性全面开放，还是服务业的全面开放，都需要通过制度变革才能得以推进，并保障其得以实施，不可逆转。在持续推动商品及要素流动型开放、扩大开放成果的同时，更加注重规则等制度型开放，是新形势下中国实行更高水平开放的重要内容，也是其重要实现路径。制度型开放要更加结合中国区域发展实际，切实为优化市场经济和产业格局奠定有形和无形的政策基建支持。要更加有针对性地加快制度型开放步伐，打破区域乃至省域之间的要素流通和市场交易壁垒，畅通国内范围的生产消费渠道，树立全国一盘棋意识，营造更加自由的外商投资环境，重点扶持技术尖端行业及服务业发展，防止知识产权保护力度过大可能对部分欠发达地区造成技术溢出阻碍，要不断有序地提高开放水平，优化制度对经济环节尤其是供给侧的改革作用。要按照全球经济规则中已经形成和目前所推行的高标准规则等制度体系，对国内改革形成倒逼机制，即以开放促改革，通过与国际层面的贸易投资规则和国际经济治理层面的制度及时对接，不断优化体制机制、深化开放层次，形成纵深格局、有层次的高水平开放体系，搭建经济高质量发展的总体框架。

三、推进农业现代化是实现高质量发展的必然要求

高质量发展不仅是城市的高质量发展，更是农村的高质量发展。没有农村的高质量发展，就谈不上全国的高质量发展。习近平总书记指出："农业强国是社会主义现代化强国的根基，推进农业现代化是实现高质量发展的必然要求。"[1]实现高质量发展，推进社会主义现代化进程，需要我们党全面推进乡村振兴。

实现乡村振兴，为乡村全面振兴探索一条新路，就必须从以下几个方面来推动。一是筑牢粮食安全基石。坚持实施最严格的耕地保护制度，落实"长牙齿"的耕地保护措施。推进实施高标准农田建设，真正实现藏粮于地、藏粮于技。与此同时，继续加强农业核心技术攻关，做到种源自主可控、种业科技自立自强。二是规划布局乡村产业。大力发展扶贫产业，实现脱贫村产业发展全覆盖。一方面，要遵循产业发展规律，因地制宜，做好研判，开发具有当地特色的优势产业项目。另一方面，完善产业发展配套，加强农业技术对产业发展的指导，延伸产业链，加强产业融合。三是聚焦环境系统治理。乡村地

---

[1] 《习近平在参加江苏代表团审议时强调　牢牢把握高质量发展这个首要任务》，载《人民日报》2023年3月6日。

区地理环境差异大且分布分散，综合治理难度相对较大，要聚焦农村环境污染治理，通过建立"河湖长制""田长制""林长制"等制度安排，推进农村环境系统治理长效化。总而言之，全面推进乡村振兴，是一个相对漫长的阶段，需要始终坚持战略定力，保持历史耐心，不断完善顶层设计规划，并且及时做好实践探索，走好中国特色社会主义乡村振兴道路，为实现中华民族伟大复兴奠定坚实基础。

四、大力实施扩大内需战略是实现高质量发展的当务之急

内需是我国经济发展的基本动力，实施扩大内需战略是满足人民对美好生活向往的现实需要，是充分发挥超大规模市场优势的主动选择，是应对国际环境深刻变化的必然要求，是更高效率促进经济循环的关键支撑。

把握消费与投资关系是首要。内需包括消费需求与投资需求这两个既相对独立、又紧密联系的部分。消费是目的，投资是手段。偏离消费需求的投资，会造成要素资源错配特别是人力资源的浪费；不考虑积累和投资的需要、以"分光吃净"模式进行消费，容易导致社会生产力水平停滞甚至退化，消费水平也会逐渐降低。一个国家的消费与投资的比例是否合理，主要决定于其所处的发展阶段。在全面推进工业化、信息化、城镇化和农业现代化的历史阶段，投资需求的占比始终较高。这是由现代化产业体系、现代化基础设施体系、现代化城乡体系等多个方面的建设需要所决定的。在此阶段，消费需求的占比虽然相对较低，但消费需求的增长速度则相对更快。因此，切不可不注重国情和发展阶段特点，就去进行有关投资消费比例的国际比较。储蓄率和投资率的高低，很大程度反映了一国经济成长性的高低。由于消费受个人偏好和市场因素影响较大，而且无法形成资本回报，因

此，扩大需求的宏观经济政策一般着力于投资，特别是政府主导的基础设施投资。对经济高成长性的国家，这些政策往往具有很强的乘数效应。

恢复国内消费是前提。扩大内需，首先要做到尽快恢复国内消费市场，稳住民生基本盘，带动相关产业尽快恢复。第一，恢复国内消费市场必须多渠道增加居民收入，必须努力扩大就业。为此，必须促进企业生产经营活动的全面活跃。当前企业生产经营所面对的最大困难，就是需求不足。而有效增加市场需求，增加企业的订单，关键在于发挥好投资的基础性作用。依靠有效投资形成高质量供给，同时有力促进就业增加、收入增长，为扩大消费创造必要条件。第二，扩大消费空间。当前，要积极引导和释放线下消费需求，与此同时，在相关的消费条件、消费场景方面，做好必要的应对准备。第三，要积极拓展住房、汽车等大宗消费市场。随着新型城镇化的推进，以及促进房地产市场平稳健康发展的相关政策不断出台，较长时间积聚的刚性和改善性买房需求将较快得到释放，进而带动整个房地产市场回暖。房地产开发建设的条件也会得到显著改善，房地产投资有望筑底回升。

提振投资是关键。支持经济高质量发展和建成社会主义现代化强国，必须持续积累能够形成高水平社会主义市场经济的物质技术基础。为此，必须坚持不懈地抓好投资，实现当前扩大内需的目标，较快带动企业生产、促进就业和收入增长，同时要做到抓好投资。要立足当前、着眼长远，要与第二个百年奋斗目标紧密结合，更要与推进新型城镇化紧密结合，切实抓好提振投资这一关键工作。中央经济工作会议要求，要通过政府投资和政策激励有效带动全社会投资，加快实施"十四五"重大工程，加强区域间基础设施联通。政策性金融要加大对符合国家发展规划重大项目的融资支持。鼓励和吸引更多民间资本参与国家重大工程和补短板项目的建设，吸引他们看到我国仍处于全面推进工业化、信息化、城镇化和农业现代化的进程中，有大量的投资待选项目。从推进新型城镇化和产业升级目标来看，我国在基础设施、公共服务方面仍存在大量短板，这种情况在众多中小城市更为突出。建设功能一体化的现代城市群，推进产业创新升级，必须大幅度提高基础设施和公共服务硬件设施的建设水平，必须面向长远筑牢筑好现代化的基础体系。还要看到，随着城镇人口特别是户籍人口持续较快增长，城市住房规模体系需要进一步扩大，建设布局需要通过住房增量不断调整优化。若想满足人民日益增长的美好居住需求，住房体系水平必须不断提高。更要看到，我国经济仍具有高成长性，长期向好的基本面没有变。一方面，与经济长期高成长红利相联系，我国项目投资的长远回报率高，发行长期建设债券的回旋空间很大。另一方面，与新型城镇化相联系，我国居民居住方面的需求潜力仍然巨大，房地产市场具有很好的成长性。这些条件都能够使大力度提振基础设施投资、促进房地产投资持续较快增长成为可能。

五、坚定不移全面从严治党是推动高质量发展的政治保障

习近平总书记指出，推动高质量发展，必须坚持和加强党的全面领导、坚定不移全面从严治党。[①]各级党委要牢牢扛起全面从严治党主体责任，为奋进新征程、建功新时代、推进高质量发展提供坚强有力的政治引领和政治保障。

第一，增强使命担当。使命问题是一个政党存在与发展的根本性问题，是一个政党的生命所系、力量所在、宗旨所依。使命既是政党

[①] 《习近平在参加江苏代表团审议时强调 牢牢把握高质量发展这个首要任务》，载《人民日报》2023年3月6日。

产生的内在动因，又是政党发展的驱动力量。不忘初心、牢记使命，就是为中国人民谋幸福，为中华民族谋复兴。坚持高质量发展，推动人民幸福，国家民族复兴，就是我们党现实的、具体的使命。因此，共产党人必须具备强烈的使命担当。使命担当既是一种敢为人先、勇往直前、奋斗不止的精神，更是一份对他人、对社会、对国家、对民族义不容辞的责任。就此而言，担当历史使命就是要敢于担负起阶级、国家、民族乃至人民所交付的各项历史重任。在新的历史时期，担当历史使命，就是要在党内不断加强马克思主义理论的学习，提高党员干部的马克思主义理论修养和水平，坚定党员干部的马克思主义信仰和共产主义理想信念，使其担负起中国共产党的阶级使命，始终把实现共产主义作为自己的奋斗目标，完成本阶级所交付的发展任务；就是要不断增强党员干部的国家意识和民族情怀，明确其所肩负的历史责任，使其担当起国家和民族所赋予的历史使命；就是要牢记党的自身建设使命，在完成阶级、国家、民族使命的同时，加强党的自身建设的各项工作，保持党的先进性纯洁性，使其获得向前发展的永恒动力，在发展中国特色社会主义的历史进程中始终成为坚强的领导核心。只有这样，才能把推动高质量发展落到实处。

第二，夯实政治担当。政治担当是一个政党与生俱来的品质。任何政党都是从事一定政治活动的政治组织，并在政治活动中提出相应的政治要求和政治主张，制定特定的政治纲领。不讲任何政治的政党是不存在的。中国共产党在领导中国革命和建设的过程中，始终要求党员干部在实际工作和生活中一定要突出政治，坚定自己的政治立场，把准政治方向，提高自己从事政治生活和领导国家与社会发展的能力。因此，政治担当不仅是一个政党对自身、国家、民族和人民所担负的一种政治责任，也是一个政党完成自己政治使命的内在要求。对于党员干部来说，政治担当主要体现在对党忠诚和对国家、民族、人民忠诚，具体表现为坚持中国特色社会主义、坚定中国梦，推动社会主义现代化目标实现。就此而言，政治担当不仅是检验党员干部是否坚守政治操守的重要尺度，更是永葆共产党人政治本色的关键所在。在新发展阶段，推动高质量发展，强化政治担当就是要按照党的各项规章制度和习近平总书记系列重要讲话精神的基本要求，不断增强党员干部的政治担当意识和政治担当能力。

第三，强化责任担当。对于党员干部来讲，敢于担当责任，就是要在实际工作和生活中履职尽责，勇于克服阻碍社会改革与发展的任何艰难险阻，切实承担起自身对国家和社会发展应尽的义务。具体来讲，党员干部的责任担当包括人民之责、改革之责、领导之责三个方面。一是担当人民之责。担当人民之责既是基于党全心全意为人民服务的根本宗旨，也是基于人民在国家和社会发展中的地位和作用。对于无产阶级政党来说，担当人民之责，就是要始终坚持党的人民性。在任何时候都要始终将人民利益作为党的奋斗目标，将为最大多数群众谋福祉作为党员的基本职责。积极推动高质量发展，实现好、维护好、发展好最广大人民群众的根本利益是中国共产党人责任担当的必然要求。二是担当改革之责。改革是破除不适应实践发展要求的旧观念和旧体制的必然选择，是迎头赶上世界先进国家和保持良好发展势头的重要举措。没有改革开放就没有当代中国的发展进步。改革既不可能一蹴而就，也不可能一劳永逸。新时代推动高质量发展，所需要进行改革的复杂程度、敏感程度和艰巨程度并不亚于从前。推动高质量发展，要强化党员干部的改革之责，切实完成推进发展中繁重艰巨的深化改革任务。三是担当领导之责。一个称职的干部既要是一个严以律己、尽职履责的人，又要是一个勇于担当、善于担当领导职责的人。能否担当领导之责是我们判断领导干部是否称职的重要标准，也是党员干部的责任担当。

📖 **延伸阅读**

一块发电玻璃，创国内光电转换效率新纪录*

2023年9月12日19时，邯郸体育中心场馆外，30个引导灯箱准时亮起，为参加河北省第十六届运动会田径项目比赛的运动员和现场观众提供清晰的路线指引。这些灯箱很"神奇"——外壳上找不到一条连接电源的线路。那它们靠啥发电呢？答案，就是灯箱背面的黑色玻璃。这块玻璃，其实是一块碲化镉薄膜太阳能电池。它的结构好比"三明治"，在两块超白高透的玻璃之间，均匀沉积一层4微米厚的碲化镉薄膜，当太阳光照射到薄膜层后，薄膜层中会产生电子运动，"变身"可发电的半导体。这些会发电的玻璃，产自邯郸中建材光电材料有限公司。

走进邯郸中建材生产车间，清洗、镀膜、激光刻线……一台台机械手上下摆动，自动化生产线满负荷运转。这种发电玻璃，具有结构安全、天然防火、易于维护等优势，在清晨、阴雨、雾霾等弱光条件下也能稳定发电，被誉为挂在墙上的"油田"。虽然碲化镉发电潜力巨大，但过去，规模化制备大尺寸碲化镉薄膜发电玻璃技术一直被国外垄断。

中国建材集团研发团队历时多年研究，攻克动态镀膜工艺、成套装备研发等一系列难题，实现碲化镉薄膜发电玻璃"中国智造"。2017年，开始在华北地区布局生产基地。2022年6月，碲化镉薄膜发电玻璃生产线正式投产。2023年5月，新一代高效率碲化镉薄膜

---

* 参见《一块发电玻璃，创国内光电转换效率新纪录》，载《河北日报》2023年9月15日。

发电玻璃下线，经国际权威机构认证，光电转换效率达到17.26%，创造我国大面积碲化镉薄膜发电玻璃光电转换效率新纪录。这意味着，一块玻璃一年的发电量，从270千瓦时提高到315千瓦时，十几块这样的发电玻璃就能满足一个家庭的全年用电需求。如今，在甘肃、山东、江苏等地，都能看到这块"邯郸造"发电玻璃的身影，应用场景涵盖建筑幕墙、采光顶、地面电站等。

截至目前，邯郸中建材已生产100余万平方米的发电玻璃，相当于每年发电1.5亿千瓦时，为国家节省标准燃煤6万吨。碲化镉薄膜发电玻璃既是绿色建材又是清洁能源，为建筑领域减碳降碳、实现从高耗能向零耗能转变提供了新思路，未来一定"大有作为"。

第四章

发展全过程人民民主

全过程人民民主是新时代我们党领导人民推进社会主义政治建设取得的重大理论和实践创新成果，它实现了过程民主和成果民主、程序民主和实质民主、直接民主和间接民主、人民民主和国家意志相统一，是全链条、全方位、全覆盖的民主，是最广泛、最真实、最管用的社会主义民主，充分彰显了中国式现代化的民主向度。

在党的二十大报告中，习近平总书记把发展全过程人民民主确定为中国式现代化本质要求之一，并对"发展全过程人民民主，保障人民当家作主"作出战略部署、提出明确要求。科学理解这一理论命题，对于在中国式现代化的进程中继续推进全过程人民民主建设具有极为重要的理论价值和实践意义。

第一节

发展全过程人民民主是中国式现代化本质要求的政治标识

民主是衡量现代化水平的重要标志，民主政治发展状况直接影响现代化建设的前进方向和实现状况。我国追求现代化、实现现代化的实践充分证明，"没有民主就没有社会主义，就没有社会主义的现代化，就没有中华民族伟大复兴"[①]。中国式现代化进程产生了全过程人民民主，发展全过程人民民主是中国式现代化本质要求的政治标识。

一、发展全过程人民民主是全面建设社会主义现代化国家的应有之义

党的二十大报告指出，人民民主是社会主义的生命，是全面建设社会主义现代化国家的应有之义。全过程人民民主是中国共产党领导人民百年奋斗的重大成果，是我国人民民主的最新发展，也是全面建设社会主义现代化国家的应有之义。

第一，发展全过程人民民主是全面建设社会主义现代化国家的重

---

① 习近平：《在中央人大工作会议上的讲话》，载《求是》2022年第5期。

初心如磐
——中国式现代化的本质要求

要内容。现代化是一个总体性范畴，不仅指工业化、城市化，还包括政治民主化。发展全过程人民民主，是本质要求在政治建设中的鲜明特色。新时代十年来，我国社会主义民主政治建设取得了历史性成就，"我们坚持走中国特色社会主义政治发展道路，全面发展全过程人民民主，社会主义民主政治制度化、规范化、程序化全面推进，社会主义协商民主广泛开展，人民当家作主更为扎实，基层民主活力增强，爱国统一战线巩固拓展"[1]。同时，发展全过程人民民主也是全面建设社会主义现代化国家的内在要求和重要目标。邓小平指出，"我们进行社会主义现代化建设，是要在经济上赶上发达的资本主义国家，在政治上创造比资本主义国家的民主更高更切实的民主"[2]。我国要实现全面建设社会主义现代化国家的奋斗目标，不仅要创造高度的物质文明、精神文明、社会文明、生态文明，而且要建设高度的政治文明。党的二十大报告明确指出，未来五年是全面建设社会主义现代化国家开局起步的关键时期，主要目标任务之一就是"全过程人民民主制度化、规范化、程序化水平进一步提高"；到二〇三五年，我国发展的总体目标也包括"全过程人民民主制度更加健全"。

第二，全过程人民民主是全面建设社会主义现代化国家的重要基础。"中国式现代化，是中国共产党领导的社会主义现代化"[3]，而社会主义现代化国家必然是人民当家作主的国家。中国式现代化是以

---

[1] 习近平：《高举中国特色社会主义伟大旗帜　为全面建设社会主义现代化国家而团结奋斗——在中国共产党第二十次全国代表大会上的报告》，人民出版社2022年版，第9页。

[2] 《邓小平文选》（第二卷），人民出版社1994年版，第322页。

[3] 习近平：《高举中国特色社会主义伟大旗帜　为全面建设社会主义现代化国家而团结奋斗——在中国共产党第二十次全国代表大会上的报告》，人民出版社2022年版，第22页。

全过程人民民主为基础的现代化,是全体人民的现代化,而不是某些人、某些利益集团、某些权势团体、某些特权阶层的现代化。"工人阶级领导的、以工农联盟为基础的人民民主专政的社会主义国家"的国体和人民代表大会制度的政体,使中国式现代化能够最大限度保障人民当家作主、维护人民群众根本利益,从根本上确保了中国式现代化的民主性。中国式现代化的历史进程是一个民主化的过程,人民是国家的真正主人,人民对美好生活的向往不断变成现实。而西方现代化,是以少数人对多数人的专制统治为基础实现的,并非建立在人民民主基础之上。西方国家的现代化进程,是一个非民主化的过程。正如德国学者鲁道夫·哈曼曾指出的:"工业国家的经济增长在早期工业化阶段是以大部分人民的巨大苦难和悲惨生活为代价取得的,社会不安定则被独裁政权或极权统治所制服。在工业化早期阶段,几乎不存在民主的权力形式。"[1]

第三,发展全过程人民民主是全面建设社会主义现代化国家的重要特征。民主是现代化国家的重要表征,人民民主是社会主义现代化的重要标识。中国式现代化是不断发展全过程人民民主的现代化,既能坚持人民主体地位和充分体现人民意志,也能最大限度保障人民权益和激发人民创造活力。在中国式现代化进程中,全过程人民民主全面发展,"民主观念深入人心,人民的民主参与广泛持续,民主实践深深融入人们的日常工作和生产生活,民主蔚然成风,社会充满活力"[2]。中国式现代化愈发展,全过程人民民主也愈发展。党的二十

---

[1] [美]塞缪尔·亨廷顿等著,罗荣渠主编:《现代化:理论与历史经验的再探讨》,张景明译,上海译文出版社1993年版,第280页。
[2] 中华人民共和国国务院新闻办公室:《中国的民主》,载《人民日报》2021年12月5日。

大报告着眼全面建设社会主义现代化国家新征程，对进一步发展全过程人民民主作出战略部署。在新征程上，我们要继续推进全过程人民民主建设，加强人民当家作主制度保障、全面发展协商民主、积极发展基层民主、巩固和发展最广泛的爱国统一战线，为中国式现代化筑牢民主基石、汇聚磅礴力量。

二、全过程人民民主是社会主义民主政治的本质属性

民主是全人类的共同价值，是中国共产党和中国人民始终不渝坚持的重要理念。党的二十大报告强调，"全过程人民民主是社会主义民主政治的本质属性"。这成为新时代中国共产党人对全过程人民民主重要地位和意义的科学定位。

一方面，本质属性是我们党在追求民主、发展民主、实现民主过程中对民主地位的新认识。中国共产党自成立以来，就把实现人民当家作主作为党始终不渝的奋斗目标。新民主主义革命时期，我们党鲜明提出革命任务"中心的本质的东西是争取民主"[1]，领导中国人民为争取民主、反抗压迫和剥削进行了艰苦卓绝斗争，取得新民主主义革命胜利，成立新中国，实现了中国从几千年封建专制政治向人民民主的伟大飞跃。社会主义革命和建设时期，我们党领导人民建立和巩固国家政权，确立人民代表大会制度、中国共产党领导的多党合作和政治协商制度、民族区域自治制度，保证了"我们的这个社会主义的民主是任何资产阶级国家所不可能有的最广大的民主"[2]。改革开放和社会主义现代化建设新时期，我们党深刻总结发展社会主义民主正

---

[1] 《毛泽东选集》（第一卷），人民出版社1991年版，第274页。
[2] 《毛泽东文集》（第七卷），人民出版社1999年版，第207页。

第四章
发展全过程人民民主

反两方面的历史经验，不断推进人民民主的制度化、法制化，创造性提出"没有民主就没有社会主义"[①]"人民民主是社会主义的生命"[②]。中国特色社会主义进入新时代，人民民主制度及其实践形式进入成熟和定型阶段，以习近平同志为核心的党中央深化对民主政治发展规律的认识，提出全过程人民民主的重大理念，作出"全过程人民民主是社会主义民主政治的本质属性"的重大论断。

另一方面，本质属性是我们党对全过程人民民主特性的新把握。本质属性是对事物自身有决定性意义的特有属性，即决定一事物之所以成为该事物而区别于其他事物的属性。

从质的规定性来说，全过程人民民主始终坚持社会主义民主的基本原则，是中国共产党领导人民当家作主的伟大创造，是坚持以人民为中心与全过程运行有机统一的社会主义民主，而不是别的什么主义的民主。

其一，在领导主体上，中国共产党领导是中国特色社会主义最本质的特征，是发展全过程人民民主的根本保证。《共产党宣言》宣告，"无产阶级的运动是绝大多数人的，为绝大多数人谋利益的独立的运动"[③]，这个运动的第一步，就是"使无产阶级上升为统治阶级，争得民主"[④]。中国共产党一经诞生，就把为中国人民谋幸福、为中华民族谋复兴确立为自己的初心和使命，始终代表最广大人民的根本利益，没有任何自己特殊的利益。全过程人民民主是在党的领导下形成、发展和实现的，是党领导人民创建的新型政治文明形态。

其二，在经济基础上，全过程人民民主是建立在生产资料公有制

[①] 《邓小平文选》（第二卷），人民出版社1994年版，第168页。
[②] 《胡锦涛文选》（第二卷），人民出版社2016年版，第634页。
[③] 《马克思恩格斯文集》（第二卷），人民出版社2009年版，第42页。
[④] 《马克思恩格斯文集》（第二卷），人民出版社2009年版，第52页。

基础上的民主。列宁指出："任何民主，和任何政治上层建筑一样（这种上层建筑在阶级消灭之前，在无阶级的社会建立之前，是必然存在的），归根到底是为生产服务的，并且归根到底是由该社会中的生产关系决定的。"[1]有什么样的经济基础，就会产生什么样的民主。建立在资本主义生产关系之上的西方资本主义民主制度不过是资产阶级维护政治统治的工具。公有制为主体、多种所有制经济共同发展，按劳分配为主体、多种分配方式并存，社会主义市场经济体制等是我国社会主义基本经济制度。与我国基本经济制度相适应的全过程人民民主，真正实现了大多数人的统治。

其三，在根本立场上，全过程人民民主始终坚持以人民为中心，不断促进人自由而全面的发展。人民民主的发展过程本质上就是人的解放过程，最终目标是实现人自由而全面的发展。人民是全过程人民民主的出发点，也是落脚点，超越了西方异化民主制度下的"单面人"，日益走向"自由而全面发展的人"。

从区别性来看，全过程人民民主是比资本主义国家的民主更切实的新型民主，彻底超越了西方以生产资料私有制为基础、劳动与资本二元对立的资本主义民主。

其一，全过程人民民主主体在人民。民主一词起源于古希腊，从词源上看，其基本含义是人民的统治。被誉为"古代民主灯塔"的雅典城邦，却仅有十分之一的公民有权参加议事和审判，实质是奴隶主的民主制。近代西方资产阶级虽然在反对封建专制、取缔封建特权、争取民主等方面值得称道，但其本质上仍是"少数人的即只是有产阶级的、只是富人的民主制度"[2]。在当今美国社会，民主已经被资本

---

[1] 《列宁选集》（第四卷），人民出版社2012年版，第405页。
[2] 《列宁选集》（第三卷），人民出版社2012年版，第189页。

第四章　发展全过程人民民主

彻底左右了，成了少数富人的专利。正如美国学者斯蒂格利茨曾撰文指出的，美国民主的实质就是"1%所有，1%统治，1%享用"。而我国的全过程人民民主实现了从以资本为中心向以人民为中心、从资本至上向人民至上的转变，是为全体人民服务的民主，是多数人的民主。

其二，全过程人民民主关键在全过程。过程性是民主的内在要求。西方学者将民主的程序聚焦于选举，甚至将竞争性选举等同于民主。熊彼特将民主定义为"为作出政治决定而实行的制度安排，在这种安排中，某些人通过争取人民选票取得作决定的权力"[1]。亨廷顿更是直接声称，选举是民主的本质。"人民"变成了"选民"，"民主"被异化为"选主"。在几年一次的民主普选之后，西方民主就长期进入"休眠期"，广大公民被排除在整个政治系统之外。这种只有一选了之的投票选举，之后民众便不能进行实际政治参与的民主是虚伪的、狭隘的、残缺不全的民主。而我国的全过程人民民主是"全链条、全方位、全覆盖的民主"，通过完整的制度程序和参与实践实现了民主持续性与全天候运行。

其三，全过程人民民主特点是真实管用。民主效能是民主评价的重要维度。以竞争性选举为特征的西方民主在实践中，不仅没有实现民主价值，反倒日益暴露弊端，甚至走向民主反面。在很多西方国家，金钱民主、短视政治愈演愈烈，党争纷沓、相互倾轧成为政治常态，最终造成了政局无序、社会撕裂、效率低下的民主窘境。而沦为美式民主试验田的阿拉伯国家也没有迎来"民主的春天"，反而遭遇了"无尽的灾难"。与西方之乱形成鲜明对比的是，全过程人民民主在中国行得通、很管用，是"最广泛、最真实、最管用的民主"，实现了最

---

[1] [美]约瑟夫·熊彼特：《资本主义、社会主义与民主》，吴良健译，商务印书馆1999年版，第396页。

广大人民的最广泛持续参与，创造了世所罕见的"中国之治"。

三、发展全过程人民民主为中国式现代化奠定政治基础、提供制度保障、凝聚群众力量

习近平总书记指出，"没有民主就没有社会主义，就没有社会主义的现代化，就没有中华民族伟大复兴"[①]。发展全过程人民民主，健全人民当家作主制度体系，实现人民意志，保障人民权益，充分激发全体人民的积极性主动性创造性，为中国式现代化奠定了坚实政治基础、提供了持续制度保障、汇聚了磅礴群众伟力。

第一，发展全过程人民民主为推进中国式现代化奠定了政治基础。在新民主主义革命时期，我们党团结带领人民，浴血奋战、百折不挠，"推翻帝国主义、封建主义、官僚资本主义三座大山，建立了人民当家作主的中华人民共和国，实现了民族独立、人民解放，为实现现代化创造了根本社会条件"[②]。从历史逻辑看，中国式现代化是在实现了中国从几千年封建专制政治向人民民主的伟大飞跃的基础上进行的，是在亿万人民群众成为国家、社会和自己命运的主人的基础上推进的。新时代，全过程人民民主"实现了过程民主和成果民主、程序民主和实质民主、直接民主和间接民主、人民民主和国家意志相统一"[③]，使人民当家作主更好体现在国家政治生活和社会生活之中，有效保证国家政治生活既充满活力又安定有序，使广大人民群众

[①] 习近平：《在庆祝全国人民代表大会成立60周年大会上的讲话》，人民出版社2014年版，第7页。

[②] 《习近平在学习贯彻党的二十大精神研讨班开班式上发表重要讲话强调　正确理解和大力推进中国式现代化》，载《人民日报》2023年2月8日。

[③] 习近平：《在中央人大工作会议上的讲话》，载《求是》2022年第5期。

第四章
发展全过程人民民主

在现代化进程中形成了广泛政治共识。全面推进全过程人民民主制度化、规范化、程序化，引导人民群众在民主选举、民主协商、民主决策、民主管理和民主监督等过程中形成尊重制度和规范的民主理性，提升有序政治参与的能力，主动以民主的观念和方式来有效协调关系、化解矛盾、解决问题，有效规避了西方"街头政治"或"无厘头政治"的发生。

第二，发展全过程人民民主为推进中国式现代化提供了制度保障。新时代，全过程人民民主具有完整的制度程序，形成了全面、广泛、有机衔接的人民当家作主制度体系，展现出显著的制度优势，为实现中国式现代化提供了更为完善的政治制度保证。具体来看：我国实行人民民主专政的国体，在坚持民主与专政有机统一中充分保证人民当家作主的地位；实行人民代表大会制度的政体，坚持国家的一切权力属于人民，把党的领导、人民当家作主、依法治国有机结合起来，确保党和国家在决策、执行、监督落实各个环节都能听到来自人民的声音；实行中国共产党领导的多党合作和政治协商制度，各党派团体、各族各界人士在决策之前和决策实施之中进行广泛协商、平等协商、有序协商、真诚协商，推动决策科学化民主化；实行民族区域自治制度，在平等团结互助和谐的社会主义民族关系中保障少数民族公民享有平等自由权利以及经济、社会、文化权利；实行基层群众自治制度，在自我管理、自我服务、自我教育和自我监督中增强基层群众的民主意识和民主能力；坚持巩固和发展最广泛的爱国统一战线，在大团结大联合中最大限度凝聚起中华民族一切智慧和力量。这样一套制度安排是符合中国国情、保证人民当家作主的好制度，也是保障中国式现代化顺利发展的好制度。

第三，发展全过程人民民主为推进中国式现代化凝聚了巨大力量。习近平总书记指出："人民是历史的创造者，是推进现代化最坚实的根基、最深厚的力量。"①只有始终坚持人民主体地位，发展全过程人民民主，充分体现人民意志、保障人民权益、激发人民创造活力，才能不断汇聚起推进社会主义现代化建设的磅礴伟力。新时代，全过程人民民主始终坚持人民至上，更好地满足人民群众美好生活中日益增长的民主需求；"把人民当家作主具体地、现实地体现到党治国理政的政策措施上来，具体地、现实地体现到党和国家机关各个方面各个层级工作上来，具体地、现实地体现到实现人民对美好生活向往的工作上来"②，充分激发全体人民的主人翁精神，广泛凝聚人民群众的智慧和力量，不断推动人民群众自觉地投身到社会主义现代化建设的伟大事业中。

---

① 习近平：《携手同行现代化之路——在中国共产党与世界政党高层对话会上的主旨讲话》，载《人民日报》2023年3月16日。

② 习近平：《在中央人大工作会议上的讲话》，载《求是》2022年第5期。

第二节

发展全过程人民民主在政治建设中展现中国式现代化的本质要求

发展全过程人民民主是中国式现代化"九个本质要求"之一，中国式现代化是发展全过程人民民主的根本依托。这一命题指明我们要在中国式现代化本质要求的高度上认识和把握全过程人民民主的实践主题，认识和把握发展全过程人民民主与坚持中国共产党领导、坚持中国特色社会主义、实现高质量发展等本质要求之间的内在关联性。

一、全过程人民民主以中国共产党领导为根本保证

全过程人民民主是中国共产党带领人民在中国式现代化实践中探索开创的民主新形态。中国式现代化的本质要求首要的就是坚持中国共产党领导。"党的领导直接关系中国式现代化的根本方向、前途命运、最终成败"[1]，也是发展全过程人民民主的根本保证。

第一，只有坚持中国共产党的领导，才能保证全过程人民民主不

---

[1] 《习近平在学习贯彻党的二十大精神研讨班开班式上发表重要讲话强调 正确理解和大力推进中国式现代化》，载《人民日报》2023年2月8日。

偏离社会主义方向。邓小平指出："不要社会主义法制的民主，不要党的领导的民主，不要纪律和秩序的民主，决不是社会主义民主。"①中国共产党的初心和使命决定了我们党领导人民发展的只能是社会主义民主。"中国共产党领导人民实行人民民主，就是保证和支持人民当家作主。"②中国共产党从成立之日起，就始终高举人民民主的旗帜。中国共产党的百年奋斗史，就是团结带领人民探索、形成、发展全过程人民民主的奋斗史，全过程人民民主在中华大地展示出勃勃生机和强大生命力。历史充分证明，发展全过程人民民主，必须坚持中国共产党的领导，坚定不移走中国特色社会主义政治发展道路，既不能走封闭僵化的老路，也不能走改旗易帜的邪路。

第二，只有中国共产党领导的全过程人民民主，才能破解民主难题。人民如何掌握国家政权、实现大多数人的统治是长期存在的民主难题。只有在始终代表最广大人民根本利益的中国共产党的坚强领导下，人民群众才能掌握国家政权，才能把国家从统治社会、压制社会的力量变成社会本身的充满生气的力量，才能破解剥削阶级控制国家政权这个千古难题。进而言之，在中国这样一个幅员辽阔、人口众多、国情复杂的东方大国想要解决好民主运行这一"超大规模难题"，即如何使亿万人民能够成为一个整体，从而把国家权力切实掌握在人民手中，如果没有中国共产党的集中统一领导，这样超大规模的民主难题就很难解决，民主甚至会走向它的反面。

第三，只有中国共产党领导的全过程人民民主，才能建立起完整的制度程序和参与实践，真正保证人民当家作主。保证和支持人民当家作主，是中国共产党始终不渝的政治追求。经过长期探索和实践，

---

① 《邓小平文选》（第二卷），人民出版社1994年版，第359页。
② 《习近平谈治国理政》（第二卷），外文出版社2017年版，第291页。

中国共产党团结带领人民逐步形成了全面、广泛、有机衔接的人民当家作主制度体系，构建了多样、畅通、有序的民主渠道，有效保证了党的主张、国家意志、人民意愿相统一，切实保障了人民管理国家事务和社会事务、管理经济和文化事业的权利。在中国，国家各项制度都是围绕人民当家作主构建的，国家治理体系都是围绕实现人民当家作主运转的。同时，中国共产党领导的全过程人民民主还有完整的参与实践，真正把民主选举、民主协商、民主决策、民主管理、民主监督有机贯通起来，涵盖经济、政治、文化、社会、生态文明等各个方面，使国家政治生活和社会生活各环节、各方面都体现人民意愿、听到人民声音；能够调动各地区、各民族、各方面、各阶层的积极性、主动性和创造性，把全体人民的智慧和力量凝聚到党和国家事业中来。

二、全过程人民民主是全链条、全方位、全覆盖的民主

全过程人民民主是中国式现代化在政治建设方面的高度概括，具有全链条、全方位、全覆盖的显著特征，为中国式现代化提供了有力政治保障。

首先，从过程看，全过程人民民主是民主选举、民主协商、民主决策、民主管理、民主监督各个环节紧密联系、相互贯通的全链条民主，覆盖了人民当家作主的"事前""事中""事后"完整环节，实现了人民群众全时段的民主参与。其一，民主选举是全过程人民民主的重要形式，包括国家机构选举、村（居）委会选举、企事业单位职工代表大会选举等，人民通过选举、投票行使权利，选出代表自己意愿的人来掌握并行使权力。其二，民主协商是全过程人民民主的独特形式，人民群众通过各种制度化协商渠道在各领域各层级开展广泛而

深入的协商，努力寻求最大公约数。其三，民主决策是全过程人民民主的重要一环，从人大"开门立法"到政府"开门问策"，再到广大群众参与基层决策，越来越多的群众意见转化为党和政府的重大决策。其四，民主管理是全过程人民民主的重要体现，从城乡社区的村（居）民议事会、村（居）民论坛到民主恳谈会、民主听证会，从"小院议事厅"到"板凳民主"，从线下"圆桌会"到线上"议事群"，基层民主管理新形式不断涌现，民事民议、民事民定、民事民办渐成风尚。其五，民主监督是全过程人民民主的关键环节，人大监督、民主监督、行政监督、司法监督、审计监督、财会监督、统计监督、群众监督和舆论监督有机贯通、相互协调，形成了配置科学、权责协同、运行高效的监督网，实现公共权力监督全覆盖。

其次，从体系看，全过程人民民主是贯通国家政治生活和社会生活各层面各维度的全方位民主，切实保障了人民管理国家事务和社会事务、管理经济和文化事业的权利。它既包括选举民主——人民通过选举、投票行使权利，同时还包括协商民主——人民内部各方面在重大决策之前充分协商，尽可能就共同性问题取得一致意见。二者在不同层面和领域中发挥着不同的作用，相互补充、相得益彰，保证实现全体人民共享现代化建设和发展成果。不仅如此，从中央到地方，再到基层，每一个层级的每一个部门都在不断丰富民主形式，拓宽民主渠道。人民群众既能通过党委、人大、政府、政协、监察机关、司法机关等渠道表达意愿，又能通过人民团体、企事业单位、基层群众性自治组织、社会组织以及其他组织等渠道表达诉求，在广泛政治参与中具体现实地体现了人民当家作主。

最后，从领域看，全过程人民民主是涵盖国家各项事业各项工作的全覆盖民主。毛泽东在1944年就说过："民主必须是各方面的，是政治上的、军事上的、经济上的、文化上的、党务上的以及国际关系上的，一切这些，都需要民主。"①我国全过程人民民主坚持以人民为中心，人民当家作主充分体现在中国特色社会主义经济建设、政治建设、文化建设、社会建设、生态文明建设"五位一体"总体布局和全面建设社会主义现代化国家、全面深化改革、全面依法治国、全面从严治党"四个全面"战略布局的方方面面，为中国式现代化提供了强大动力。

同时，中国式现代化的推进、各领域的发展进步，也为全过程人民民主提供了必要的物质前提和强大的精神支撑。经过改革开放40多年特别是新时代以来的经济发展，我国社会生产力水平总体上显著提高，极大拓展了民主参与的范围、领域和方式；而在现代化进程中创造的经济快速发展和社会长期稳定的两大奇迹，更坚定了人们对中国特色社会主义政治制度的选择认知，为增强全过程人民民主自信提供了强大底气。加上我国不断丰富人民精神世界，大力发展社会主义先进文化，在全社会广泛践行社会主义核心价值观，人民群众的民主意识、民主观念、民主素养都显著提升，进一步增进了人民群众对全过程人民民主的价值认同和情感认同。此外，实现全体人民共同富裕为发展全过程人民民主构建了公平的社会保障，促进人与自然和谐共生，为发展全过程人民民主提供了幸福的参与环境。

三、全过程人民民主是最广泛、最真实、最管用的社会主义民主

党的二十大报告指出："全过程人民民主是社会主义民主政治的本质属性，是最广泛、最真实、最管用的民主。"全过程人民民主是

---

① 《毛泽东文集》（第三卷），人民出版社1996年版，第169页。

初心如磐
——中国式现代化的本质要求

新时代中国特色社会主义的伟大创造,从根本上区别于资本主义从属"金主"的、"钟情"选举的、仅有"形式"的民主,打破了"民主化就是西方化""民主就是选举"的迷思,创造了人类政治文明新形态,为人类社会现代化进程做出了重要贡献。

第一,它是全体人民广泛参与的最广泛的民主,不是"金主"主导的精英民主。马克思主义认为,国家制度是"人民自己的作品"①,民主就是人民自己当家作主。社会主义民主是一种新型的民主,是人类社会有史以来真正为实现绝大多数人的利益的民主。我国全过程人民民主是最广泛的社会主义民主,是14亿多人民、56个民族广泛持续参与,享有广泛民主权利,具有广泛民主参与渠道的民主体系。其一,民主参与的主体最广泛。它不是依据地位、财富、关系分配的,无论居庙堂之高、还是处江湖之远,全体人民都能平等参与。其二,人民享有广泛权利。它不仅体现在人民在选举时有投票的权利,更体现在人民在日常政治生活中有持续参与的权利;不仅体现在人民有进行民主选举的权利,更体现在人民有进行民主协商、民主决策、民主管理、民主监督的权利;不仅体现在保障人民在政治生活领域的权利,更体现在人民在经济、文化、社会、生态等方面的权利不断发展。其三,民主参与的渠道最广泛。全过程人民民主通过民主选举、民主协商、民主决策、民主管理、民主监督各环节的有效衔接和运行,为人民群众提供了无时不有、无处不在的政治参与渠道,有效防止了西方民主选举时漫天许诺、选举后无人过问的现象。

第二,它是全过程最真实的民主,不是仅仅体现在选举环节的"半截子"民主。民主本身更具"过程的集合体"的本质特点,不仅要求通过"过程结果"体现人民意志、保障人民权益,而且要求在

---

① 《马克思恩格斯全集》(第三卷),人民出版社2002年版,第40页。

第四章
发展全过程人民民主

"全过程"中增进人民当家作主的主观感受，增强人民群众的参与感、获得感和幸福感。习近平总书记指出："一个国家民主不民主，关键在于是不是真正做到了人民当家作主，要看人民有没有投票权，更要看人民有没有广泛参与权；要看人民在选举过程中得到了什么口头许诺，更要看选举后这些承诺实现了多少；要看制度和法律规定了什么样的政治程序和政治规则，更要看这些制度和法律是不是真正得到了执行；要看权力运行规则和程序是否民主，更要看权力是否真正受到人民监督和制约。"①我国全过程人民民主不仅有完整的制度程序，而且有完整的参与实践，真真切切落实到国家政治生活和社会生活各方面、为全体人民真真切切感知和认同，是最真实的民主。一方面，我国已经形成全面、广泛、有机衔接的人民当家作主制度体系，实行人民民主专政的国体，实行人民代表大会制度的政体，实行中国共产党领导的多党合作和政治协商制度、民族区域自治制度、基层群众自治制度，巩固和发展最广泛的爱国统一战线，为人民管理国家事务、经济文化事业和社会事务提供了坚实制度基础。另一方面，我国全过程人民民主，把民主选举、民主协商、民主决策、民主管理、民主监督有机贯通起来，涵盖经济、政治、文化、社会、生态文明等各个方面，推动国家政治生活和社会生活各环节、各方面都体现人民意愿、听到人民声音，切实防止出现人民形式上有权、实际上无权的现象。

第三，它是用来解决人民需要解决的问题的最管用的民主，不是用来做摆设的形式主义民主。习近平总书记指出："评价一个国家政治制度是不是民主的、有效的，主要看国家领导层能否依法有序更替，全体人民能否依法管理国家事务和社会事务、管理经济和文化事

---

① 习近平：《在中央人大工作会议上的讲话》，载《求是》2022年第5期。

业，人民群众能否畅通表达利益要求，社会各方面能否有效参与国家政治生活，国家决策能否实现科学化、民主化，各方面人才能否通过公平竞争进入国家领导和管理体系，执政党能否依照宪法法律规定实现对国家事务的领导，权力运用能否得到有效制约和监督。"①实践充分证明，我国全过程人民民主有效保证国家治理跳出治乱兴衰的历史周期率，为党领导人民创造经济快速发展奇迹和社会长期稳定奇迹提供了重要制度保障，保证权力运用得到有效制约和监督，切实规避了当前众多西方国家所面临的社会撕裂和治理失效等民主弊端。其一，实现人民意愿、解决人民问题。从国家大政方针到社会治理，再到百姓衣食住行，我国全过程人民民主紧紧抓住人民最关心最直接最现实的利益问题，坚持把人民意愿有效实现作为检验民主成色成效的"试金石"。其二，国家治理高效。我国全过程人民民主既发扬民主，又正确集中，能够把党的主张、国家意志、人民意愿紧密融合在一起，使党、国家和人民成为目标相同、利益一致、相互交融、同心同向的整体，具有极大耦合力，有利于集中力量办大事，能够有效促进社会生产力解放和发展，促进现代化建设各项事业沿着正确方向前进。其三，社会和谐稳定。我国全过程人民民主强调有效协调利益矛盾、广泛凝聚社会共识，"求大同存小异"，实现了各方面在共同思想、共同利益、共同目标基础上的团结一致，人民安居乐业、心情舒畅，社会和谐稳定、生机勃勃。其四，权力运用得到有效制约和监督。我国全过程人民民主发挥制度的根本性、全局性、稳定性和长期性作用，把公权力关进制度的笼子；持续推进依规治党，坚决反对和惩治腐败，有效遏制了腐败蔓延势头，确保人民赋予的权力始终用来为人民谋幸福。

---

① 习近平：《在中央人大工作会议上的讲话》，载《求是》2022年第5期。

第三节

在全面推进中国式现代化进程中
建设社会主义政治文明

党的二十大报告强调："从现在起，中国共产党的中心任务就是团结带领全国各族人民全面建成社会主义现代化强国、实现第二个百年奋斗目标，以中国式现代化全面推进中华民族伟大复兴。"前进道路上，我们要继续推进全过程人民民主建设，为中国式现代化提供坚强保障、凝聚强大合力。

一、发展全过程人民民主，不断丰富和发展人类政治文明新形态

民主是人类政治文明发展的重要标志。全过程人民民主不是"飞来峰"，而是中国共产党人不断推进中国特色社会主义民主政治建设的伟大创造，在我国政治发展史乃至人类政治发展史上都具有重大历史意义。它打破了"现代化就是西方化""民主化就是西方化"的迷思，突破了西式民主既往的发展模式和逻辑框架，冲破了西方民主的现实困境，这是中国对人类政治文明的重大贡献。随着实践的进展和理论的创新，全过程人民民主将为越来越多的人所理解和认可，为丰

富和发展人类政治文明贡献中国智慧、中国方案。中国需要自己的民主话语，人类民主事业需要中国的智慧和主张。

第一，加强民主理论研究，构建中国特色的全过程人民民主科学理论体系。理论是从实践中产生的，民主政治的理论建构应当始终跟上民主政治发展的实践进程。当前，我国全过程人民民主取得了举世瞩目的实践成果，丰富了人类政治文明形态。这一伟大政治文明成果，理应并且已经孕育和催生出具有中国特色的民主理论体系。总体来看，全过程人民民主理论体系初步形成了较为完整的理论框架，主要包括民主的理论渊源、民主的形成发展、民主的内容体系、民主的评判标准、民主的比较优势、民主制度的效能转化、坚定全过程人民民主制度自信等。接下来，需要进一步深入挖掘马克思主义经典作家的民主理论，精细化论证全过程人民民主、协商民主等标志性术语和核心概念，提炼升华发展全过程人民民主的基本经验和规律指向，深化研究全过程人民民主比较优势的"关系性特质"和实践指向的"现实性特质"，为破解超大规模民主参与等治理难题提供理论经验和实践指导。

第二，在破解西方话语霸权、构建中国民主话语体系上亟需发力。全过程人民民主作为一种全新的民主话语叙事，对于破解长期以来存在的西方民主话语霸权、提升中国民主的国际话语权具有重要意义。在新征程上如何构建既体现全人类共同价值、更具有鲜明中国特色的全过程人民民主话语体系，是摆在我们面前的重要任务。因此，必须立足中国全过程人民民主实践，从中国语言、思维和文化出发，阐发和提出融通中外的新概念新范畴新表述，着力在话语主体（谁在说）、话语内容（说什么）、话语传播（怎么说）、话语客体（谁在听）等方面下功夫，积极构建富有中国特色、回应时代关切的全过程人民民主话语体系。其中，话语内容是话语体系的核心要件，需要精准凝练全过程人民民主的核心话语和中心思想，讲清全过程人民民主的发展历程，讲透全过程人民民主不同于其他民主模式的鲜明特征、中国特色，讲好全过程人民民主对中国和世界的重要意义，努力形成话语自觉、体现理论创新性。

第三，坚定话语自信，面向海内外讲好中国民主故事，贡献民主治理中国方案。百年来，中国共产党团结带领人民发展全过程人民民主，走出了一条符合中国国情的民主发展道路。这条民主新路，为世界上那些既希望加快发展又希望保持自身独立性的国家和民族提供了全新选择，为人类民主事业提供了中国智慧和中国方案。然而，由于国际话语体系的不平衡，美国借助长期形成的民主话语霸权大肆宣扬"中国威胁论""中国霸权论""中国傲慢论"等论调，给中国民主话语的传播带来许多阻力，给人类民主事业带来严重干扰。对此，我们必须坚决反制美国对中国民主的污名化、妖魔化，牢牢把握民主的话语权、主动权，实现从"他塑"到"自塑"传播，打破"有话说不出，有理传不开"的局面，向国际社会传播真实、立体、全面的中国民主形象。具体而言，要实现精准传播，推进中国民主故事的全球化表达、区域化表达、分众化表达；借助多元主体，构建多角色协同参与的中国民主讲述矩阵，形成聚合传播效应；坚持融合创新，技术赋能"微传播"，向海外受众讲好中国民主故事，让世界更好读懂中国民主。

二、坚持自信自立，坚定不移走中国特色社会主义政治发展道路

走自己的路，是党的全部理论和实践立足点，更是党百年奋斗得

初心如磐
——中国式现代化的本质要求

出的历史结论。①古今中外，政治发展道路选择错误而导致社会动荡、国家分裂、人亡政息的例子比比皆是。中国是一个发展中大国，坚持正确的政治发展道路更是关系根本、关系全局的重大问题。中国特色社会主义政治发展道路是符合中国国情、保证人民当家作主的正确道路，是近代以来中国人民长期奋斗历史逻辑、理论逻辑、实践逻辑的必然结果，是坚持党的本质属性、践行党的根本宗旨的必然要求。②习近平总书记指出，"我们走的是一条中国特色社会主义政治发展道路，人民民主是一种全过程的民主"③。中国特色社会主义政治发展道路的成功开辟和坚持，为我们发展全过程人民民主指明了方向、提供了遵循。在前进道路上，要坚持自信自立，坚定不移走中国特色社会主义政治发展道路，推进社会主义民主政治建设，发展全过程人民民主，保障人民当家作主。

第一，必须坚持党的领导、人民当家作主、依法治国有机统一。党的领导是人民当家作主和依法治国的根本保证，人民当家作主是社会主义民主政治的本质特征，依法治国是党领导人民治理国家的基本方式，三者统一于我国社会主义民主政治伟大实践。④任何把党的领导、人民当家作主、依法治国割裂开来、对立起来或者相互取代的主张和做法，都不符合社会主义民主政治的根本性质、核心理念和实践要求。尤其需要强调的是，在我国政治生活中，党是领导一切的，坚持党的领导、人民当家作主、依法治国有机统一，最根本的是坚持党的领导。正如习近平总书记所强调的，我们必须搞清楚，我国人民民

---

① 习近平：《在庆祝中国共产党成立100周年大会上的讲话》，人民出版社2021年版，第13页。
② 习近平：《在中央人大工作会议上的讲话》，载《求是》2022年第5期。
③ 习近平：《论坚持人民当家作主》，中央文献出版社2021年版，第303页。
④ 习近平：《论坚持人民当家作主》，中央文献出版社2021年版，第176页。

第四章
发展全过程人民民主

主与西方所谓的"宪政"本质上是不同的。中国共产党领导是中国特色社会主义最本质的特征。①中国共产党始终代表最广大人民群众的根本利益，从来不代表任何利益集团、任何权势团体、任何特权阶层的利益，从根本方向上切实保证了我国的全过程人民民主是一切权力属于人民的民主。

第二，必须积极稳妥推进政治体制改革。"中国特色社会主义民主是个新事物，也是个好事物。当然，这并不是说，中国政治制度就完美无缺了，就不需要完善和发展了。"②改革开放以来，我们在坚持根本政治制度、基本政治制度的基础上，不断深化政治体制改革，推进制度体系完善和发展。仅党中央部门就集中进行了六次改革，国务院机构集中进行了九次改革，为坚持和发展中国特色社会主义提供了重要体制机制保障。在全面深化改革进程中，我们要积极稳妥推进政治体制改革，"以保证人民当家作主为根本，以增强党和国家活力、调动人民积极性为目标"③，不断建设社会主义政治文明。要持续推进全过程人民民主制度化、规范化、程序化，保证人民依法通过各种途径和形式管理国家事务，管理经济文化事业，管理社会事务，巩固和发展生动活泼、安定团结的政治局面。

第三，必须始终保持政治定力。如果这一点把握不好、把握不牢，走偏了方向，不仅政治文明建设很难搞好，而且会给党和人民的事业带来损害。我们需要借鉴国外政治文明的有益成果，但绝不能放弃中国政治制度的根本。习近平总书记强调："照抄照搬他国的政治

---

① 中共中央文献研究室编：《习近平关于社会主义政治建设论述摘编》，中央文献出版社2017年版，第27—28页。

② 习近平：《论坚持人民当家作主》，中央文献出版社2021年版，第84页。

③ 习近平：《论坚持人民当家作主》，中央文献出版社2021年版，第84页。

制度行不通，会水土不服，会画虎不成反类犬，甚至会把国家前途命运葬送掉。只有扎根本国土壤、汲取充沛养分的制度，才最可靠、也最管用。"①因此，我们发展全过程人民民主，绝不能照搬照抄西方政治制度模式，绝不能走西方所谓"宪政"、多党轮流执政、"三权鼎立"的路子。要保持政治定力，"坚持从国情出发、从实际出发，既要把握长期形成的历史传承，又要把握走过的发展道路、积累的政治经验、形成的政治原则，还要把握现实要求、着眼解决现实问题，不能割断历史，不能想象突然就搬来一座政治制度上的'飞来峰'"②。要坚定对中国特色社会主义政治制度的自信，增强走中国特色社会主义政治发展道路、发展社会主义政治文明的信心和决心。

三、丰富民主形式，健全全过程人民民主制度

全过程人民民主制度是保证人民在党的领导下依法通过各种途径和形式管理国家事务、管理经济和文化事业、管理社会事务的制度体系，是一个具有显著优势的好制度。但这并不意味着它本身就是尽善尽美的，可以不必向前发展了。对于中国共产党而言，健全全过程人民民主制度只有进行时，没有完成时。习近平总书记曾指出："我们的民主法治建设同扩大人民民主和经济社会发展的要求还不完全适应，社会主义民主政治的体制、机制、程序、规范以及具体运行上还存在不完善的地方，在保障人民民主权利、发挥人民创造精神方面也还存在一些不足，必须继续加以完善。"③因此，我们必须坚持问题

---

① 习近平：《论坚持人民当家作主》，中央文献出版社2021年版，第81页。
② 习近平：《论坚持人民当家作主》，中央文献出版社2021年版，第80页。
③ 习近平：《论坚持人民当家作主》，中央文献出版社2021年版，第84页。

第四章
发展全过程人民民主

导向，丰富民主形式，健全全过程人民民主制度，不断推动全过程人民民主制度更加成熟、更加定型。

第一，推进全过程人民民主制度改革创新，提升全过程人民民主制度的适应性。马克思主义认为，民主制度作为政治上层建筑，一定要适应特定经济基础发展的要求，并且这是一个不断调整优化的过程。当代中国正在发生伟大社会变革，旧的民主问题解决了，新的民主问题又会产生，民主制度总是需要不断完善发展，因而制度改革既不可能一蹴而就，也不可能一劳永逸。在新征程上，我们必须稳步推进全过程人民民主制度改革创新，在坚持根本政治制度、基本政治制度的基础上，不断推进制度体系完善和发展，以推动我国的民主建设同扩大人民民主和经济社会发展的要求相适应。"我们要在坚持好、巩固好已经建立起来并经过实践检验的根本制度、基本制度、重要制度的前提下，坚持从我国国情出发，继续加强制度创新"[①]，加快建立健全国家治理急需的制度、满足人民日益增长的美好生活需要必备的民主制度。要及时总结基层民主实践中的好经验好做法，将成熟的经验和做法有效转化为具体民主制度。

第二，推动全过程人民民主根本制度、基本制度、重要制度和具体制度有效衔接、贯通。全过程人民民主制度是中国特色社会主义制度的重要组成部分，也是国家治理体系的重要组成部分。国家治理体系的现代化必然要求制度之间具有系统性、规范性和协调性。因此，必须立足全局、加强顶层设计，紧紧围绕全过程人民民主重大理念，增强全过程人民民主制度建设的整体性，形成与新形势新任务新要求相适应的制度规范，推动全过程人民民主制度系统集成、协调配套，充分发挥制度体系的整体优势和实际效能。同时，要加强不同层次制

---

① 习近平：《论坚持人民当家作主》，中央文献出版社2021年版，第278页。

度之间的配套衔接，推动根本制度与重要制度的相互衔接、与具体制度的协调配合；同一制度层级的各个制度既要注重自身的规范化和程序化，又要加强彼此间的良性互动、协同运行，确保制度体系的所有组成部分都能有效保证人民当家作主的真实性、广泛性。

第三，进一步提高全过程人民民主制度化、规范化、程序化水平，更好地把制度优势转化为治理效能。一方面，全过程人民民主制度化、规范化、程序化是相辅相成、联系贯通的有机整体。从总体上来说，必须以规范化、程序化推动制度化，以制度化带动规范化、程序化，持续健全民主制度、规范和程序体系；着重在具体机制、运行规范、操作程序等薄弱环节用力，加强制度、规范、程序间的配套衔接。另一方面，制度化、规范化、程序化各自又是发展全过程人民民主的具体现实路径。首先，要提高全过程人民民主制度化水平。增强领导干部制度意识、强化制度权威，把民主制度执行作为干部选任、考评的重要依据；强化监督问责解决"象征执行""选择执行"及"最后一公里"落地难等问题。其次，要提高全过程人民民主规范化水平。研制适用多场景、标准化的民主规范实施纲要，强化规范实施所需的权威、资金、人力、信息等资源保障。最后，要提高全过程人民民主程序化水平。制定覆盖民主各环节步骤的操作指南，依托智能技术提升民主程序用户友好性，形成贯通协同、智能高效的程序运转机制。

第四，健全保障民主权利、发挥创造精神的制度安排，提升人民民主参与的积极性、获得感和幸福感。马克思主义认为，人民在民主制度运行的整个环节中都始终在场、发挥作用并成为决定性因素。每一个环节，都必须体现人民意志、发挥人民首创精神。因此，在民主选举方面，健全人大选举制度，依法保障人人享有平等的选举权利，同时加强人大代表工作能力建设，丰富人大代表联系人民群众的内容和形式，做到民有所呼、我有所应。在民主决策方面，健全决策机制，不断拓宽民主渠道，通过座谈会、听证会、咨询会、论证会、评议会等民主方式，有力落实人民群众知情权、参与权和建议权。在民主协商方面，出台规范协商民主的专门立法，健全统筹政党协商、人大协商、政府协商、政协协商、人民团体协商、基层协商以及社会组织协商的机制，画好民心民意同心圆。在民主管理方面，健全基层党组织领导的基层群众自治机制，扩大基层群众自治范围，发挥基层群众的主体地位和首创精神。在民主监督方面，完善各类公开办事制度，畅通人民群众建言献策和批评监督渠道，充分发挥群众监督、舆论监督作用，使权力在阳光下运行。

四、扩大人民有序政治参与，把人民当家作主具体地、现实地体现出来

全过程人民民主从根本上讲是要保障人民当家作主。保障人民当家作主不是抽象的，而是具体的，必须落实到国家政治生活和社会生活之中。政治参与是民主政治的一项重要内容，是人民群众行使民主权利、实现当家作主的重要途径。因此，继续推进全过程人民民主建设，必须稳步扩大人民有序政治参与，"把人民当家作主具体地、现实地体现到党治国理政的政策措施上来，具体地、现实地体现到党和国家机关各个方面各个层级工作上来，具体地、现实地体现到实现人民对美好生活向往的工作上来"[1]，"保证人民依法实行民主选举、民主协商、民主决策、民主管理、民主监督，发挥人民群众积极性、

---

[1] 习近平：《在中央人大工作会议上的讲话》，载《求是》2022年第5期。

初心如磐
——中国式现代化的本质要求

主动性、创造性，巩固和发展生动活泼、安定团结的政治局面"①。

第一，坚持党的全面领导，以最大优势引领和发展全过程人民民主。党的领导是全过程人民民主的最大优势，党的领导决定着全过程人民民主的生命力。因此，必须牢牢把握党全面领导全过程人民民主这条主线，以高位推动为发展全过程人民民主明确方向、规避风险、汇聚力量。通过不断完善领导方式、提高领导水平、增强执政本领，健全党在政治生活中居于领导地位的制度机制，"保证把党关于全过程人民民主的价值理念、原则精神、目标任务以及运行程序、规范要求等，落实到人民当家作主各环节，落实到人民群众参与国家和社会治理的具体实践中"②，坚持正确政治方向，保证党领导人民有效治理国家。同时，必须坚持民主集中制，完善发展党内民主和实行正确集中的相关制度，推进党内法规制度建设，完善党内监督体系，健全党员民主权利保障制度，培育党员领导干部形成正确的民主观念和民主价值取向，以党内民主带动全过程人民民主。

第二，加强宣传教育，培育人民群众民主参与意识和能力。"如果一个国家的人民缺乏一种能赋予这些制度以真实生命力的广泛的现代心理基础"③，民主意识淡薄、民主能力不足，那么再好的民主制度也会因为得不到遵守而不起作用。一方面，民主参与意识是人民群众能够有序政治参与的重要前提。要加强全过程人民民主宣传教育，

---

① 习近平：《高举中国特色社会主义伟大旗帜　为全面建设社会主义现代化国家而团结奋斗——在中国共产党第二十次全国代表大会上的报告》，人民出版社2022年版，第37页。

② 《党的二十大报告学习辅导百问》编写组编著：《党的二十大报告学习辅导百问》，学习出版社、党建读物出版社2022年版，第38页。

③ 殷陆君编译：《人的现代化——心理·思想·态度·行为》，四川人民出版社1985年版，第4页。

用鲜活生动的事实、通俗易懂的语言讲好中国民主故事，激发人民群众参与实践的政治热情和责任意识，塑造人民群众尊重规范和拥护制度的民主理性，进而提升人民群众对我国民主制度的价值认同并形成高度的政治制度自信。另一方面，民主参与能力是人民群众能够有序政治参与的关键保障。要积极搭建民主教育培训平台，完善基层联席会议、民情恳谈、议事协商等制度化平台，畅通群众反映社会问题的公共渠道，引导人民群众正确行使和维护民主权利。同时，创新激励机制，营造尊重规律、鼓励探索的良好民主生态，不断将基层群众创造的成功经验经过试点和培育之后进行总结和推广，从而有效调动人民群众政治参与的积极性和创造性，切实增强人民群众依法管理国家事务、经济社会文化事务、自身事务的能力。

第三，技术赋能民主，不断扩大人民有序政治参与。当前，互联网、大数据、人工智能等现代信息技术手段蓬勃发展，在我国民主发展中得到广泛应用，为人民广泛、持续、深入参与民主政治提供了便捷高效的平台和渠道。因此，必须强化技术赋能，促进人工智能技术与全过程人民民主程序的深度融合，将科技优势更好地转化为民主效能。一方面，完善民主民意表达平台和载体。探索打造"实体＋网上＋掌上"三位一体的民主民意表达平台体系，拓宽便民服务、在线留言新通道，并充分利用人工智能算法高效解决群众反映的问题，以"数据跑路"代替群众跑腿，不断增强政府工作的便捷度、精准性，保证人民意愿有地方说、说了有人听、听了有反馈。另一方面，以数字赋能提高代表委员履职能力的现代化水平。为了适应时代发展和国家治理现代化的要求，必须进一步借助大数据的手段和技术进行民主数据共享、资源整合、平台融合，把数据管理程序全面融入代表委员的履职过程和工作机制之中，形成人大和政协内部的数字化履职程序、外部的便捷化参政程序以及同党和政府部门的智能化协同程序，努力打造全方位覆盖的履职流程、全环节管理的履职链条、全天候参与的履职载体，充分发挥人大代表、政协委员作用，做到民有所呼、我有所应。

📖 延伸阅读

基层立法联系点*

2014年10月，党的十八届四中全会决定提出，建立基层立法联系点制度。2015年7月，全国人大常委会法工委报经批准，将上海市虹桥街道办事处、甘肃省临洮县人大常委会、江西省景德镇市人大常委会、湖北省襄阳市人大常委会设为首批基层立法联系点试点单位。自此，一种全新的、立足基层人民群众直接参与国家立法的民主立法形式应运而生，成为除网上公布法律草案向社会公众征求意见、向部门和地方发函征求意见，以及立法调研、座谈会、听证会、论证会等形式之外的新的群众有序参与国家立法的有效形式，并初步形成国家级、省级、设区的市（自治州）级基层立法联系点三级联动的工作体系，在实践中逐渐迸发出强大活力。

2019年11月2日，习近平总书记到上海市虹桥街道考察，充分肯定了全国人大常委会基层立法联系点在接地气、聚民智方面所做的有益探索，指出"我们走的是一条中国特色社会主义政治发展道路，人民民主是一种全过程的民主"，强调"人民代表大会制度是我国的根本政治制度，要坚持好、巩固好、发展好，畅通民意反映渠道，丰富民主形式"。习近平总书记在上海市虹桥街道办事处基层立法联系点首次提出"全过程民主"，生动诠释和肯定了基层立法联系点在发展全过程人民民主中的重要作用和意义。

习近平总书记的重要指示精神，为基层立法联系点工作持续稳

---

* 参见全国人大常委会法制工作委员会：《基层立法联系点是新时代中国发展全过程人民民主的生动实践》，载《求是》2022年第5期。编者对内容有所修改。

步深入发展注入了强大动力。全国人大常委会法工委分别在2020年7月和2021年7月建立了第二批、第三批基层立法联系点。十四届全国人大一次会议大会发言人王超说，目前全国人大常委会法工委在全国31个省（区、市）设立了32个基层立法联系点，辐射带动全国各地设立5500多个基层立法联系点，形成了国家级、省级、市级联系点三级联动的工作格局。这些联系点已经成为让基层声音原汁原味抵达国家立法机关的"直通车"，极大拓展了基层群众参与国家立法的深度和广度，丰富了全过程人民民主的实践和内涵。实践证明，基层立法联系点已成为民主民意表达的重要平台和载体，在发展全过程人民民主、增强国家治理效能、推进中国式现代化进程方面发挥了独特作用和优势。

第五章

丰富人民精神世界

中国式现代化是物质文明与精神文明协调发展的现代化，既把不断发展生产力作为实现现代化的基本要求，同时也在丰富人民精神世界的过程中克服西式现代化的精神贫乏弊端。作为中国式现代化本质要求的文化维度，丰富人民精神世界在文化建设中展现了中国式现代化的独特意蕴。

中国特色社会主义是物质文明和精神文明全面发展的社会主义。习近平总书记指出："只有物质文明建设和精神文明建设都搞好，国家物质力量和精神力量都增强，全国各族人民物质生活和精神生活都改善，中国特色社会主义事业才能顺利向前推进。"同物质主义极度膨胀、人民精神极端贫乏的西式现代化有显著区别，中国式现代化追求物的全面丰富和人的全面发展，具有物质文明和精神文明相协调的鲜明特色，丰富人民精神世界是其本质要求之一。

第一节

丰富人民精神世界是中国式现代化本质要求的文化维度

党的二十大报告明确指出:"物质富足、精神富有是社会主义现代化的根本要求。"中国式现代化既以不断厚植现代化的物质基础为内在要求,又把人民精神生活的富有作为不懈追求。现代化的本质是人的现代化,以丰富人民精神世界推动人的全面发展是中国式现代化的重要目标。反过来,人民精神世界的丰富发展也构成了推进中国式现代化的文化力量。

一、精神富有是社会主义现代化根本要求的重要体现

精神生活充盈是人之为人的内在追求。精神生活是人民的基本的普遍的生活需要,无论是在什么社会历史时期,无论是处于什么阶级阶层,无论人们文化水平高低,精神生活可以有主有次、有重有轻、有雅有俗,但都不能没有精神生活。人的生命体验的多面性、追求意义的自觉性决定了人无法真正以物质享受为唯一人生目的,对于精神富有的需求内在于不同物质条件下、不同年龄阶段中的个体生命实践。"人类不仅追求物质条件、经济指标,还要追求'幸福指数';

初心如磐
——中国式现代化的本质要求

不仅追求自然生态的和谐，还要追求'精神生态'的和谐；不仅追求效率和公平，还要追求人际关系的和谐与精神生活的充实，追求生命的意义。"[1]在满足基本生存性需要的基础上，心灵和畅、情感愉悦、精神自由等发展性需求之于个体的意义更加凸显，物质富足与精神富有的渴望并存于人们的生命追求当中。

社会主义现代化绝不以精神贫乏为代价，而是以精神富有为重要要求。尽管不同路径的现代化有其共性特征，但文化传统、国情禀赋、发展水平等方面的差异决定了对于现代化的追求与要求必然有其区别。西方国家的现代化以资本为中心而非以人为中心，资本扩张的逻辑深度附着于其探索现代化的进程当中，"人性的堕落与社会的进步是联系在一起的"[2]，"物的世界的增值同人的世界的贬值成正比"[3]。在物质财富快速积累的同时，资本主义模式下的现代化衍生出了精神世界的普遍失落，物欲的持续膨胀挤压着精神生活的存在空间，导致拜金主义和享乐主义泛滥、物质主义和个人主义盛行，带来了物质富足与精神贫乏的加速倒挂，持续生产着患有"精神贫血症"的单向度的人。中华民族有着将追求精神富有同寻求幸福生活相贯通的传统，强调"正心以为本，修身以为基"，有着在追逐物欲中修养精神的高度自觉。"我们要建设的社会主义现代化强国，不仅要在物质上强，更要在精神上强。精神上强，才是更持久、更深沉、更有力量。"[4]不同于为资本增值逻辑所深度捆绑的西式现代化，社会主义现代化是全面推进、均衡发展的现代化，不仅着眼于生产力的快速

---

[1] 习近平：《之江新语》，浙江人民出版社2007年版，第150页。

[2] [德]霍克海默、阿道尔诺：《启蒙辩证法——哲学断片》，渠敬东、曹卫东译，上海人民出版社2006年版，前言（1944/1947）第3页。

[3] 马克思：《1844年经济学哲学手稿》，人民出版社2000年版，第51页。

[4] 习近平：《论党的宣传思想工作》，中央文献出版社2020年版，第395页。

发展，也关注精神需求的有效满足，并在物质文明和精神文明两手抓、两手硬，以及将文化建设纳入"五位一体"总体布局的实践中，展示出了独特的现代化理念。

二、丰富人民精神世界是推进中国式现代化的文化力量

物质生活与精神生活具有辩证统一性，两者处于相互促进的关系框架之下。"物质生活的生产方式制约着整个社会生活、政治生活和精神生活的过程。"[①]唯物史观认为，物质生活与精神生活是构成人的社会生活的两个基本领域。在其关系上，物质生活发挥着对于精神生活的决定性作用，物质生产也决定着精神生产以何种方式进行、以何种内容为目标。有什么样的社会物质条件就有什么样的社会精神风貌，尽管物质生产活动的内容和效率在发生变化，但其对精神生活的决定作用始终没有发生变化。而在确证物质生活之于精神生活的决定性意义的同时，也不能否认精神生活的反作用。正如恩格斯所言，"物质存在方式虽然是始因，但是这并不排斥思想领域也反过来对物质存在方式起作用"[②]。精神生活筑基于一定的物质条件而存在，但并不纯粹是物质生产活动的"副产品"、物质生活发展的"伴生物"，而是以强化或弱化、支撑或阻滞的方式发挥着对于物质生活的反作用。总而言之，精神生活与物质生活统一于实践之中，物质生产对精神生产具有决定性作用这一基础无法抹除，精神生产转化为物质力量的进程同样无法打断。

一个民族的复兴需要强大的物质力量，也需要强大的精神力量。

[①] 《马克思恩格斯文集》（第二卷），人民出版社2009年版，第591页。

[②] 《马克思恩格斯选集》（第四卷），人民出版社2012年版，第598页。

初心如磐
——中国式现代化的本质要求

人无精神不立，国无精神不强。物质文明与精神文明如车之两轮、鸟之两翼。物质生产越发展，越需要以积极的精神生活激活动力、稳固定力、提供活力。回顾人类文明发展，无论是在创造文明、发展文明中实现国力强盛的古巴比伦王国，还是在文化繁荣兴盛中展现盛世华彩的汉唐，精神生活的重要性不断得到确证，精神力量的强大推动作用持续得到彰显。精神生活虽然不是国家繁荣、民族兴盛的充分条件，但强大精神力量无疑是一个国家、一个民族走向辉煌未来的必然要求。"一个人的精神世界丰富与否直接决定了个体的社会实践能力和成果，那么作为群体的人民群众精神世界丰富与否更是直接影响和决定了社会的进步和发展。"[1]实践不断证明，人民精神生活充盈、精神世界丰富则民族团结、国家安定，人民精神生活贫乏、精神世界颓废则社会动荡、发展停滞。国家要发展，精神当富有，放弃对精神世界的追求就是割断了汲取不竭力量的"脐带"。"当高楼大厦在我国大地上遍地林立时，中华民族精神的大厦也应该巍然耸立。"[2]当代中国既在强大精神力量的支撑下走来，又要在不断丰富人民精神世界中走向未来。

人民精神世界的丰富发展为中国式现代化提供强大动力。"现代化从来不能孤立地进行，如果说现代化是人民对于现代科技的发展和适应，那就总是和本国固有的文化价值和倾向相交织地进行。"[3]现代化事业的推进同精神力量的迸发相伴而行、相向而行，只有矗立于充盈精神生活之上的现代化才能凝聚团结奋进的强大合力，只有建立

---

[1] 王友建：《丰富人民精神世界的时代内涵与实践进路》，载《南京社会科学》2022年第12期。

[2] 习近平：《在文艺工作座谈会上的讲话》，人民出版社2015年版，第6页。

[3] ［美］费正清：《伟大的中国革命》，刘尊棋译，世界知识出版社1999年版，第10页。

在人民精神世界丰富前提下的现代化才能有其始、成其终。放眼西方国家的现代化实践，无论是社会动荡、民意撕裂，还是种族仇恨、道德迷失，资本主义社会存在的种种弊端痼疾都在不同程度上同精神世界贫乏相关联、与精神力量孱弱不可分。站在以中国式现代化全面推进强国建设、民族复兴的新起点上，前进道路上的风险挑战依然尖锐，战略机遇与不确定难预料因素并存，更加需要巩固好团结奋斗的思想基础、凝聚好开拓进取的主动精神、确立好健康向上的价值追求，人民精神世界的丰富愈加重要，强大精神力量的支撑更显紧迫。"一个民族的复兴需要强大的物质力量，也需要强大的精神力量。没有先进文化的积极引领，没有人民精神世界的极大丰富，没有民族精神力量的不断增强，一个国家、一个民族不可能屹立于世界民族之林。"[①]只有不断丰富人民的精神世界，发挥先进文化的积极引领作用，注入振奋全社会精神的持久"强心剂"，才能推动形成团结一心攻坚克难、接续奋斗推进中国式现代化的强大主动力量。

三、以精神世界的丰富推动人的全面发展是中国式现代化的重要目标

现代化的本质是人的现代化，人的发展和现代化的推进相向而行。人生活于一定的社会环境当中，社会物质条件的改善、政治文明的进步、文化事业的发展等都是人实现自我发展的重要支撑。反过来，社会的发展并不是悬浮于人而发生的，社会是由人所组成的，社会发展归根结底是以人为主体而推动的，人的状况也深刻影响着社会发展的实现程度和现实进程。人的发展充分，则社会活力迸发、发展

---

① 习近平：《在文艺工作座谈会上的讲话》，人民出版社2015年版，第5页。

初心如磐
——中国式现代化的本质要求

动力强劲；人的发展滞后，则社会停滞不前、发展涣散乏力。进而言之，现代化以物质财富的积累、生产力的发展为重要要求，但并不能以此为全部。生成于西方现代化进程中，并在当代西方社会表现出日益尖锐态势的"现代性矛盾"证明了，社会的发展不能化约为物质的发展，表层的"物"并不能淹没底层的"人"，偏执于物质的现代化只会不断强化"死的物质对人的完全统治"[①]。只有把物的丰富和人的发展相统一、共同推进物的现代化和人的现代化，弥合物的发展与人的发展之间的差距，规避片面化推动的发展的错误倾向，现代化推进才能有其根基、得其动力、达其目的。

中国式现代化以人的全面发展为价值旨归，追求物的全面丰富和人的全面发展。习近平总书记指出，"现代化的最终目标是实现人自由而全面的发展"[②]。人的全面发展是人的现代化的根本规定，人的现代化的推进同人的全面发展的进程相统一，追求人的现代化的尝试以实现全面发展为终极目标。人民性的彰显和对理想社会的追求并存于中国式现代化的推进过程之中，这就决定了其必然把人的全面发展作为重要目标和价值旨归，谋求在现代化实践中推动人的全面发展的进程。在社会主义现代化的语境之下，人不是单纯服务于社会发展但自我实现需求被忽视的工具，而是推动社会进步所要实现的目的。中国式现代化以物质文明和精神文明相协调为重要特征，明确促进物的全面丰富和人的全面发展的任务，以生产力的发展为人民幸福生活夯实物质条件，为人的全面发展提供物质基础，并在满足人的发展需求中获取持久驱动力，旗帜鲜明地宣示不以物质富足取代人的全面发展

---

① 《马克思恩格斯文集》（第一卷），人民出版社2009年版，第152页。
② 习近平：《携手同行现代化之路——在中国共产党与世界政党高层对话会上的主旨讲话》，载《人民日报》2023年3月16日。

的重要地位。

在文化尺度上,中国式现代化以丰富精神世界的方式推动人的全面发展。人的全面发展是指人的发展内涵、发展时空、发展权利的全面性。这种全面发展包括人在物质生活和精神生活领域的全面发展,人民不仅追求物质生活富裕,而且追求精神生活富裕。人的全面发展涉及诸多领域,精神性要素是描述人的全面发展状态的基础性面向。追求精神富有、寻求精神自洽是人之为人的天然禀赋,人的全面发展必然包含着对精神生活丰富发展的要求。"物质需要的满足是人自由全面发展的基础,精神生活的富足为开发人的智力和体能提供内在的精神动力,是人之为人的本质特征,是衡量人的自由全面发展的重要标尺。精神生活不富足,人的发展便会片面化甚至异化,人的自由全面发展便会失去内在驱动力。"[①]进入新时代,我国社会主要矛盾发生变化,人民美好精神生活需要日益增长。"人的精神世界的满足是人的全面发展的重要内容,人民精神世界是否丰富是衡量一个社会发展水平的重要标准,是否充分满足人民的精神需要是衡量一个社会是否能够促进人的全面发展的文化尺度。"[②]只有不断丰富人的精神世界,才能在更大程度上夯实人的全面发展的基础。不断丰富人民精神世界构成了在新时代不断满足人民美好精神生活需求,进而促进人的全面发展的必然要求。

[①] 李楠:《以丰富人民精神世界推进中国式现代化探赜》,载《马克思主义研究》2023年第1期。

[②] 王新生:《丰富人民精神世界是中国式现代化的本质要求》,载《红旗文稿》2023年第4期。

第二节

丰富人民精神世界在文化建设中展现中国式现代化的本质要求

中国式现代化是多维度文明协同推进的整体性事业,丰富人民精神世界是精神文明发展要求的集中体现。文化建设是精神文明发展的具体展开,丰富人民精神世界在文化建设中展现了中国式现代化的本质要求。具体而言,人民精神世界的丰富筑基于文化的持续滋养、强化于思想的有效引领、依托于文明血脉的有力支撑。中国特色社会主义文化的发展,夯实人民精神世界之"基";理想信念教育的加强,铸牢人民精神世界之"魂";中华文明的传承,稳固人民精神世界之"根"。

一、丰富人民精神世界以发展中国特色社会主义文化为基本依托

精神世界的丰富筑基于文化的持续滋养。人的思维活动的非线性和生命体验的多维性,决定了精神世界有着复杂的运作机理。究其生成过程而言,精神世界以"生物人"的器质禀赋为生成前提,进行思维活动的能力赋予了人拥有精神世界的可能。而纯粹的思维能力又无

第五章
丰富人民精神世界

法完全确证精神世界的搭建，由生物性能力所支撑的是精神世界的框架，填充其中的思维素材则是更为核心的精神世界组件。换言之，人的精神世界丰富与否并不为生物禀赋所完全决定，影响人的精神生活质量的变量在于思维活动的素材。人是文化的动物，人在对自我的反思、对他者的追问、对环境的探索中创造了文化，使得人的思维活动有了更加丰厚的素材，同时也为人的精神活动不断走向复杂化演进开辟了道路。文化的存续为人的精神世界不断走向丰富发展提供了重要前提，于"自然人"与"文化人"的统合中激活人的精神自觉。精神世界的丰富发展需要以文化滋养的持续供给为基础，人在文化体验的感召下搭建精神世界的"梁"，开启对精神活动的自我建构，又在文化接触的深化中稳固精神世界的"柱"，进行对精神生活充盈的不懈追求。

中国特色社会主义文化的发展夯实人民精神世界之"基"。人民精神世界的丰富建立在高品质文化内容的持续供给基础上，随精神生活的丰盈健康而推进，为文化体验的愉悦感知所激活。中国特色社会主义文化在中华优秀传统文化的"营养基"上孕育，在革命文化的热土中成长，并在社会主义先进文化的时代精神推动下走向繁荣兴盛，具有强大的精神感召力、价值吸引力。"中国特色社会主义文化积淀着中华民族最深层的精神追求，代表着中华民族独特的精神标识，是中国人民胜利前行的强大精神力量。"[①]当前，中国特色社会主义文化的生机活力持续彰显，其发展不仅在满足人民文化需求上有积极意义，而且也为人民精神生活的质量提升贡献持续不断的养分，在满足美好精神生活需要中持续滋养着人民精神世界。

[①] 习近平：《在纪念红军长征胜利80周年大会上的讲话》，人民出版社2016年版，第13—14页。

二、丰富人民精神世界以加强理想信念教育为重点环节

丰富人民精神世界强化于思想的有效引领。人是"一根会思考的芦苇",与以生存繁衍为至高目的的动物相区别,人有着生存性需求之上的发展性需求,不仅追求生存境遇的改善,更在平素生活中持续不断地生发着对终极意义的追求。这一追求使人成为人,推动人向更有意义的生活、更加富有的精神不断进发。人们在对于意义的追问中确认价值判断,并在长期调适中形成相对稳定的判断模式,产生思想观点的雏形。尽管时代条件、微观环境的差异使得不同时空条件下的人们有着差异化的价值认同与思想倾向,但毫无疑问的是,价值追求与观念思索贯穿于人们的精神生活,构成了人之精神世界的核心组件。与此同时,人是社会关系的总和,人生活于为社会关系所编织的网络之中,有着调节交往秩序、达成集体行动的现实需求。而这一需求的满足则以一定的价值观念、思想观点为依托,需要在价值共鸣、思想共识的基础上结成和谐关系,达成集体行动。总而言之,人们对终极意义的追求、对社会关系的调适都是精神生活走向复杂化的推动力,在客观上确证了价值观念、思想观点之于精神世界的重要性。

加强理想信念教育铸牢人民精神世界之"魂"。理想信念是精神之"钙",是精神追求的重要依托、精神力量的重要来源。理想信念浓缩式地回答了人生价值如何实现、生命意义因何产生等一系列关键问题,人们对内心富足与精神幸福的向往统合于理想信念的主题之下。正如习近平总书记所指出:"无论过去、现在还是将来,对马克思主义的信仰,对中国特色社会主义的信念,对实现中华民族伟大复兴中国梦的信心,都是指引和支撑中国人民站起来、富起来、强起来

的强大精神力量。"①回顾历史，100多年前，无数中华儿女在救亡图存信念的支撑下，奋起反抗被压迫、被奴役的命运。100多年来，无数共产党人在伟大理想的感召下，奋力擎起为中华民族谋复兴、为中国人民谋幸福的旗帜。在不同的历史时期，理想信念激发出了一致的强大精神力量，激励人们以远大理想锚定前进方向、以坚定信念笃定奋斗姿态。西式现代化"重物轻人"的长期实践也不断证明，缺失理想信念、丢失精神信仰不仅是对个体前进动力的削弱，更意味着精神世界的长期萎靡、精神力量的持续消沉。中国特色社会主义进入新时代，人们对于物质生活的需要逐步得到了满足，而历史虚无主义等错误思潮、"躺平""内卷"等消极观念也开始在一定范围内出现，影响了人们精神生活的积极面貌，干扰了人们精神世界的富足发展。作为塑造人民精神品格的重要力量源头，理想信念的价值更加凸显，理想信念教育之于丰富人民精神世界的作用愈显关键。

三、丰富人民精神世界以传承中华文明为重要支点

丰富人民精神世界依托于文明血脉的有力支撑。精神生活的发展有其根基，对于既有精神素材的接受、理解与认同是建构精神世界的基础。换言之，人们并不能完全超越先在精神环境的影响，精神世界的搭建是在接续的基点上发生的，不存在无根的观点、无源的信仰。放大至群体层面，精神世界的这一生成发展规律同样潜藏于民族的赓续发展过程当中。在一个民族长期共同生活的过程当中，相近的价值理念、相通的集体意识共同塑造着民族标识。在民族繁衍扩大的进程

---

① 习近平：《在庆祝改革开放40周年大会上的讲话》，人民出版社2018年版，第42—43页。

初心如磐
——中国式现代化的本质要求

中，民族的独特精神风貌随代际更替而不断得到传承，并在历史与现实的融通中塑造出一个民族的独特精神气质、独有精神禀赋、独到精神理解。个体无法游离于文化环境之外而开启精神自觉，民族无法完全剥离于其文明血脉而实现民族精神的凝聚。精神世界的差异性客观存在，且必将在多元文化的冲刷下不断扩大，但这并不意味着共同精神标识的褪色，由共同血脉所承载的文化之根割不断、为共同记忆所支撑的精神之火浇不灭，民族文明及其创造物以强大的包摄能力将个体整合于民族精神家园之中，同样使一个民族的精神面貌更加立体而挺拔。进而言之，作为个体精神世界建构的最丰厚资源，文明血脉之中流淌着最具亲和性、最富感召力的营养元素，不仅在潜移默化中构筑了人们精神世界的搭建基底，更在日用而不觉中形塑着人们精神向往的基本方向，离开了其所提供的精神滋养，精神世界无从建构、精神生活无从立基。

传承中华文明稳固人民精神世界之"根"。"文明特别是思想文化是一个国家、一个民族的灵魂。无论哪一个国家、哪一个民族，如果不珍惜自己的思想文化，丢掉了思想文化这个灵魂，这个国家、这个民族是立不起来的。"[1]在中华民族延续几千年的历史当中，点点精神之光铸就了中华民族的深刻精神烙印，塑造了中华文明这一独特身份标识、精神标签。"中国式现代化是赓续古老文明的现代化，而不是消灭古老文明的现代化；是从中华大地长出来的现代化，不是照搬照抄其他国家的现代化；是文明更新的结果，而不是文明断裂的产

---

[1] 习近平：《在纪念孔子诞辰2565周年国际学术研讨会暨国际儒学联合会第五届会员大会开幕会上的讲话》，人民出版社2014年版，第9页。

第五章　丰富人民精神世界

物"①。中国历史仍在延续，中华民族正在复兴，源远流长的中华文明浓缩式地展示着中华民族的精神气质，同时在根源上形塑着当代中国人的精神世界。"万物有所生，而独知守其根"，中华文明具有突出的连续性、创新性、统一性、包容性和和平性，从哲学思想、人文精神等文化基因，巍峨长城、史书典籍等璀璨成就，到自强不息、厚德载物等精神风貌，中华文明的影响跨越时空限制，具有永恒价值，始终引领着中华儿女更具团结精神、更富创造活力、更有奋斗热情、更添梦想情怀。时代大潮滚滚向前，人类文明徐徐前行，中华文明是中华民族巍然屹立于世界民族之林而不倒的根本依靠，也是当代中华儿女勇毅前行于复兴之路而不辍的力量源泉。中华文明的滋养有力地强化着中国人追求更高精神境界、寻求更好精神生活的自觉。新征程上，传承中华文明是增强中国人志气、骨气、底气的推动力量，也是提升人民精神生活质量的根基所在，能够为中国式现代化的持续推进提供更为强大的精神力量、更为坚实的价值支撑。

---

① 《赓续历史文脉　谱写当代华章——习近平总书记考察中国国家版本馆和中国历史研究院并出席文化传承发展座谈会纪实》，载《人民日报》2023年6月4日。

第三节

在全面推进中国式现代化进程中建设社会主义精神文明

中国式现代化是凸显社会主义性质、彰显人民价值立场的现代化，社会主义精神文明的发展是中国式现代化建设持续推进的内在要求。以推进文化自信自强、建设具有强大凝聚力和引领力的社会主义意识形态、发展中国特色社会主义文化、培育和践行社会主义核心价值观为支点，中国式现代化进程中的社会主义精神文明建设方向更加明确、支撑更为坚实，必将为强国建设、民族复兴提供思想保证、舆论支持、精神动力和文化条件。

一、推进文化自信自强，坚持中国特色社会主义文化发展道路

文化是一个国家、一个民族的灵魂，文化兴国运兴，文化强民族强。文化的繁荣发展既是中国式现代化的题中之义，也是在新征程上有力推进强国建设、民族复兴的精神力量来源。在全面建设社会主义现代化国家的进程中，文化的地位不可替代，文化的作用更加凸显。在统筹推进"五位一体"总体布局与协调推进"四个全面"战略布

第五章
丰富人民精神世界

局、推动高质量发展、满足人民美好生活需要等多重维度上，文化都占据着极为重要的位置。在长期实践中，党带领人民走出了一条适合我国国情、契合时代要求的中国特色社会主义文化发展道路。在这一道路上，社会主义文化建设取得了长足的进展，在不断丰富人民精神生活的同时，为实现中华民族伟大复兴提供了强大思想引领力、价值引导力、文化凝聚力、精神推动力，使得中国人民的文化自觉更加彰显、文化自信更加坚定。

文化自信的充分与否，是衡量一个国家、一个民族的精神力量的重要尺度，也是理解文明兴衰的重要线索之一。历史反复证明，丢失了文化传承的血脉、丧失了文化自强的底气、缺失了文化创新的精神，国家的发展、民族的振兴就只能在民族精神衰败、国家面貌颓废中沦为空谈。中华民族的漫长发展史，就是一部文化精神持续传承、文化血脉不断延续的历史，强烈的文化认同始终召唤着中华儿女在困境中团结奋斗、在考验下一往无前。"文化自信，是更基础、更广泛、更深厚的自信，是更基本、更深沉、更持久的力量。"[1]文化自信是道路自信、理论自信、制度自信的基础所在，中国特色社会主义道路的拓展、中国特色社会主义理论体系的完善、中国特色社会主义制度的发展，都深刻植根于中国特色社会主义文化的土壤之中。剥离了文化自信的民族复兴不能真正实现、脱离了文化根基的现代化事业无法长期持续。面向未来，推进强国建设、民族复兴一刻也离不开文化的有力支撑、精神力量的持续供给，必然呼唤更加坚实的文化自信。文化自信所蕴藉的磅礴力量、所激发的创造活力、所提供的价值引力，是推进强国建设、民族复兴的重要保证。

---

[1] 习近平：《在中国文联十大、中国作协九大开幕式上的讲话》，人民出版社2016年版，第6页。

初心如磐
——中国式现代化的本质要求

坚定文化自信，就是要明确中国特色社会主义文化发展道路是推动社会主义文化繁荣兴盛的唯一正确道路，坚定对中国特色社会主义文化，即中华优秀传统文化、革命文化和社会主义先进文化的自信。

坚定对中华优秀传统文化的自信，是在中国特色社会主义文化发展道路上推进文化传承、增进精神力量的重要基础。"如果不从源远流长的历史连续性来认识中国，就不可能理解古代中国，也不可能理解现代中国，更不可能理解未来中国。"[①]不忘本来才能开辟未来，善于继承才能更好创新。对本民族璀璨文化的认可与接纳是形成族群认同、强化身份归属的支撑所在，中华优秀传统文化的丰厚底蕴持续浸润并建构着中华儿女的精神世界。作为中国人精神世界的重要根基，中华优秀传统文化的魅力贯穿古今、影响历久弥新，催生出了中华儿女割不断的精神羁绊、抛不开的价值底色。在有效借鉴中转化优秀传统文化、在有力传承中发展优秀传统文化，认真汲取其中的思想精华和道德精髓，赋予中华民族的基本文化基因以时代性内涵，是坚定文化自信的基础性要求，也是中国特色社会主义文化发展道路的应有之义。

坚定对革命文化的自信，是在中国特色社会主义文化发展道路上赓续精神血脉、强化精神支撑的重要依托。革命文化所蕴藉的红色血脉具有强大感召力，以昭示坚定理想、彰显高尚品格、砥砺奋斗初心、鼓舞拼搏斗志等方式发挥作用，为人们精神境界的提升提供持续的力量供给。发掘革命文化中的精神特质、继承革命文化中的情怀担当、弘扬革命文化的精神品格，凝聚起奋力前行的精神力量，是坚定革命文化自信的必然要求，也是走中国特色社会主义文化发展道路的

[①] 《习近平在文化传承发展座谈会上强调 担负起新的文化使命 努力建设中华民族现代文明》，载《人民日报》2023年6月3日。

应有之义。

坚定对社会主义先进文化的自信，是在中国特色社会主义文化发展道路上激发昂扬精神状态、激活持久精神力量的重要支撑。面向现代化、面向世界、面向未来的，民族的科学的大众的社会主义文化是文化发展的时代性结晶。社会发展不停顿，文化创新不止步，社会主义先进文化处在动态的发展过程当中，始终以开放的胸怀、独立的品格、丰富的内涵展现时代精神。在发展社会主义先进文化中巩固团结奋斗基础、稳固人民精神支撑，是坚定文化自信的核心指向，也是走中国特色社会主义文化发展道路的时代要求。

二、建设具有强大凝聚力和引领力的社会主义意识形态

在人的精神世界当中，意识形态发挥着领航定向的重要作用。在个体层面，精神世界的诸多要素为意识形态所牵引、受意识形态所统摄，意识形态同个体的精神定力、精神境界等紧密联系，其影响存在于精神世界的运行全过程，以体系化的逻辑建构与观念归置框定精神世界的可能边界，使得精神世界有其升华的指向、充实的方向。放大至群体层面，意识形态的嵌入性影响经由对社会意识的塑造、共同认识的强化而实现，意识形态描摹并锚定着社会精神生活的观念底色。不同意识形态的生成土壤、作用空间有所差异，但其作为社会精神面貌与精神力量决定性影响因素的定位，却具有跨越社会形态与阶段的高度一致性。进而言之，能否有效稳固主流意识形态的优势地位，不断拓展主流意识形态的影响力版图，在相当程度上锚定着社会凝聚力与向心力的实现效度。总而言之，作为精神世界的基础性构成，意识形态于根基处确认精神境界的提升方向、强化精神支撑的实现程度，而在精神世界由单数集成为复数的过程中，这一影响也随之拓展至社

会整体层面的精神力量维度。

意识形态决定着中华民族伟大复兴的精神力量。意识形态是为国家立心、为民族立魂的工作。在以中国式现代化推进强国建设、民族复兴的新征程上，战略机遇与风险挑战并存，来自多方面的考验与压力前所未有。中国式现代化建设事业对于强大精神力量的需求更加强烈，对于团结奋斗共同思想基础的要求愈显迫切。建设具有强大凝聚力与引领力的社会主义意识形态，是有力推进现代化进程的必然要求，同样也是推动全体人民在理想信念、价值理念、道德观念上紧紧团结在一起的重要支撑，能够助力于凝聚推动中国式现代化建设的磅礴力量。

建设具有强大凝聚力和引领力的社会主义意识形态，必须提升理论武装工作的实效。马克思主义是社会主义意识形态的旗帜，也是彰显其科学性、保证其真理性的基本依托。意识形态具有复杂的内部结构，是为"理论—解释""价值—信仰"等多个层面所组成的有机系统，其内含的诸多要素均对意识形态的现实运行效果起到制约或推动作用。其中，作为意识形态体系建构的"硬核"所在，解释基本问题、决定基本框架、锚定基本理解的理论内核则起到最为关键的作用。推进意识形态建设，首先应当关注理论层面，以完整科学的理论体系彰显意识形态的真理性。进而言之，习近平新时代中国特色社会主义思想是当代中国马克思主义、21世纪马克思主义，是党的理论创新的最新成果。建设具有强大凝聚力和引领力的社会主义意识形态，最根本的就是要用习近平新时代中国特色社会主义思想凝心铸魂。为此，应当不断健全用党的创新理论武装全党、教育人民、指导实践工作体系，广泛开展理论宣传普及，同时更好地发挥中国特色哲学社会科学对社会主义意识形态建设的支撑作用，以新话语阐释新思想、描摹新时代，持续充实人民精神世界、强化人民精神力量，集聚

第五章
丰富人民精神世界

起"比铁还硬,比钢还强"的共同思想基础。

建设具有强大凝聚力和引领力的社会主义意识形态,必须塑造主流舆论新格局。"社会主义意识形态的凝聚力和引领力,既取决于富有说服力、感召力的内容,也取决于广泛有效的传播。"[1]意识形态本身的科学性是其发挥共识塑造、思想引领作用的基础,与此同时,意识形态运行于现实的社会空间当中,其真理属性的彰显同样需要依托于一定的传播手段。换言之,社会主义意识形态以其显著的真理性为鲜明标识,同时需要以有效的传播承载其价值内涵、思想观点,不断巩固壮大主流思想舆论,使其真正"飞入寻常百姓家",在同社会现实的连接中展示真理力量、在与泛在受众的沟通中发挥引领作用。为此,一方面,应当继续发挥传统主流媒体在公信力、权威性等方面的优势,并不断发掘传统媒体的传播潜能,持续推进流程再造、渠道整合,从而强化其传播主流话语、承载主流价值的能力,使正能量更加强劲、主旋律更加高昂。另一方面,应当加快构建融为一体、合而为一的全媒体传播格局,以提升传播力、引导力、影响力、公信力为导向,深化大数据、人工智能、VR、AR等新传播技术的应用,强化媒体联动与数据赋能,适应平台化、智能化、分众化的全媒体媒介业态变革趋势,深度推进媒体融合发展,更加有力地构建网上网下同心圆,不断拓展主流价值影响力版图,巩固壮大奋进新时代的主流思想舆论。

建设具有强大凝聚力和引领力的社会主义意识形态,必须健全网络综合治理体系。互联网是意识形态斗争的前沿阵地,也是人民精神生活发展的重要场域。伴随社会媒介化趋势的不断深化,互联网的影

---

[1] 中共中央党史和文献研究院编:《习近平关于社会主义精神文明建设论述摘编》,中央文献出版社2022年版,第85页。

响全方位渗透于社会肌体当中,构成了意识形态建设的重要变量、意识形态安全的重要因素。"在互联网这个战场上,我们能否顶得住、打得赢,直接关系我国意识形态安全和政权安全。"[①]过好互联网这一"关",是保证意识形态建设实效的内在要求,也是建设社会主义精神文明的题中之义,必须准确分析形势、有效应对变化,使互联网这个最大变量转化为最大增量。在实践层面,健全网络综合治理体系首先就要强化法治化治理,以法治方式、法律手段维护互联网空间的良好生态,将网络空间纳入法治的框架之下,在法治轨道上有力规制乱象、明确底线。其次,应当推动建设更加完善的网络综合治理格局,发挥政府部门、网络平台各类主体的积极作用,完善多主体参与治理的渠道;整合经济、技术等各类手段的独特优势,完善多手段相结合的治理方式,在"软法"和"硬法"的结合中净化网络生态,挤压错误社会思潮与思想观点的存在空间。最后,应当强化网络伦理、网络文明建设,汇聚向上向善力量,共建生态良好、风貌积极的网上精神家园。

三、建设社会主义文化强国,发展社会主义文化

人民对美好生活的向往更加具体而全面,期盼有更加丰富的精神文化生活。作为价值观念、精神传统的聚合体,文化具有化异为同的功能,能够以潜移默化的方式建构社会成员间的情感关联与认同基础。而在更为具象化的层面上,文化是人们精神活动的创造物和对象物,文化体验是人之生活的基础性维度。人们在文化体验中获得精神

---

① 中共中央党史和文献研究院编:《习近平关于网络强国论述摘编》,中央文献出版社2021年版,第51页。

第五章
丰富人民精神世界

愉悦、体会自由感受、求得感情释放，丰富的文化生活是人的基本诉求，也是社会支持的重要体现，构成了民生福祉的重要面向。近年来，我国社会主义文化建设取得重要进展，文化产品供给更加丰富、文化事业发展更具动力、文艺创作更富活力，人们的精神文化需求得到了相当程度的满足。与此同时，同现代化进程的持续推进相同步，人们的美好生活向往更加热切、精神文化需要更加凸显，人们期盼有更高品质的文化生活、渴望有个性化的文化享受、希望有多样化的文化体验，这对文化建设提出了新的要求，迫切需要在更高水平上发展社会主义文化。

发展社会主义文化，不断满足人民对美好精神生活的向往。当前，相较于物质生活共同富裕的有力推进，精神生活富有的实现则处于相对滞后的状态，体现在城乡、区域间公共文化服务供给相对失衡等方面。人们对于高品质精神生活的期待仍待满足，而这也切实制约着人们的美好生活感受。习近平总书记指出，要"全面繁荣新闻出版、广播影视、文学艺术、哲学社会科学事业，着力提升公共文化服务水平，让人民享有更加充实、更为丰富、更高质量的精神文化生活"[1]。以社会主义文艺、高品质公共文化服务等为支点，中国特色社会主义先进文化的发展能够为提升人民精神生活质量提供支撑，助力于人民精神富有的实现，并为满足人民对美好精神生活的向往贡献力量。

发展社会主义文化，必须大力发展社会主义文艺，优化精神文化产品供给。文艺是时代的号角，也是塑造人民精神面貌、充实人民精神生活的重要抓手。在长期实践中，文艺事业呈现出了百花齐放、生

---

[1] 习近平：《在教育文化卫生体育领域专家代表座谈会上的讲话》，人民出版社2020年版，第7页。

机勃勃的繁荣景象，为增强人民精神力量、丰富人民精神世界提供了有力的支撑。在人们的精神生活需求更趋多样化、多层次、多方面的条件下，繁荣发展社会主义文艺更显必要。应当引导文艺工作者深刻把握民族复兴的时代主题，扎根新时代土壤、反映人民生活。鼓励文艺工作者把以人民为中心贯穿创作全过程，从人们的鲜活实践中取材、从新时代的壮阔气象中取景，创作出更多优秀文艺作品，不断充盈人民精神世界，在高品质精神文化产品的持续供给中推动社会主义文化的发展，实现满足人民文化需求与增强人民精神力量的统一。

发展社会主义文化，必须完善公共文化服务体系，推动实现公共文化服务标准化、均等化。公共文化服务的失衡构成了制约人民精神生活质量普遍提高的重要因素，破解这一难题是实现人民精神富有的内在要求，也是社会主义文化繁荣发展的现实需求。一方面，应当提高公共文化服务水平，结合区域特点、地方特色，持续推进文化馆、图书馆等公共文化活动场所建设，将非物质文化遗产、时代新风新貌融入文化演出、文化体验过程之中，探索实现特色更加凸显、内容更加充实的多样化公共文化服务。另一方面，应当切实保障人民文化权益，扎实实施文化惠民工程，充分发挥信息化、智能化优势，拓宽国家文化数字化战略的实践路径，以新方式、新理念助力公共文化服务向经济欠发达地区、农村地区延伸，拓展基本公共文化服务的覆盖范围，形成公共文化服务均等化发展、标准化建设的新模式。

发展社会主义文化，必须深化文化体制改革，推动文化产业健康发展。产业兴则动力强，文化产业繁荣是文化事业发展的基础性支撑。运转高效的文化产业体系能够有力保障文化事业的持续发展，强化高质量的文化产品供给，进而增强实现社会主义文化新发展、满足人民精神生活新期待的动能。为此，一方面，应当着眼于把社会效益放在首位、坚持社会效益和经济效益相统一，健全现代文化产业体系和市场体系，以体制机制创新助力文化市场主体的发展，激发文化市场创造力，充分释放发展空间，引导文化产业强化新技术应用，提升文化产业的发展质量与供给水平。另一方面，应当不断优化文化产业治理手段，在充分保证产业发展活力的同时，完善系统化、立体化的治理模式，形成有力的外部监管，推动文化产业实现更可持续的健康发展，保证社会效益的有效彰显。

四、大力践行和弘扬社会主义核心价值观

核心价值观是一个民族赖以维系的精神纽带，是一个国家共同的思想道德基础。价值观表征着人们在长期实践中所形成的，具有相对稳定性的价值判断与观念取向。就个体维度而言，价值观是人对是非善恶、荣辱美丑等一系列问题作出判断的基础，是人之精神世界的重要支撑。缺失正确价值观的引领，人的行为判断、观念秩序必然会出现混乱。拓展至社会维度，尽管价值观并不以外显化的方式呈现，但其影响却弥散于社会空间当中。价值观深度渗透于人们的精神世界当中，于精神境界、精神定力等多个维度上发挥作用，并在对生活世界的全面嵌入中弥合价值分歧、整合价值取向，充分彰显其强大感召力。实践不断证明，核心价值观的缺失是导致国家与民族魂无定所、行无依归的核心原因之一。是否具有为社会成员所普遍认同的核心价值观，在相当程度上影响着广泛社会共识的实现、共同思想基础的生成。

社会主义核心价值观集中体现了当代中国精神，凝结着全体人民共同的价值追求。社会主流价值观的形成依赖于一定的文化基础和传统积淀，是对既往精神脉络的接续发展。自古以来，中华儿女就有着深厚的价值理想追求，从"义利之辩"到"杀身成仁"，中华民族的

初心如磐
——中国式现代化的本质要求

发展伴随着深刻的价值自觉，这也为社会主义核心价值观的生成提供了深厚基础与价值底蕴。价值观是对时代性问题的回答，在为优秀传统文化所滋养的同时，社会主义核心价值观的生成同样体现着同时代的共振。在时代进程持续推进的过程中，社会主义核心价值观为革命文化所淬炼、社会主义先进文化所支撑，不仅有其"根"，同样为优秀价值理念所铸"魂"，而这也使其成为当代中国精神的集中体现。社会主义核心价值观同人们精神世界中的价值理念传承高度契合、同人们生活世界中的价值判断传统持续共振，构成了在复杂社会中化解分歧、凝聚共识的强大力量，内蕴着人们价值追求的"最大公约数"。人民有信仰、国家有力量、民族有希望。中国式现代化进程持续推进，培育和践行社会主义核心价值观不仅能够沁润滋养人民的精神世界，也能够为实现伟大梦想凝聚起更为坚实的共识基础、前进力量。

培育和践行社会主义核心价值观，必须弘扬中国共产党人精神谱系，深化爱国主义、集体主义、社会主义教育。以伟大建党精神为源头，中国共产党人在长期实践中形成了一系列彰显革命理想、体现奋斗精神、张扬高尚品格、诠释坚定信念的精神资源。从井冈山精神、长征精神，到抗美援朝精神、特区精神，再到抗震救灾精神、脱贫攻坚精神，一系列伟大精神贯穿党的百年奋斗历程、照亮伟大复兴百年征程，构成了砥砺价值观念、磨砺理想精神的宝贵财富。培育和弘扬社会主义核心价值观，应当充分发掘中国共产党人精神谱系的丰厚精神底蕴，充分阐释其核心内涵、精神要义，创新呈现方式和叙事手段，为进一步强化爱国主义教育供给鲜活素材，为继续深化集体主义教育建构事实支撑，为接续开展社会主义教育提供信念基础，集聚培育和践行社会主义核心价值观的有效助力。

培育和践行社会主义核心价值观，必须推动理想信念教育常态化

第五章
丰富人民精神世界

制度化，持续做好"四史"教育。理想信念的坚定与否，决定着个体层面的精神定力、社会层面的精神面貌。筑牢理想信念之基是锤炼优秀品格、确立正确价值观念的必然要求，理想信念教育是夯实精神根基、增强精神力量的基础性工程。理想信念虽然是一种精神性的存在，但同时也附着于可感可见的现实之上。党史、新中国史、改革开放史、社会主义发展史是理解社会主义从理想走进现实的重要窗口，也是内蕴浓重理想信念色彩的丰厚资源库。培育和践行社会主义核心价值观，就应当进一步强化"四史"教育，创新学习教育的手段和方式，充分发掘其中的理想信念元素，推动实现更加可感易知的形态转化，并将其有机融入理想信念教育当中，推动理想信念教育常态化制度化，增强人们对社会主义核心价值观的情感认同、理性确证。

培育和践行社会主义核心价值观，必须注重全方位贯穿、深层次融入，在落细、落小、落实上下功夫。价值观认同的形成具有长期性，且对价值观认同程度的提升也需要来自多方面的持续确证。培育和践行社会主义核心价值观就应当注重以主流价值渗透日常生活、嵌入社会各领域，从细节入手、于小处着眼、在各方面落实，推动社会主义核心价值观如空气一般无所不在、无时不有。具体而言，一方面，应当注重将社会主义核心价值观全方位贯穿于国民教育体系，聚焦培育担当民族复兴大任的时代新人，进一步完善思想政治工作体系，实现更高质量的大中小思想政治教育一体化发展，构建衔接有序、结构合理、内容科学的价值观教育新模式。另一方面，应当注重将社会主义核心价值观深层次融入社会运行全过程，强化教育引导、实践养成、制度保障，实现价值观教育与法治建设共振、与精神文明建设共促、与家庭建设共进、与良好社会风尚建设共耦，形成全方位融入的体制机制，多维度提升价值观认同、多层次丰富精神世界。

初心如磐
——中国式现代化的本质要求

📖 **延伸阅读**

"村超""村BA"彰显中国式现代化的乡村文化力量*

2023年7月29日晚,"村超"在现场数万人的欢庆中落幕。历时两个半月,20支足球队捉对"厮杀"98场,有人评价:整场赛事惊艳震撼,就像踢向山外的一记"世界波"!7月30日晚,"村BA"在龙腾虎跃的拼抢中收官。从2022年"六月六"到2023年"吃新节",这项"出圈"已一年的篮球赛拥趸无数,甚至引来NBA球星参与互动……小小的球场承载着大大的梦想,有球员奋力拼搏冲刺总决赛的体育竞技梦,更有球迷沉浸现场近距离观赛的精神文明梦。"村超""村BA"呈现出的生机勃勃的新农村场景,正是中国式现代化不断推进的生动实践,也是农民精神文化生活日益丰富的缩影。

中国式现代化既要物质财富极大丰富,也要精神文明极大发展。新时代的农民群众对美好生活的需求正在发生深刻转变,不再只满足于"有没有",更加注重"好不好"。从"村超"到"村BA",各种以农民为主体的乡村文化展现出新时代中国农村和农民的精气神。党的十八大以来,我国农村公共文化建设成就显著,从深入开展社会主义核心价值观宣传教育,到注重家教家风建设,从加强宜居宜业和美乡村建设,到推动各地因地制宜制定移风易俗规范,从开展乡村阅读推广,到打造农民体育赛事品牌,这些举措既为丰富乡村文体活动、加强乡村精神文明建设提供了有力抓手,又让人们

---

* 参见《火火的"乡村赛事",醉了农人美了贵州——"村BA""村超"火爆带给我们的启示》,载《光明日报》2023年8月14日。编者对内容有所修改。

见证了乡村文化振兴的深厚潜力。

在强国建设、民族复兴的新征程上，迫切要求教育、文化、体育事业扩大优质产品供给，呵护好"村超""村BA"这样充满乡土气息的"文化秧苗"，增强中国式现代化的乡村文化力量。2023年5月，国家体育总局等12部门印发《关于推进体育助力乡村振兴工作的指导意见》，以充分发挥体育在中国式现代化和高质量发展中的综合价值与多元功能。新时代的中国农民正以充沛的文化自觉和文化自信，在中国式现代化的文化答卷上写下浓墨重彩的篇章。

第六章

实现全体人民共同富裕

党的二十大擘画了以高质量发展推进全体人民共同富裕的宏观、中观和微观的实现路径，使全体人民共同富裕成为党的第二个百年奋斗目标的重要组成部分，是中国式现代化的重要内容。

党的二十大报告提出"实现全体人民共同富裕"是中国式现代化的本质要求之一，明确指出，"中国式现代化是全体人民共同富裕的现代化。共同富裕是中国特色社会主义的本质要求，也是一个长期的历史过程。我们坚持把实现人民对美好生活的向往作为现代化建设的出发点和落脚点，着力维护和促进社会公平正义，着力促进全体人民共同富裕，坚决防止两极分化"。

第一节

全体人民共同富裕是中国式现代化本质要求的价值立场和实践旨归

中国式现代化是中国共产党领导人民实现的伟大创造。无论是从社会主义与资本主义的价值分野来看，还是着眼于社会主义本质，或是中国特色社会主义的现实发展，全体人民共同富裕都必然是中国式现代化本质要求的价值立场和实践旨归，体现着中国式现代化合规律性与合目的性的统一。

一、全体人民共同富裕是中国式现代化的本质属性

资本主义条件下的社会财富两极分化不可避免，共同富裕构成了社会主义和共产主义社会的本质属性。在讨论人类社会实现现代化问题的过程中，马克思和恩格斯敏锐地发现了当时社会日益严重的贫富分化问题，从反面批判了资本主义现代化导致社会两极分化，同时也从正面探讨了未来如何通过解放和发展社会生产力实现人类社会的共同富裕，最终促进人的自由而全面发展的问题。他们认为，"资本的垄断成了与这种垄断一起并在这种垄断之下繁盛起来的生产方式的桎梏。生产资料的集中和劳动的社会化，达到了同它们的资本主义外壳

不能相容的地步。这个外壳就要炸毁了。资本主义私有制的丧钟就要响了。"①从生产角度看，资本家为榨取更多剩余价值，加紧对工人的剥削；随着生产资料越来越集中于资产阶级手中，无产阶级的生活却每况愈下，贫富差距愈加悬殊。从分配角度看，资本主义生产方式是以私有制为基础、以剥削雇佣劳动为主要特征的社会经济制度，这决定了资本主义分配制度极不公平。由此，资本财富积累和工人贫困积累的矛盾日益尖锐化，一旦矛盾达到临界点，资本主义现代化就面临终结。因此，马克思和恩格斯在批判资本主义的基础上，提出未来建立共产主义的终极目标，即实现人的自由全面发展。由此可见，在资本主义社会里，资本是其底层逻辑与目的，必然会导致社会的两极分化和人的异化。与之相对比，在社会主义社会，资本仅是手段，以人民为中心是其底层逻辑，促进人的全面发展是目的，共同富裕构成了社会主义和共产主义社会的本质属性。

马克思的理论设想和苏联的计划经济实践方式，为资本主义提供了改善劳动者生产生活境遇、开展福利社会建设的思路。面对日益尖锐化的两极分化矛盾，资本主义国家在现代化的进程中也制定了一系列调整优化政策，试图通过社会福利来抚平、缓解无产阶级的贫困化趋势，试图缓解日益紧张的劳资关系，延长资本主义现代化的寿命。如通过调整剩余劳动时间来修复资本主义现代化矛盾，通过调整市场空间来缓和资本主义现代化矛盾，通过福利社会建设来缓冲资本主义现代化矛盾等，希望以此获得维持其现代化生存发展的空间。可以说，资本主义为拯救其日益陷入发展困境的现代化，使用了各式各样的直接和间接、公开和隐蔽相结合的措施。然而历史和事实证明，资本主义现代化的自我救赎没有达到缓解社会矛盾的预期结果。恰恰相

---

① 《马克思恩格斯文集》（第五卷），人民出版社2009年版，第874页。

第六章
实现全体人民共同富裕

反，还进一步固化了社会财富的两极分化现象。从表面上看，时间修复策略压缩了产品生产时间、解放了劳动者，但其实际后果是，生产时间压缩的同时亦挤压了劳动者在劳动价值分配过程中的比例和数值。空间缓冲举措表面上将国内两极分化拓展到了世界市场，实际却在迈向和推动世界市场形成发展过程中，将一国内部的财富差距扩展到了世界各国，由此导致了全球同质的贫困化问题。概而言之，资本主义现代化种种缓和社会贫困问题的举措无法根治财富的两极分化顽疾，这些举措只是形式上适当缓和、程度上适当舒缓尖锐化的社会矛盾而已，在实际社会运行中，资本对劳动者剩余劳动的占有无所不用其极。

人类社会要纠正资本主义现代化的财富分配偏离，必须进入马克思言明的扬弃资本实践，即社会主义的实践中。进而言之，中国式现代化也必然要用共同富裕来取代两极分化。马克思基于资本主义内生的不可调和的矛盾，在理论层面预测了人类社会最终走向共产主义的必然，为人类指明了以扬弃资本逻辑为基础，进而实现共同富裕的新型现代化模式。列宁则率先将马克思构建的、不同于资本主义的新型现代化理论，用于社会主义制度架构内的共同富裕实践探索中。作为共同富裕探索的"战时共产主义政策"在捍卫新生苏维埃政权上发挥了重要作用，但其取消资本的探索无助于现代社会共同富裕的实现。其后，伴随对社会主义建设的认识深化，积极转变畏"资本"如虎的观念，激活资本和商品经济为社会主义建设所用的"新经济政策"出台，在促进社会主义现代化、推进共同富裕的探索中展现出了前所未有的勃勃生机，为苏俄以及世界社会主义运动探索扬弃资本并进行共同富裕建设留下了弥足珍贵的经验。

共同富裕是资本主义和社会主义的价值分野，这是马克思主义者的理论共识，然而社会主义究竟应该如何探索扬弃资本、实现共同富裕，共同富裕在实践中如何彰显中国式现代化的本质属性，等等，则成为中国共产党人推进共同富裕所必须直面的重大理论和实践问题。

二、全体人民共同富裕是中国式现代化的目标追求

共同富裕一直是中国共产党人的奋斗目标，同时也是中国式现代化的目标追求。邓小平在1990年指出，"社会主义最大的优越性就是共同富裕，这是体现社会主义本质的一个东西"[①]。其后，在"南方谈话"中，他进一步将社会主义的本质明确为"解放生产力，发展生产力，消灭剥削，消除两极分化，最终达到共同富裕"[②]，为社会主义现代化建设指明了方向。进入新时代，习近平总书记进一步强调，"共同富裕是中国特色社会主义的根本原则，所以必须使发展成果更多更公平惠及全体人民，朝着共同富裕方向稳步前进"[③]，并在其后将其深化为"共同富裕是社会主义的本质要求，是中国式现代化的重要特征"[④]。

近代以来，中国走资本主义现代化的道路被证明是行不通的，那么顺应世界历史发展潮流的社会主义道路就成了中国探索现代化的内在规定，中国搞现代化，只能靠社会主义。在近代各阶级的历史探索中，中国共产党以社会主义现代化推动共同富裕建设的探索经历了从新民主主义革命的胜利到新时代成熟的跃升，这一历史进程蕴含了对

---

① 《邓小平文选》（第三卷），人民出版社1993年版，第364页。
② 《邓小平文选》（第三卷），人民出版社1993年版，第373页。
③ 习近平：《紧紧围绕坚持和发展中国特色社会主义　学习宣传贯彻党的十八大精神——在十八届中共中央政治局第一次集体学习时的讲话》，人民出版社2012年版，第9页。
④ 习近平：《扎实推动共同富裕》，载《求是》2021年第20期。

第六章
实现全体人民共同富裕

实现中国式现代化共同富裕目标的执着追求。

一是新民主主义革命时期，这是探索共同富裕的萌芽阶段。中国共产党在一大纲领中明确提出消灭阶级差别、废除资本主义私有制，这是追求共同富裕的政治宣言。土地作为农民开展生产不可或缺的生产资料，围绕土地分配成为实现共同富裕的重要内容，这一时期救亡图存的政治斗争与土地分配的经济斗争形成了中国共产党探索共同富裕的内在逻辑主线。二是新中国成立到改革开放前，这是推动社会主义共同富裕实现的探索时期。这一时期毛泽东提出了共同富裕概念，强调农民和工人要共同实现富裕，丰富了社会主义现代化的共同富裕内涵。新中国成立初期遵循的是五大经济成分并存的原则，充分激发私人资本的积极作用以使其为国计民生事业服务。社会主义改造完成后，中国式现代化道路的共同富裕向度具有了社会主义制度基础。三是改革开放以来到新时代，这是中国式现代化推动共同富裕的质的突变时期。邓小平全面廓清了社会主义本质，为社会主义现代化进行了共同富裕的内涵升华。以此为基础的社会主义市场经济体制、社会主义分配制度都得到了进一步确立完善，社会主义物质生产和财富分配获得了全新发展。四是新时代以来，这是中国式现代化共同富裕向度的成熟发展阶段。进入新时代，精准扶贫战略的实施、全面小康社会的建设都是中国式现代化道路探索共同富裕的重大战略举措，这些探索终结了困扰中华民族几千年的绝对贫困问题，为共同富裕的初步实现积淀了重要物质基础。

就中国共产党的历史探索来看，中国式现代化道路超越了资本增殖和福利至上的缺陷，正不断形成与共同富裕相伴而生的新型现代化，在中国式现代化进程中，共同富裕是一个不断向前发展、不断获得新的内涵和外延的实践活动进程，更是其目标追求。

三、全体人民共同富裕是中国式现代化的内生动力

一方面，中国式现代化是与全体人民共同富裕相伴而生的新型现代化，是共同富裕不断推进的现代化。另一方面，全体人民共同富裕的每一个实质性进展都是推进中国式现代化不断跃升的过程，是中国式现代化的内生动力。二者共同推进和实现人民群众对美好生活的向往。

首先，全体人民共同富裕是社会主义现代化建设的内生动力。马克思主义经典作家提出，社会主义建立在高度发达的物质基础之上，并且生产是以所有人的富裕为目的，由此可见，社会主义与共同富裕本身就是不可分割的。以邓小平同志为主要代表的中国共产党人廓清了社会主义本质理论，明确提出社会主义本质最终是要实现共同富裕。改革开放以来，中国共产党带领全体人民坚持社会主义道路，解放和发展生产力，实现了中华民族从站起来到富起来再到强起来的历史性飞跃，其求索的动力就是实现共同富裕，习近平总书记指出，"我们推动经济社会发展，归根结底是要实现全体人民共同富裕"[1]，共同富裕是中国特色社会主义的本质要求。对于坚持中国特色社会主义道路的中国式现代化而言，共同富裕是贯穿其中的建设主线，共同富裕是社会主义的本质和价值目标，是推进中国特色社会主义建设的内生动力，规定了中国式现代化的内容与任务，是中国式现代化不断向前推进的重要动能。

其次，全体人民共同富裕是激发广大人民群众建设中国式现代化

---

[1] 习近平：《论把握新发展阶段、贯彻新发展理念、构建新发展格局》，中央文献出版社2021年版，第423页。

第六章
实现全体人民共同富裕

的内生动力。人的觉醒是社会前行的最大动能,人的潜力是社会发展的最大力量。一个社会只有充分激活人们的觉悟和潜能,才会获得无穷的创造伟力和发展势能。新中国成立初期,人民群众投身社会主义革命和现代化建设事业的热情前所未有,究其根本原因就是人民群众翻身成为国家和社会的主人,获得了千百年来梦想获得的生产资料和生活资料,因此就有了建设自己家园的无限潜力和澎湃激情。正如马克思所提到的,人们为之奋斗的一切,都同他们的利益有关,只有当人们知道自己努力和奋斗的一切都关系到自己的切身利益、事关个人的发展、体现了自己的意志和价值、消除了劳动的异化,且自身利益与国家利益又具有一致性时,才会有"我的劳动是自由的生命表现,因此是生活的乐趣",才会有浑身使不完的力量,才能不知疲倦地积极努力工作,这就是人们行动的内生动力。实现全体人民共同富裕既是执政党的初心使命和价值目标,是社会运行机制中充分彰显的价值追求和精神支撑,是广大人民群众对美好生活需要的现实呼唤和真实表达,更是激发全体人民向往美好未来的内生动力和精神寄托。人们的创造活力和内生动力不是天然具有的,而是需要社会的培养、机制的激活、制度的呵护、文化的哺育,更需要生活希望的呼唤。因此,人民对美好生活的向往激活着人们建设中国式现代化的内在动力,当家作主和按劳分配的激励机制是人们创造活力和内生动力的根本保障,笃行不怠、踔厉奋发的进取文化是激发人民创造活力的肥沃土壤,勤奋创新和公平正义的劳动环境是激发全体人民追求共同富裕的必要氛围。

最后,全体人民共同富裕是团结全体人民、整合社会力量的"方向标"和"凝聚剂"。在中国式现代化语境下,当代中国社会的人们有着共同的价值追求、共同的精神支撑、共同的生活信念、休戚与共的利益关切,形成了一个守望相助的社会共同体。与此同时,因为受

初心如磐
——中国式现代化的本质要求

现代化生产方式和信息化、网络化、数字化生活方式的影响，社会成员的身份限制被打破，人们对个性自由的追求更加强烈，难免使得温情脉脉的人际关系受到一定程度的消解，固有的社会结构和交往模式被重塑，个体生活和社会地位的不确定性和不稳定性风险增大，社会成员的行为取向和价值意志呈现出多样性、发散性和排他性等特征。这对于一个需要凝聚全体人民意志、激发全体人民力量以推进民族复兴的国家来说，是极具挑战性的。因此，团结全体人民、整合社会力量、汇聚人们积极向上追求美好生活的意志，就成为现代社会治理的重要目标，这也是当代中国系统性社会整合和现代性社会治理的关键因素。

社会主义社会是人民当家作主的社会，只有靠共同的理想信念和利益追求才能凝聚人民的意志、团结人民的力量、统一人民的行动，向着第二个百年奋斗目标努力前行。实现全体人民共同富裕的中国式现代化既是全体人民的共同心声和生活期盼，也是全体人民的政治理想和行动导向，还是我们国家和社会现代化治理的体制机制和精神力量。其既具有全体人民价值理性的整合功能，又起着社会成员集体行为的方向性引领作用，是贯穿全国人民投身中国式现代化建设实践的精神纽带和文化支撑。全体人民共同富裕的目标是引领全体人民埋头苦干、勇毅前行的"方向标"和"加速器"，是中国式现代化进程中团结和汇集全体人民创造伟力和奋发向上的社会"凝聚剂"。

第二节

全体人民共同富裕在不断增进人民福祉中彰显中国式现代化的本质要求

中国式现代化充分体现了人民至上的根本立场和以人民为中心的发展思想，全体人民共同富裕在不断增进人民福祉中充分彰显着中国式现代化的本质要求。党的二十大报告强调，我国社会主义现代化发展到2035年的总体目标要落脚到"人的全面发展、全体人民共同富裕取得更为明显的实质性进展"。在发展过程中，要遵循以人民为中心的原则性要求、维护社会公平正义的价值性要求、物质富裕和精神富裕的全面性要求、循序渐进和相对差别的客观性要求。

一、以人民为中心的原则性要求

"人民至上"是习近平新时代中国特色社会主义思想的重要世界观和方法论。在中国式现代化的各项事业中，人民都是其参与者、建设者和享有者。全体人民共同富裕的现代化，主体是"人民"、范围是"全体"、要求是"共同"，"人民至上"贯穿始终，充分彰显了社会主义的优越性，凸显了全体人民共同富裕的中国式现代化的可欲性和可及性。

初心如磐
——中国式现代化的本质要求

一方面,共同富裕的本质要求顺应了人民群众对中国式现代化和美好生活的需要和期望,是我国最广大人民群众根本利益的集中体现。中国共产党自成立之初,就以实现人民群众的根本利益为己任。在近代,中国人民的根本利益表现为努力实现民族独立和人民解放,新民主主义革命胜利后,中国人民的根本利益日益转变为实现国家富强和人民富裕。实现全体人民共同富裕的中国式现代化是新中国成立后我们党坚持最广大人民根本利益、坚持以人民为中心的集中显现。在进行社会主义建设和改革的过程中,我们翻越了一座又一座高山,克服了一个又一个难题,从不断解放和发展生产力到努力解决各种不平衡不充分的发展问题,从基本实现小康到全面建成小康社会,再到推进共同富裕取得实质性进展,其根本目的就是为了实现人民的美好生活。我们始终坚持以人民为中心的发展思想,推进全体人民共同富裕既体现为社会物质和精神财富的增长,也体现为人民群众能够共享现代化发展的实际成果。

另一方面,实现全体人民共同富裕既是中国式现代化的奋斗目标,也是中国共产党初心使命的重要体现。共同富裕是一个经济问题,也是关系党执政基础的重大政治问题。共同富裕的现代化不仅是经济社会发展的重要目标,更是中国共产党执政地位赖以维持和巩固的基本条件,是坚持社会主义制度的重要表征。共同富裕的目标追求,鲜明地彰显了社会主义的优越性,生动地回答了经济发展为了什么、经济朝向哪里发展、经济如何发展以及执政为了什么、执政依靠谁、依靠什么执政的问题。在20世纪80年代,邓小平同志指出:"搞社会主义,一定要使生产力发达,贫穷不是社会主义。"这是对新中国成立后经济社会建设曲折发展的反思,更是对"普遍贫穷的社会主义"的批判。面对东欧剧变的社会主义运动重大挫折和国内政治风波的历史背景,如何解决"普遍贫困"的问题,不仅是经济问题,更是关乎党的执政根基和道路方向的重大问题。从提出共同富裕论开始，共同富裕就关系着人心向背，关系着中国共产党人的初心和使命能否践行。中国共产党人的初心和使命是为人民谋幸福、为中华民族谋复兴。将实现全体人民共同富裕明确为中国式现代化的本质要求，是中国共产党人初心和使命的重要体现。

二、维护社会公平正义的价值性要求

党的二十大报告指出："共同富裕是中国特色社会主义的本质要求……着力维护和促进社会公平正义，着力促进全体人民共同富裕，坚决防止两极分化。"这指明了全体人民共同富裕目标正进行着实现社会公平正义的理论与实践的创新发展。共同富裕体现了中国式现代化的正义诉求，要实现中国式现代化的共同富裕也必须遵循维护社会公平正义的价值性要求。

首先，从马克思主义利益理论的视角来说，共同富裕是实现社会正义的重要利益机制，没有这一利益机制在起作用，社会公平正义只会徒有虚名。扎实推动共同富裕，就是坚定地推进公平正义，为促进社会公平正义提供物质利益基础。物质利益对社会生活起着基础性作用，共同富裕的唯物主义基石就是物质经济利益，没有物质经济利益的增进，公平正义就失去了实质内容。马克思指出："物质生活的生产方式制约着整个社会生活、政治生活和精神生活的过程。"[①]因此，物质利益也决定着精神文化利益和政治利益等其他不同的利益形式。正因如此，马克思、恩格斯在《共产党宣言》中对资本主义生产力在人类社会发展中的重要性给予了充分肯定，指出"资产阶级在它的不

[①]《马克思恩格斯文集》（第二卷），人民出版社2009年版，第591页。

初心如磐
——中国式现代化的本质要求

到一百年的阶级统治中所创造的生产力，比过去一切世代创造的全部生产力还要多，还要大"[①]。这一思想在《资本论》中得到了延续，马克思认为未来社会共同富裕的物质基础是资本主义时代的成就，即发达的生产力。概言之，生产力的发展促进了物质经济利益和福利的增加，而"富裕"的"共同"性也使得实现社会公平正义成为可能。

其次，作为中国式现代化本质要求的共同富裕，"共同"体现着中国式现代化的正义诉求，公平正义的共同富裕追求将中国式现代化与其他现代化特别是资本主义现代化区分开来。共同富裕就是消灭人类自古以来面临的普遍问题，即贫困和不平等。整个人类历史都在致力于解决这两个问题，无论哪一个问题有了切实的发展都会有效推动人类进步。工业大生产的发展、资本主义制度的确立从某种意义上为解决贫困问题提供了方向和思路，成为推动人类社会进步的重要标志，然而不平等的问题也是近代伴随着资本主义经济发展的显著附属产物。从世界范围看，近代以来社会的两极分化不仅存在于资本主义国家内部，在世界范围内也造成了东西差距和南北两极分化。资本的增值与人的贬值的矛盾使得西方现代化不可能真正实现公平正义，马克思一生都在致力于探索如何构建一个平等的社会。在很长一段时间内，我们都认为公平正义对于社会主义来讲是不证自明的，在发展中容易受到忽视，然而实践证明，社会主义的公平正义也是一个历史过程，与逐步实现全体人民共同富裕不可分割地联系在一起。尽管伴随全面小康社会的实现，中国式现代化取得了突出的成就，中国就整体而言已经消除了绝对贫困问题，但是贫富差距较大的问题仍然不可忽视。习近平总书记指出："在我国现有发展水平上，社会上还存在大

[①]《马克思恩格斯选集》（第一卷），人民出版社2012年版，第405页。

量有违公平正义的现象。"[1]要实现全体人民共同富裕的现代化，就要在实践中彰显公平正义的可及性。

最后，中国式现代化的共同富裕是注重效率与公平相统一的现代化。效率与公平的关系问题是实现共同富裕的根本命题。历史实践充分表明，效率与公平二者既不能失衡，更不能缺位，否则共同富裕不可能实现。以苏联为代表的社会主义国家在探索现代化的进程中，一方面初步实现了国家的工业化，另一方面也将消灭剥削、消除两极分化、实现共同富裕作为重要的指导原则。总体来看，虽然在公平方面取得了突出的成果，但是并没有实现共同富裕，改革开放前的新中国也是如此。能否处理好效率与公平两者相统一的问题是共同富裕工作成效好坏的直接体现。面对改革开放前"普遍贫困"的现实，在共同富裕的目标指导下，邓小平同志提出的"一部分人可以先富起来"的路径也是中国式现代化发展的必然。然而需要注意的是，"一部分人可以先富起来"的最终目的仍然是全体人民的共同富裕。2010年，我国成为世界第二大经济体，党的十八大以来，我国日益成为拉动世界经济增长的重要引擎，中国社会主要矛盾也转变为美好生活需要和不平衡不充分的发展之间的矛盾，公平正义问题日益凸显，更加注重效率与公平相统一是当前现代化建设的重要特征。事实证明，效率与公平两者之间协调统一，对于解放和发展社会生产力、调节社会不平衡现象、处理社会分配不合理问题具有重要意义。效率与公平相统一的现代化过程，正是贯彻社会主义现代化共同富裕理念的最好例证。

三、物质富裕和精神富裕的全面性要求

---

[1] 习近平:《切实把思想统一到党的十八届三中全会精神上来》，载《人民日报》2014年1月1日。

初心如磐
——中国式现代化的本质要求

党的二十大报告强调,"中国式现代化是物质文明和精神文明相协调的现代化",习近平总书记在2021年中央财经委员会第十次会议上明确指出,"共同富裕是全体人民共同富裕,是人民群众物质生活和精神生活都富裕"[1]。这些论述鲜明地凸显了作为中国式现代化语境中的共同富裕的多元内涵。马克思主义从产生之日起,就主张共同富裕不仅包括物质文明的共同富裕,也包括精神文明的共同富裕。人的全面发展是人类生存的最高追求,从唯物主义的立场出发,可以说精神生活的富裕是人的现代化的重要标志,也是中国式现代化的最终目的。

全体人民共同富裕的现代化是物质文明与精神文明双重尺度的呈现。实现全体人民共同富裕的现代化体现了人民对美好生活的向往,是满足人民对美好生活需要的关键。一方面,不同时代对"需要"的要求不同,共同富裕的内涵也愈发丰富。在全面建成小康社会、消除绝对贫困之后,共同富裕的内涵就不再仅仅局限于满足主体自身的基本生存,而是增加了全面发展的尺度,即物质富裕与精神富裕的双重尺度。在这样的双重尺度之下,实践主体的劳动需要创造更加丰富的物质资料以实现物质富裕,为精神富裕的实现提供基础和保障。换句话说,只有在物质富裕的基础上,实践主体才可以更多从事精神和文化创造劳动,进而塑造精神生活以实现精神富裕。而精神富裕反过来也是物质富裕的反映和目的,只有物质富裕达到一定程度,人们的需求才不会仅限于物质和经济,而是更加注重获得感、幸福感、安全感等精神要素。另一方面,从共同富裕的"共同"角度而言,要想达到双重尺度的共富,实践客体或者说外在环境也必须达到共同实现物质富裕和精神富裕的现实要求,就不能超越现有的历史阶段和现实条件,也不能只是空想而没有可及性,党带领人民在新时代取得的重大

---

[1] 习近平:《扎实推动共同富裕》,载《求是》2021年第20期。

第六章
实现全体人民共同富裕

成就为实现全体人民共同富裕的中国式现代化提供了重要的客观条件。

全体人民共同富裕的中国式现代化是物质富裕和精神富裕的齐头并进。现代化进程一定是全面的现代化，包括政治、经济、社会、文化、生态等各个维度的发展和进步，各维度间的发展是相互促进、相互制约和相互渗透的，缺少任何一个维度，现代化的进程都将会受到制约。全体人民共同富裕的中国式现代化也要求物质富裕和精神富裕的协调发展，不能顾此失彼，也不能先此后彼。社会是一个多因素协同运行的有机体，一个社会的现代化也是各个因素协同发力的系统的现代化。实践证明，单方面的现代化发展由于缺乏社会其他层面发展的有效支撑，必然会出现减速、滞后甚至倒退的现象。中国式现代化之所以区别于其他的现代化，就在于它是全面的，是全体人民物质富裕和精神富裕的现代化，是"五位一体"协同发展的现代化，是实现人的全面发展的现代化。习近平总书记指出："中国特色社会主义就是要建设社会主义市场经济、民主政治、先进文化、和谐社会、生态文明，促进人的全面发展，促进社会公平正义，逐步实现全体人民共同富裕。"[1]由于"发展着自己的物质生产和物质交往的人们，在改变自己的这个现实的同时也改变着自己的思维和思维的产物"[2]，所以物质富裕与精神富裕的发展是高度统一的，都是为了满足人们美好生活的需要，实现人的自由而全面的发展。

---

[1] 习近平：《论坚持推动构建人类命运共同体》，中央文献出版社2018年版，第273页。

[2] 《马克思恩格斯选集》（第一卷），人民出版社2012年版，第152页。

四、循序渐进和相对差别的客观性要求

实现全体人民共同富裕并不是一蹴而就的,习近平总书记在主持中共中央政治局集体学习时强调:"促进全体人民共同富裕是一项长期任务,也是一项现实任务,必须摆在更加重要的位置,脚踏实地,久久为功,向着这个目标作出更加积极有为的努力。"[1]共同富裕是一项在动态中向前发展、在循序中稳步实现的社会实践过程,应系统把握并遵循循序渐进和相对差别的客观性要求,扎实推动共同富裕的中国式现代化。

首先,从时间方面而言,实现全体人民共同富裕的现代化是一项长期而艰巨的奋斗过程,需要根据所处的历史阶段和历史方位不断调整其内容,在统筹规划和顶层设计下确立和推进阶段性目标。新中国成立以来的实践表明,由于现实生产力本身的层次性和不同地区发展水平的差异,想要同步实现全体人民的共同富裕,其结果必然是"共同落后,共同贫穷",因此实现共同富裕的进程必然有其阶段性和差异性。邓小平同志在论述共同富裕的现代化思想时明确表达了从"富裕"到"共同富裕"的渐进路径,即首先一部分人先富起来,这一阶段的主要目的是解放生产力,由"贫穷"走向"富裕";其次要先富带动后富,这一阶段的重点在"带动",即由部分富裕逐渐向共同富裕过渡的动态实践进程;最后是实现全体人民的共同富裕。这一路径体现的是宏观目标历时态下的渐进性与阶段性,全面建成小康社会就

---

[1] 《习近平在中共中央政治局第二十七次集体学习时强调 完整准确全面贯彻新发展理念 确保"十四五"时期我国发展开好局起好步》,载《人民日报》2021年1月30日。

是阶段性目标的体现,即消灭绝对贫困。在全面建成小康社会的基础上,要求推动共同富裕取得实质性进展,具体来说,在"十四五"末、2035年、本世纪中叶不同的时间节点,依次完成逐步缩小居民收入和实际消费水平差距、实现基本公共服务均等化、基本实现全体人民共同富裕的不同目标任务。

其次,从主体角度而言,全体人民共同富裕的渐进性也体现在不同阶段中微观个体之间共同富裕的差异性中。在一部分人先富起来的阶段,主体呈现"富裕与贫困"的不同状态;在先富带动后富阶段,主体呈现"富裕与小康"的不同状态;在实现共同富裕阶段,主体间依然会呈现"富裕与相对富裕"的不同状态,但是差异性和渐进性并不是否定了共同富裕的全体性。一方面,"全体人民"明确涵盖先富人群和后富人群,实现共同富裕的阶段性战略思想包含着先与后、部分与整体的辩证关系,但最终目的仍然是全体人民的共同富裕,这里除了后富人群外,自然包含先富人群,这就决定了全体人民的共同富裕不是劫富济贫。另一方面,先富与后富存在差异的重要原因在于社会分工引起的区域、行业等社会层次不同,而全体人民是指涵盖所有区域、行业的社会群体。习近平总书记一直强调"使发展成果更多更公平惠及全体人民",就是说改革发展成果不能只让少数人享有,如果这样就违背了社会公平正义,违背了改革开放的初衷。只有把改革发展成果更多更公平地惠及全体人民,致力于解决不平衡不充分的社会矛盾,让大多数人都富裕起来,才能使共同富裕从部分人民拓展到全体人民。

最后,从客体角度而言,中国式现代化最大的实际就是人口规模巨大,实现全体人民共同富裕的现代化首先面对的就是14亿多的大规模人口,要实现人人均衡的共同富裕必然是不现实的,也是不符合社会发展规律的。因此14亿多人民的共同富裕进程必然是有先后之分和高低之差的。这些先后之分和高低之差会存在于不同区域、不同行业群体中，在实现共同富裕时，也会是相对差别的共同富裕。此外，共同富裕的阶段性也决定了不同时期共同富裕层次的差异性。习近平总书记在阐释共享发展理念时指出："共享发展必将有一个从低级到高级、从不均衡到均衡的过程，即使达到很高的水平也会有差别。"[1]明确承认共同富裕的相对差异性，并不会磨灭人民群众的斗志，而是更好地激发了全体人民劳动创造的积极性，从而为更高层次的共同富裕准备条件，不断促进人的全面发展。

---

[1] 习近平：《深入理解新发展理念》，载《求是》2019年第10期。

第三节

在全面推进中国式现代化进程中实现全体人民共同富裕

全体人民共同富裕是中国式现代化和中国特色社会主义的本质要求，也是全体人民的共同期盼。在全面推进中国式现代化的进程中如何实现全体人民共同富裕？党的二十大报告明确了实现全体人民共同富裕的战略统筹，并在分配、就业、社会保障等方面做出了具体的政策安排。在新征程上，坚持以人民为中心的发展理念，要尽力而为、量力而行，增强均衡性和可及性，在扎实推进中国式现代化的进程中实现全体人民共同富裕。全体人民共同富裕是推进中国式现代化进程中的长期动态过程，需要以高质量发展做大"蛋糕"，以系统的制度变革为抓手分好"蛋糕"，注重精神富裕以切实提升人民获得感和幸福感，同时以胸怀天下的国际视野为全体人民共同富裕的中国式现代化提供和平稳定的环境保障。

一、以高质量发展转化全体人民共同富裕现代化的发展动能

由于效率与公平、产业升级与就业、空间正义与代际正义等问题

在人口规模巨大、人口结构复杂的国情下要尖锐得多，我国实现全体人民共同富裕的现代化，比任何国家都要艰难。过去我们依靠大量农村劳动力，通过"三来一补"的加工贸易型经济创造了增长奇迹。随着我国逐渐进入少子老龄化社会，人口规模的优势正转向人口结构的挑战，传统的低质量发展方式不再适应新的发展要求。因此，当下比过去任何时候都需要通过高质量发展来推动共同富裕的现代化。

其一，探索科技创新赋能高质量发展。科技是第一生产力，创新是引领发展的第一动力，是引领和实现绿色、低碳、高质量发展的关键。科技创新要以问题为导向，将创新和科技融入发展大局，以创新驱动高质量发展，夯实高质量发展动力基础。依托技术进步提高劳动生产率，大力发展以人工智能为代表的高端制造业，逐渐摆脱过去依靠劳动力堆积的低端粗放型生产，不断做大、做优"蛋糕"。其二，主要依托国内大循环促进高质量发展。大国经济具有内需为主导的显著特征，以国内大循环为主体是建设现代化经济体系的必由之路。这在客观上要求增加人民可支配收入，积极扩大内需。国内循环必须坚持全国一盘棋，坚持要素自由流动，加快完善社会主义市场经济体制，深入推进要素市场化改革，破除制约要素自由流动的制度藩篱，与重大战略区域协调发展战略、主体功能区战略、建设自由贸易试验区有机衔接，加快构建统一开放、竞争有序的现代化市场体系，打造改革开放新高地。其三，推动教育事业的高质量发展。教育是改变原生家庭条件、实现阶层跃迁的重要途径，是从源头缩小贫富差距的重要手段，也是国家实现现代化的基础工程。人口规模巨大意味着人才潜力巨大，要科学布局教育资源、提升教育教学质量、保障教育公平。坚持把教育放在优先发展的战略地位，在财政资金投入上优先保证教育投入，在公共资源配置上优先满足教育需求。要聚力推动教育内涵发展，在培养高质量人才上加大投入。

二、以系统的分配制度变革完善全体人民共同富裕现代化的制度保障

共同富裕需要在"做大蛋糕"的基础上更好地"分好蛋糕"。要大力推进分配制度改革，构建初次分配、再分配、第三次分配协调配套的制度体系，系统化、一体化发力，而不能是阶段性、间歇性进行。

其一，初次分配发挥基础性作用，以提高居民收入和劳动报酬比重为核心，通过扩大就业和提高就业质量增加劳动者收入，拓展服务业、中小微企业、劳动密集型企业、知识和技能密集型企业就业空间，稳定新就业形态，灵活就业人员就业增收，帮助高校毕业生、农民工等重点群体就业增收。完善劳动者工资决定、合理增长和支付保障机制，健全最低工资标准调整机制，完善农民工欠薪治理长效机制。健全国有企业市场化薪酬分配机制和科技创新薪酬分配激励机制，改革完善体现岗位绩效和分级分类管理的事业单位薪酬制度。丰富收入渠道和方式，扩大中等收入群体。其二，再分配应加大税收、社会保障和转移支付等调节力度和效果，促进基本公共服务均等化，规范收入分配秩序，消除分配不公、防止两极分化。其三，第三次分配探索公益慈善事业的发展，完善相关政策法规体系和激励机制，规范公益慈善事业发展，支持、保障有意愿有能力的企业、社会组织和个人参与公益慈善事业。

三、以健全的就业优先战略和社会保障体系提升全体人民共同富裕现代化的基底水平

当今世界正经历百年未有之大变局，经济全球化遭遇逆流，外部

环境各种不确定性的加剧更使得就业优先战略和社会保障体系成为保障民生福祉、推进共同富裕的关键和兜底政策体系，关系着全体人民共同富裕现代化的基底水平。

就业是最大的民生，实现更加充分更高质量就业是推动全体人民共同富裕的重要基础。必须把握国际国内复杂形势的变化，抓牢就业领域的现实挑战和矛盾，推动市场有效和政府有为在就业领域的整合作用。其一，立足高质量发展阶段特征和要求，抓住就业领域的主要矛盾。"十四五"时期，我国人口与经济结构继续加快转型，劳动力供给侧与需求侧均出现深度调整，结构性矛盾更加突出。因此，要在高质量发展的要求之下，着力缓解结构性就业矛盾，同时坚守不发生因失业导致规模性返贫的底线。其二，深入实施就业优先战略，从宏观调控和微观主体增强就业保障能力。2021年国务院印发《"十四五"就业促进规划》，统筹规划高质量就业的促进机制，完善政策体系；关注重点人群的实际就业困难，分类援助，精准帮扶，稳定脱贫人口就业。其三，提高劳动力市场灵活性与安全性，从供需两端缓解结构性就业矛盾。鼓励发展新兴经济、数字经济，扩大就业新动能，建立完善适应灵活就业和新就业形态的劳动权益保障制度。进一步提升劳动者技能素质，大规模多层次开展职业技能培训，构建系统完备的技术技能人才培养体系，通过不断提高劳动者就业能力，从根本上改善劳动力要素质量。

全覆盖的社会保障是筑牢共同富裕经济根基、夯实共同富裕社会基础、促进人全面发展的基础性制度。社会保障事业是衡量一国现代化程度的重要标尺，在促进共同富裕上具有基础性的兜底作用。要健全覆盖全民、统筹城乡、公平统一、安全规范、可持续的多层次社会保障体系。其一，根据人民群众的保障需求及其变化趋势，稳步建立长期护理保险制度，不断健全儿童福利制度，完善基本保障项目体系，织密社会保障安全网，为人民生活安康托底。其二，优化基本保障项目设计，扩大生育保障惠及范围，加快实现职工基本养老保险和职工基本医疗保险法定人群全覆盖，积极推动灵活就业人员、新业态从业人员参加职工社会保险制度，建立健全分层分类的救助制度体系，逐步缩小不同群体之间的基本保障待遇差距。其三，正确引导并支持人民群众立足自身实际，在已有基本保障项目及其水平的基础上，制订适合自己的补充保障计划。支持相关机构提高补充保障产品和服务的供给能力，促进补充保障产品和服务与基本保障项目有机衔接。

四、以高品质精神富裕提升全体人民共同富裕现代化的发展层次

实现全体人民共同富裕的现代化既离不开社会物质力量的支撑，更离不开全体人民精神生活共同富裕。在整个社会共同体层面，需要发扬中华民族勤劳、团结等伟大民族精神，形成发展合力；具体到现实的个体层面，应在积极弘扬社会主义核心价值观基础上，形成勤劳致富、公平正义、团结奋斗的良好风尚，促进经济利益与社会利益协调发展。当然，高品质精神富裕的实现离不开教育现代化的发展，因而要协调好家庭、学校、社会各层面组织之间的联动关系，真正加强精神文明教育与培养，促进人在思维方式、行为方式等方面的现代化发展。

其一，以坚定初心和使命引领精神生活共同富裕，坚定精神文明发展方向。新时代人民精神文化需求更加多样、多元、多维，要为人民提供更多更好的精神食粮，建设高度的社会主义精神文明，重视思想、道德、教育、科学、文化建设，不断满足人民日益增长的精神生

活需要，不断实现民众精神生活共同富裕，不断让民众精神生活迈上新台阶。其二，以筑牢中华民族共同体意识团结全体人民，凝聚民族国家共识。在推进中国式现代化的进程中，各民族在文化上兼收并蓄、经济上相互依存、情感上相互亲近，形成了你中有我、我中有你的多元一体格局。历史和现实充分证明，中华民族共同体意识是国家统一之基、民族团结之本、精神力量之魂。其三，以社会主义核心价值观夯实精神生活基础，构建社会精神生活新风尚。在新发展阶段，积极探索用社会主义核心价值观引领社会思潮的有效途径，既尊重差异、包容多样，又有力抵制各种错误和腐朽思想的影响，让人民群众共享精神文明建设成果，享有更加充实、更为丰富、更高质量的精神文化生活，促进人民精神生活共同富裕。其四，以扎实工作作风有效推进精神文明教育，加强作风建设、保持党同人民群众的血肉联系始终是我们常抓不懈的永恒课题，要持续深化群众性精神文明创建，稳步有序推动精神生活新发展。

五、以胸怀天下拓展全体人民共同富裕现代化的国际视野

良好的外部环境是在推进共同富裕中实现和平发展的中国式现代化的前提。当前，部分国家与中国存在着一些政治和价值冲突，这不仅对中国式现代化道路的发展、共同富裕战略目标的顺利实现造成了某种程度的制约，而且也加剧了地缘政治冲突的风险，从而破坏了国际和平发展的大趋势和大环境。然而，中国式现代化的发展、共同富裕战略目标的实现以及国际社会减贫目标的有效实现皆离不开和平稳定的国际环境。

在推进共同富裕战略目标的进程中，应当从以下几个方面入手：

其一，在坚持中国特色大国外交中推动构建人类命运共同体，为国际社会减贫目标实现贡献中国方案、中国力量，实现各方利益最大公约数。其二，在中西现代化价值理念与实践的较量中，增进外部世界对中国式现代化、共同富裕内蕴增进世界人民福祉的天下情怀的认同感。弘扬和平、发展、公平、正义、民主、自由的全人类共同价值，强调文明多样性是世界发展的活力和动力之源，倡导尊重各国人民自主选择发展道路和制度模式的权利。其三，构建公正合理国际政治经济新秩序，提出全球发展倡议，强调坚持以人民为中心的发展思想，把促进发展、保障民生置于全球宏观政策的突出位置，落实联合国《2030年可持续发展议程》，加强宏观政策协调，推动建设开放型世界经济，促进全球平衡、协调、包容发展，共同构建全球发展命运共同体。在助力全球减贫中丰富拓展和平发展的中国式现代化，进而为我国现代化发展和共同富裕战略目标的实现营造有利的国际环境。

初心如磐
——中国式现代化的本质要求

📖 **延伸阅读**

百盛农业：科技引领现代农业*

杭州百盛精准农业有限公司是一家高科技现代农业公司。该公司于2018年在杭州三江汇区域布局了5000亩农业综合体项目。三江汇是杭州继钱江新城、未来科技城、钱塘区之后，又一重点打造的核心区块。

根据这一布局，公司以百盛数字农业为核心，依托中国信通院5G创新中心、华为5.5G研究院、浙江大学、浙江人工智能产业技术联盟、浙江5G产业联盟等科研联盟机构，运用全球顶级高新农业技术、高端农业设备和现代管理经验，采用全世界最先进的全智能精准环境控制技术、大数据、物联网和智能机械自动化技术等，全季节、全天候生产。项目包括现代农业、乡村农旅、研学教育、大健康、农业投资五大板块。主要规划的现代农业"国际兰科产业园""智能园艺产业园""无土栽培植物工厂"三大项目已经相继落地，共富中心、未来乡村、智享农园、无人机＋、园艺中心等项目也将陆续实施。

其中，国际兰科产业园建设了20000平方米智能玻璃温室、2600平方米万级净化组培中心、1388平方米病毒检测中心和700多平方米附属用房，一期项目基本建成。百盛兰业目前共储备了150多个品种，产品远销全国各地。2020年公司获得了中国农业农村部"蝴蝶兰叶片繁殖体系"重大技术协同项目、杭州市农业农村局乡

---

* 参见《浙江发布四个"乡村振兴共同富裕典型案例"》，中国网，2022年1月25日。编者对内容有所修改。

村振兴第一批指导项目，以及西湖区十佳优秀农业企业等荣誉。

公司在双浦镇桑园地村建设用地上建设共富中心，设置了共同富裕展示中心、乡村振兴学习交流中心、农创客办公中心、村企合作议事中心、新型农民培育中心、自然艺术教育中心、郑作良文化艺术创作中心（艺术乡村）、"百县千碗"特色街区等，丰富产业布局。

百盛未来现代农业园区还积极发展农文旅产业，对村集体土地、闲置空房资源充分利用，通过和村集体经济的合作，壮大村集体经济，带动周边农民共同富裕。当地村民不仅能收到每年的土地流转费，还能从公司拿到每月4000—5000元的工资，昔日的农民摇身变成了农业产业工人。

目前公司与双浦镇签订了战略合作协议，有序利用280幢闲置农房、2处企业厂房、500亩耕地，将其打造成"新村民、新工作、新生活、新教育"未来乡村示范点。

据了解，"浙江省未来城乡社区研究中心"成立于2022年1月6日，以探索城乡融合的"浙江模式"和破解"城乡发展不平衡"为己任，以打造浙江省未来城乡社区发展研究专业智库为目标，立足浙江、面向全国，为各级党委、政府开展城乡发展规划、建设、保护、管理、运营、研究等提供智力支持。

第七章

促进人与自然和谐共生

中国式现代化是人与自然和谐共生的现代化。"人与自然和谐共生"既是中国式现代化的中国特色之一,也是中国式现代化的本质要求。我们党秉承"人与自然和谐共生"的生态理念,在全面推进中国式现代化的历史进程中建设美丽中国。

党的二十大报告明确指出，中国式现代化是人与自然和谐共生的现代化。"人与自然和谐共生"既是中国式现代化的中国特色之一，也是中国式现代化的本质要求。新时代新征程，在以中国式现代化全面推进中华民族伟大复兴的历史进程中，如何构建现代化与生态环境协调、和谐、包容共生的全新发展模式，实现美丽中国发展目标，成为中国现代化进程中的生态焦点。而推进人与自然和谐共生的现代化，是对马克思主义生态文明理论的继承和发展，丰富了中国特色社会主义生态文明理论体系，昭示了党的生态理论的进一步升华。

第一节

促进人与自然和谐共生
是中国式现代化本质要求的生态标识

现代化是人类社会发展的必由之路。西方的现代化进程早于中国，但西方工业文明因其带来全人类生态危机而被称为黑色文明。如何破解生态危机这一人类发展瓶颈，是20世纪乃至21世纪世界各国发展过程中所面临的重大问题。中国作为后发现代化国家，走出了一条具有中国特色的人与自然和谐共生的生态现代化道路，"人与自然和谐共生"也就成为中国式现代化本质要求的生态标识。

一、促进人与自然和谐共生是中国式现代化的重要表征

生态现代化是一种新的发展理念，其概念由德国学者胡伯在20世纪80年代提出，旨在通过对传统工业化所造成的生态危机的反思，摒弃传统现代化进程中牺牲环境的"先污染后治理"的发展模式，进而充分发挥生态优势，在推进现代化进程中实现经济建设和生态建设的共赢发展。

习近平总书记指出，我国建设社会主义现代化具有许多重要特征，其中之一就是我国现代化是人与自然和谐共生的现代化，注重同

步推进物质文明建设和生态文明建设。建设生态文明、推动绿色低碳循环发展，不仅可以满足人民日益增长的优美生态环境需要，而且可以推动实现更高质量、更有效率、更加公平、更可持续、更为安全的发展，走出一条生产发展、生活富裕、生态良好的文明发展道路。①现代化历程内在地包含生态现代化历程，经济发展、生态治理和民生福祉辩证统一于现代化进程之中。同时，坚定走生产发展、生活富裕、生态良好的文明发展道路，建设美丽中国，为人民创造良好生活环境，为全球生态安全作出贡献。就这一意义而言，生态现代化是经济发展、人民幸福、生态良好三位一体的现代化。党的十八大以来，我国生态文明事业发展实现历史性、转折性、全局性变化，人们的生态幸福感和获得感逐步增强，我国距离美丽中国目标的实现也越来越近。

二、促进人与自然和谐共生是构建美丽中国的应有之义

纵观新中国成立以来中国共产党人关于生态经济建设的探索历程，其实质是在认识社会主义本质和解决社会主要矛盾的历史进程中大力发展生产力、促进经济建设的探索历程，与这一历史进程相辅相成的是对人与自然关系的辩证认识历程。党的十八大提出"美丽中国"，指出要将生态文明放在突出地位并将其融入其他四大建设之中，在"五位一体"的社会主义建设总布局中建设美丽中国。党的十九大报告在国家建设奋斗目标中增加了"美丽"二字，为中国特色社

---

① 《习近平在中共中央政治局第二十九次集体学习时强调　保持生态文明建设战略定力　努力建设人与自然和谐共生的现代化》，载《人民日报》2021年5月2日。

会主义现代化建设的宏伟目标增加了新的理论内涵。党的二十大报告指出，我们坚持可持续发展，坚定不移走生产发展、生活富裕、生态良好的文明发展道路，实现中华民族永续发展。

习近平总书记用"绿水青山就是金山银山"理念生动地阐释了人与自然和谐共生现代化道路的辩证法：在经历了西方工业文明"以绿水青山换取金山银山"（即"先污染后治理"）的时代后，我们通过对绿水青山和金山银山之间关系进行深刻反思，走出了一条"绿水青山就是金山银山"的现代化发展之路。这一理念系统阐述了经济建设与生态保护之间的关系，生动描绘了"用绿水青山换金山银山""宁要绿水青山，不要金山银山""绿水青山就是金山银山"三个发展阶段。其中，"绿水青山就是金山银山"这一科学论断既是生态系统论的重要体现，又是对生产力理论的重大发展，揭示了保护生态环境就是保护生产力、改善生态环境就是发展生产力的道理，指明了实现发展和保护协同共生的新路径，要求我们在中国特色社会主义现代化建设中对原有的发展观、价值观和财富观进行重新审视。

第二节

促进人与自然和谐共生是中国式现代化本质要求的重要内容

人与自然和谐共生的现代化是中国式现代化的本质特征，中国式现代化是破解西方黑色工业文明发展瓶颈的新型现代化发展模式，是走向现代生态文明时代的发展模式。在一定意义上，中国式现代化是生态现代化基础上的经济现代化、政治现代化、文化现代化和社会现代化的全面现代化。

一、人与自然和谐共生的生态维度：人与自然是生命共同体

长期以来，人类中心主义和非人类中心主义关于对待自然态度的争论一直没有中断。非人类中心主义者看到了人与其他生物同属自然界进化产物，要求以生命个体或整体性的存在物为中心来看待非人类世界的价值。与此同时，其在呼唤自然界应获得与人类同等道德关怀的同时，忽视了人类的主体地位。人类中心主义则在强调人类主体地位的同时，将人类视为自然万物的唯一价值尺度，把自然看作满足人类需要的对象，认为人类只有在对自然的不断征服和改造过程中才能

第七章
促进人与自然和谐共生

满足利益需求、实现自由发展。整体而言，两者均存在一定偏颇，需要以更加全面的视角理解人与自然的关系，在生命共同体的维度上加以把握。

人与自然是生命共同体，基于自然的先在性和人对自然的依赖性，人必须尊重自然、顺应自然、保护自然。在人与自然的关系中，人虽然始终处于主导地位且充当着主体角色，但主客体的可持续发展是共时性存在和辩证统一的。人类在向自然界输出主体意识，不断展现自己本质力量以实现"主体客体化"的同时，也要从自然界输入客体需要，即不断实现自然的客体价值，在"属人"的价值关系中实现人与自然的和谐共生发展。

人与自然是生命共同体，无止境地向自然索取甚至破坏自然必然会遭到大自然的报复。恩格斯曾经指出："我们不要过分陶醉于我们人类对自然界的胜利。对于每一次这样的胜利，自然界都对我们进行报复。每一次胜利，起初确实取得了我们预期的结果，但是往后和再往后却有了完全不同的、出乎意料的影响，常常把最初结果又消除了。"[1]所以，"我们统治自然界，决不像征服者统治异民族一样，绝不是像站在自然界以外的人似的，——相反地，我们连同我们的血、肉和头脑都是属于自然界和存在于自然之中的；我们对自然界的全部统治力量，就在于我们比其他一切生物强，能够认识和正确运用自然规律。"[2]在此基础上，马克思恩格斯进一步指出，人类从自然界分化出来之后，并没有脱离自然界，自然界仍然是人类存在基础性条件，人类通过社会生产实践与自然之间进行物质和能量的交换。一方面，人类根据自然对象的不同性质和结构，"把整个自然界——首先

---

[1] 《马克思恩格斯选集》（第三卷），人民出版社2012年版，第998页。
[2] 《马克思恩格斯选集》（第四卷），人民出版社1995年版，第383—384页。

作为人的直接的生活资料，其次作为人的生命活动的对象和工具——变成人的无机的身体"，即人类向自然索取人类所需要的"自然价值"，实现"客体主体化"；另一方面，人在向自然界索取过程中必然会受到自然界的限制和制约，即"为了进行生产，人们相互之间便发生一定的联系和关系；只有在这些社会联系和社会关系的范围内，才会有他们对自然界的影响，才会有生产"。人与自然的和解过程充分说明了人与自然是生命共同体。

在处理人与自然关系时，需要将二者置于一个整体之中进行考虑，人类首先要在尊重自然规律前提下充分发挥人的主体性，同时要唤起人们对自然的"道德良知"和"生态良知"，像保护眼睛一样保护自然和生态环境。进而言之，在人与自然生命共同体中，人类对自然的尊重、顺应和保护，归根结底也是为了人类自身的可持续发展。

二、人与自然和谐共生的人民维度：以生态福祉满足人民生态需要

习近平总书记指出："要集中攻克老百姓身边的突出生态环境问题，让老百姓实实在在感受到生态环境质量改善。"[1]人与自然和谐共生现代化的论述饱含着深厚的人民情怀，充分彰显了我们党生态惠民、生态利民、生态为民的立场和出发点。

第一，遵循环境正义原则，凸显人与自然和谐共生现代化的全人类视野。环境正义要求用正义原则来规范人们在处理人与自然关系时形成的人与人之间的伦理关系，并形成环境伦理的规范体系。从人与

---

[1] 习近平：《努力建设人与自然和谐共生的现代化》，载《求是》2022年第11期。

第七章
促进人与自然和谐共生

自然和谐共生视角来看，环境正义要求人类在处理环境问题时，既要兼顾不同国家权利和义务的公平对等，又要兼顾不同国家不同代际人群之间的分配正义。习近平总书记强调，要积极推动全球可持续发展，秉持人类命运共同体理念，积极参与全球环境治理，为全球提供更多公共产品，展现我国负责任大国形象。从"美丽中国"到"美丽世界"，习近平在不同的会议上号召世界各国联合起来，构建共商共建共享的全球治理观：从经济上坚持绿色低碳发展，建设清洁美丽世界；从伦理上坚持生态正义，号召各个国家承担起自己的生态义务。从国内视野来看，中国改革开放以来的伟大实践尤其是"五位一体"社会主义现代化建设总体布局，以现代化生态发展模式来回应生态问题等，都为全球性生态治理提供了中国方案。

第二，以良好的生态环境作为最普惠的民生福祉，彰显人与自然和谐共生现代化的共享理念。共享理念的核心就是"人民的共享"，习近平生态文明思想彰显了深厚的人民情怀和为民深情。他将生态环境提升到生产力的高度，提出"保护生态环境就是保护生产力，改善生态环境就是发展生产力"，从而进一步丰富了马克思主义唯物史观的生产力内涵，为生态治理提供了合理性前提。他提出"绿水青山就是金山银山"理念，指明了处理经济建设和生态建设间关系的正确方向，认为二者辩证统一，当生态建设发展到一定阶段，"绿水青山就是金山银山"，并明确指出当二者发生矛盾时，"宁要绿水青山，不要金山银山"。他将良好生态环境提升到最普惠的民生福祉高度，并将其纳入人民幸福生活的重要内容之中，深刻反映了生态公平的伦理思想。习近平生态文明思想将环境上升到民生的高度，认为环境就是民生，发展经济是为了民生，同样保护生态环境也是为了民生，这体现了党和国家对公民基本权益的保障和对人民幸福生活的捍卫。

第三，生态问题不仅仅是经济问题，还是政治问题。我们党将加强生态文明建设、加强生态环境保护、提倡绿色低碳生活方式等不仅仅作为经济问题,更作为政治问题来看待。从"人民群众对美好生活的向往,就是我们的奋斗目标"到"加强生态文明建设,是人民群众追求高品质生活的共识和呼声",党一直将生态文明建设作为"五位一体"总体布局之一,并将其作为一项政治任务,要求各级党委和政府担负起生态文明建设的政治责任,确保党中央关于生态文明建设各项决策部署落地见效,充分体现了党对生态问题的重视,也体现了党以人为本的责任担当。

三、人与自然和谐共生的国际维度:以中国生态现代化加速推进全球绿色转型

习近平总书记在全国生态环境保护大会上指出:推进碳达峰碳中和是党中央经过深思熟虑作出的重大战略决策,是我们对国际社会的庄严承诺。从构建"人类命运共同体"到推动实现"碳达峰、碳中和",基于全人类视野而将中国生态现代化进程推向全球,代表着中华民族在实现人与自然和谐共生现代化进程中高度自觉的全人类意识和使命担当。这既彰显了中国的生态现代化可以为全球生态建设做出贡献,又将全球生态治理从建议性或意见性的阶段提升到实践性的阶段。

人与自然和谐共生的现代化思想是伴随着生态文明思想的发展而发展的。纵观人类生态文明发展史,生态意识自产生伊始就具有全球性。从卡逊的《寂静的春天》到罗马俱乐部的《增长的极限》,从《人类环境宣言》向全世界呼吁"只有一个地球"到1980年《我们共同的未来》,从法国学者弗·佩鲁公开发表《新发展观》到2012年世界各国领导人再次聚集在里约热内卢举行"里约+20"峰会,达成共

识，签署《我们希望的未来》，生态治理思想随着现代化在全球的推进越来越展现出实践性的特征。

发展中的问题只能通过发展来解决。生态危机产生于现代化在全球推进的过程中，需要通过现代化进程中世界各国的共同努力来解决。中国在人与自然和谐共生的现代化进程中为世界提供了全球生态治理经验。

第一，从全球生态治理的理论逻辑来看，一切事物、现象和过程都不是孤立存在的，整个世界是普遍联系的整体。因此，人们在认识世界和改造世界的过程中，不应当片面地割裂事物的联系。生态治理也是如此，人类只有一个地球家园，这就意味着地球村里的成员，虽然国别不同、社会制度不同、种族不同、宗教信仰不同、核心价值观不同，但基于地球的唯一性和地球相对于人类的先在性，世界各国人民在面对人类共同面对的生态危机时，应当超越地域、国别、种族、信仰等差异，将人类整体作为考虑国际事务和国家事务的基点，共同努力来应对共性和普遍性问题。这既是人类进入生态文明新时代的新要求，也是世界各国人民在发展过程中应当秉持的最基本的意识自觉、文化自觉和责任担当。

第二，从全球生态治理的现实逻辑来看，一方面，在全球展开的现代化深刻地改变着世界各国、各民族之间的关系，在你中有我、我中有你的利益共同体中，人们深刻反思并逐步认同全球治理体系的深刻变革；另一方面，以中国为代表的人类命运共同体先行者已经将全球生态治理实践自觉融入本国生态治理之中。面向未来，中国愿同各方一道，坚持走绿色发展之路，共筑生态文明之基，携手推进全球环境治理保护，为建设美丽清洁的世界做出积极贡献。随着现代西方工业文明在发展过程中带来全球生态危机困境，全人类面临前所未有的挑战，突破生态危机发展瓶颈走向生态文明成为全人类的必然选择。全球性生态治理如何从无意识走向有意识，进而内化为世界上各个国家的自身历史责任担当，是人类必须解决的重大现实问题。

第三，从全球生态治理的发展逻辑来看，习近平主席提出构建人类命运共同体，为全球生态治理提供了最根本的思想前提和价值导向。一方面，随着中国在世界地位的历史性转变，中国已经从世界的追随者逐步转变为世界的引领者，中国道路、中国制度、中国智慧、中国方案所构筑的"中国梦"，成为效仿的对象。全球生态治理观念的提出，标志着中国在全球生态治理上的高度自觉和责任担当，为全球生态治理树立了榜样并提供了可行性方案。另一方面，中国的"一带一路"建设，秉承人类命运共同体原则，开拓了全球经济发展新格局和生态治理新空间。中国通过与越来越多国家良性健康的合作，积极参与构建国际政治经济新秩序和中国话语体系，同时以中国制度优越性来回应世界各国对人类发展道路的困惑，必将在全球生态治理领域引领发展方向。

第三节

在全面推进中国式现代化进程中建设美丽中国

美丽中国建设是一个系统工程,这一系统工程以生态文明建设为基点,以实现人的全面发展为根本目标,以建立在人与自然基础上的人—自然—社会全面和谐为价值取向。美丽中国的生态梦何以可能?如何在全面推进中国式现代化进程中建设美丽中国?这就需要我们从现实中去寻找切实可行的实施路径。

一、加强党对生态建设的全面领导,形成人与自然和谐发展的现代化建设新格局

要加强党对生态建设的全面领导,推进生态治理体系和治理能力现代化,形成人与自然和谐发展的现代化建设新格局。生态现代化既是我国社会主义现代化的组成部分,同时也是国家治理体系现代化的组成部分,因此,国家治理体系和治理能力现代化决定了生态现代化的实现,而生态现代化也必然有利于构建完善的国家治理体系并进一步提升国家治理能力。形成生态文明建设的长效机制和社会合力有赖于国家治理体系、治理能力的现代化,后者对于生态文明建设科学水

平的提高，对于实现生态文明的平稳持续发展，具有重大意义。推进生态现代化是一项复杂的社会工程，需要以国家治理体系与国家治理能力现代化为前提条件，需要将生态现代化理念融入国家治理体系的全过程，以实现政府执政理念的生态转型为基础。

第一，要加强党的领导，实现政府执政理念的生态转型。政党是治理国家不可缺少的工具，中国共产党既是中国特色社会主义建设事业的领导核心，又是国家治理体系和治理能力现代化的核心推动力量。党的十八大报告指出，"要更加注重改进党的领导方式和执政方式，保证党领导人民有效治理国家"，要实现党的领导方式和执政方式的改进，就必须处理好党的领导、人民当家作主与依法治国之间的关系，调动多元社会主体参与治理机制创新的积极性，实现国家治理方式制度化和法治化，其关键是实现政府执政理念的生态转型。

过去有一个现象是不容忽视的，那就是我国经济的迅猛发展在一定意义上是以巨大的环境破坏和资源透支为其代价的。而这同传统发展模式以"GDP至上"为评价标准，以及政府单纯追求GDP的旧发展模式直接相关。传统的GDP核算方式是以经济总量的增加为尺度，往往忽视生态环境的破坏和资源的消耗。在贯彻落实新发展理念的背景下，政府执政理念发生生态转型，生态保护和治理在政府绩效管理中的权重加大，运用生态治理绩效管理的方法来考核与评价政府绩效成为重要课题。实现政府执政理念的生态转型其核心是实现人与自然的和谐发展，明确政府执政的生态价值取向和环境保护效应，在执政过程中通过定性分析与定量分析相结合的方式，处理好经济发展、自然保护、资源利用和公众需求之间的关系，使人与自然关系和谐理念的深入人心。

政府执政理念的生态转型，体现在要健全绿色考核机制，突出政府施政行为的生态指向。政府部门应该树立起科学的政绩观，建立

第七章 促进人与自然和谐共生

"绿色GDP"的考核标准，从而使政府主动承担起保护生态环境的主要责任，开展绿色行政和生态行政。在我国传统的GDP核算体系中，政府决策者们往往忽视经济结构、经济质量和社会效益，通过自然资源的过度消耗来换取高速增长的经济速度，造成了自然资源的极大破坏。因此，应当"建立和推广'绿色GDP'的核算体系，逐步将土地资源、矿产资源、生物资源、流动性资源（水力）等保护和利用程度，环境保护程度以及森林存量、废旧物品再生利用率、环节费用支出等多种指标纳入国家和地方经济整体的核算体系之中，消除原有核算方式的弊端"[①]。政府绩效管理的科学化、民主化和法治化是当代政府绩效管理研究的重要课题，对政府进行生态治理绩效管理，是指在对政府绩效进行管理、测量和评定的过程中，将生态环境指标纳入生态治理体系之中，同时以法律规定的形式确定其权威性地位，保障其制度化、规范化、连续性和稳定性。要建立绿色政府绩效考核体系，用"绿色GDP"核算体系取代原来的GDP核算体系，这就避免了传统的绩效评估体系片面夸大经济效益，忽视环境资源成本的缺陷，将环境、社会现象等因素也纳入政府官员绩效指标体系中，从而使国民经济的发展和生态现代化的进程有机统一。

从政府生态治理来看，实施"绿色GDP"核算可以促使各级政府制定出更为合理的、符合可持续发展要求的经济发展战略，改变长期以来所形成的以忽视和破坏生态环境为代价的单纯的、片面的经济增长方式。从政府对企业的监督来看，政府以立法的形式对企业的经营方式、经营理念、经营后果进行监督，禁止企业以牺牲生态环境为代价的短期追求经济利益行为，要求其承担相应的生态责任与社会责

[①] 袁林鹏：《论科学发展观视域中的生态政治建设》，载《党政干部论坛》2010年第4期。

任，从而使生态治理具有稳定性和长期性。从政府对民众的宣传来看，政府通过生态治理投资比重和效果、居民环保知识普及度、居民对周边环境满意度等指标，进一步了解群众对生态环境的要求，从而有效加强改进自身的生态治理水平和监管力度。

继党的十七大强调建立环境保护责任制的重要性之后，党的十八大对"绿色GDP"考核标准提出了新的要求，要求将生态问题纳入经济社会发展评价体系，建立以生态文明为发展目标的政绩考核标准，将生态文明渗透到干部考核、核实、评价的全过程。"政府绩效考核具有推进我国政治体制改革、监督政府行为、提高政府绩效、维护政府信誉和形象、发挥政府政治功能与管理功能等作用。"[1]党的十八届三中全会提出"对领导干部实行自然资源资产离任审计"和"建立生态环境损害责任终身追究制"，这对广大干部提出了具体要求，广大干部要意识到自然资源的价值并承担起对本人任职地区自然资源资产保值增值的责任。过去很长一段时间，一些领导干部为了政绩不惜牺牲自己任职地区的生态利益来换取经济利益，现在对领导干部自身的生态环境考核要求，使得领导干部自觉承担起对切实做好保护自然资源资产的监督管理，不仅要确保在离任审计时获得良好评价，而且要考虑到离任后的情况。此外，还要完善相关制度和技术手段，通过技术标准在生态文明建设中规范作用的发挥，来制定生态文明建设技术标准体系。要制定完善国家综合性环境控制质量标准，制定和完善各类产业标准和行业性的资源能源消耗标准，建立生态文明建设技术标准的强制认证制度，从而在加快国家生态标准体系建设的同时，促进产业的生态化进程。

---

[1] 祖海芹、郑艳丽：《对公共管理中政府绩效考核的探析》，载《河北经贸大学学报》2005年第3期。

第二，要加强党的环境执政能力建设，促进政府生态职能的制度化、法治化。

一是要将生态优先确立为政府职能的根本价值取向。价值取向在价值哲学的构成中占有重要地位，是指价值主体在自身价值观基础上产生的相应价值评价和价值追求。政府职能的价值取向是政府活动的出发点与归宿，当代社会面对全球性的生态危机，政府职能由追求经济效益转变为追求经济效益、社会效益、生态效益的辩证统一。执政者越来越明白，生态效益是经济社会效益的前提和基础，在发展中要坚持生态优先。生态优先是指政府在执行自身职能时要处理好人与自然的和谐关系。人与自然关系的和谐，既包括人与自然的自然性和谐，即人作为自然生态系统中的一分子与自然生态系统之间的平衡、稳定关系；又包括人与自然的能动性和谐，即人在尊重客观规律基础上充分发挥主观能动性来创造人类所需要的生产生活条件的过程；还包括人与自然的社会性和谐，即人与自然的关系，通过人与人、人与社会的关系而得以实现政府职能的生态优先，应当体现为生态效益、经济效益和社会效益的辩证统一，而当三者发生利益冲突时，要优先考虑生态效益。

二是要加强政府的生态治理功能。生态治理不等同于简单的环境保护，而是以促进人类生存与发展为目的，在人类生产、生活的过程中，实现人与自然的和谐相处。政府部门要想承担生态政治建设的重要责任，需要实现以下三个范式转换。首先，要实现由污染治理到污染预防的范式转换。要突破传统生态治理仅仅对环境污染的有效治理范畴，实现从治理到预防的转变，这一转变标志着人们对生态治理的认识层次有所提高，由消极被动转变为积极主动。其次，要实现由局部治理到整体治理的范式转换。政府要加强顶层设计，不仅将人与自然、社会看成一个整体，更要用系统论的观点来看待我国的生态问题。既不能"头痛医头，脚痛医脚"，又不能"画地为牢，分区而治"，要树立全局意识和整体观念，通过建立生态治理平衡机制和生态补偿机制，以促进各治理主体相互协调、统一行动。最后，实现由政府单一管制到社会协同多元治理的范式转换。政府管制对经济发展及生态治理发挥了重要作用，但随着经济社会发展，政府的单一管制模式越来越暴露出欠缺性，社会的多元化治理模式势在必行。这就需要一方面充分发挥政府部门的主导作用，一方面充分调动企业、社会民众及非政府组织的积极性，发挥多元主体的作用。

二、树立人与自然和谐共生生态理念，实现生产生活方式绿色转型

要树立人与自然和谐共生生态理念，即美丽中国的构建必须建立在生态价值观的基础之上。自然价值的固有属性是客观的，存在方式是普遍的。人应当突破传统道德的局限，对自然界承担相应的道德义务。当今生态问题的一个重要根源就是主体责任的缺失，生态问题的解决需要社会各生态主体承担起生态责任，树立生态价值观并在生态价值观的理念下实现范式转变。

第一，要培养主体生态责任价值观。从政府层面上来看，要实现执政理念的生态转型，关键在于实现政府决策中的生态自觉，即要树立"绿色GDP"意识，确立以生态准则为核心的经济发展战略，建立健全生态问责制。要树立生态经济理念，引领生态经济；创新绿色科技，推动生态经济；引入市场机制，激活生态经济。从企业层面来讲，要加强企业生态文化建设，树立全新的绿色经营理念、盈利理念和企业运营模式，使保护环境、维护生态平衡的理念贯穿于企业的管理理念、制度建设、科技创新中，从而实现企业市场行为的生态本

质。从公民个人角度来看，生态公民的培养成为必然。所谓生态公民，是指具有环境人权意识、良好素质和责任意识、具有生态意识的公民。而当前我国面对全球性生态危机时，公民生态意识的缺乏客观地促成了急功近利的生产方式和铺张浪费的生活方式。因此，要通过宣传教育，提高公民的生态素质，培养公民生态意识。还要促使公民在追求生活舒适的同时，树立绿色消费理念，注重环保、节约资源。

第二，要实现主体生态责任的范式转变。一是从政府层面来看，要改变传统的政府主体角色和主体行政方式，积极完善和健全党委领导、政府负责、社会协同、公众参与的生态治理和社会治理的新格局，强化整体领导和沟通协调，不断提升决策水平和执行效率，实现从"政府主体"到"政府主导"的范式转变：从政策导向上，培育完善的政策引导体系；从发展方式层面上，构建科学发展观指导下的新型发展模式。二是从公众层面上来看，要改变传统的公民他律和自律角色，调动和激发人民群众参与生态社会建设的积极性，提高公众在生态社会建设中的参与度，实现从"公民自律"到"公民自觉"的范式转变：从观念层面上，培养全民生态意识的养成；从生活方式上，倡导低碳消费行为与理念；从社会参与上，培育全民参与的社会意识。三是从企业市场层面来看，要改变传统的被动接受局面，创新企业管理手段和方式，完善管理技术，积极动员和挖掘企业自身资源和潜在优势，采取积极主动的迎战策略，实现从"被动接受"到"主动参与"的范式转变：从国际合作上，将美丽中国建设融入世界生态现代化进程；从国内建设上，挖掘自身生态资源打造山清水秀的人居环境。

三、构建人与自然和谐共生生态环境治理体系,实现中华民族永续发展

要构建人与自然和谐共生生态环境治理体系,实现中华民族永续发展,就要实现生态文明建设的制度化。即用制度保护生态环境,促进人与自然和谐共生。当前,从生态文明制度建设的现状来看,我们已经出台了不少生态环境保护方面的制度措施,但仍然存在生态文明制度建设观念滞后,制度体系不系统、不完整、不配套和政策措施不协调等问题。因此,要通过健全生态建设的法律法规,建立和完善生态环境监控体系和社会保障机制,为美丽中国建设提供制度保障。

第一,建立健全生态文明制度的内容机制。针对我国当前生态文明建设所面临的突出问题,党的十八届三中全会按照"源头严防、过程严管、后果严惩"的思路,采取问题倒逼改革的方法,对生态文明制度建设作出全面部署。首先,从源头保护上,要建立生态价值评估制度。以承认自然价值为前提,以处理好人与自然关系为基础,对现有的生态环境进行生态价值评估,建立最严格的生态红线管理办法。其次,从过程管理上,建立有效生态保护机制。要建立生态足迹制度,即通过对人与自然关系的回顾,直视人类对自然环境的破坏,进一步明确处理人与自然关系中应承担的道德责任,从而使自然界能够持续为人类及其他生物提供资源和发展空间。最后,从评价体系上,通过制定严格的生态破坏责任追究制度,把生态建设与生态修复同时纳入各级政府目标考核,对已造成生态损害的企业和个人依法追究责任。此外,要奖惩并存,通过建立配套的生态补偿基金制度,鼓励生态主体对生态环境的保护行为,对其给予一定的生态补偿。

第二,加强生态文明制度的实施机制。如果实施机制滞后于制度

的话，不但制度的稳定性和权威性会受到削弱，还会使人们对制度机制失去耐心和信心，形成藐视制度的文化心理。因此，完善生态文明的实施机制对提高生态文明制度建设的实效性至关重要。一方面，要通过构建科学系统的生态文明评价指标体系，来提升生态文明制度安排的决策水平。生态文明评价指标体系是考核生态文明建设绩效的重要实践内容。必须将生态系统健康作为基本内容，以体现生态系统健康为导向。要坚持资源环境利用总量和强度控制的双重约束。现代化建设过程中，大量自然资源的消耗和资源环境的保护是同时进行的。要严格控制能源、矿产资源和水资源的消耗总量，倒逼产业效率提升和产业升级。生态文明评价要和各地政府的绩效评价紧密结合，设立领导干部生态环境指标考核制度，引入生态环境考核制度，推动各地的生态文明制度建设。另一方面，要加强监管力度，通过多种方式如激励机制、监督机制等促进生态文明建设的制度创新。要从我国国情出发，建立一套系统完整的维护生态文明建设的法律与制度体系，促进生态文明建设法治化、制度化；探索中国特色的生态文明建设考核机制和跟踪评价办法；建立生态文明建设考核制度和问责制度，严格监督考核，完善生态文明建设机制。要充分发挥人大、政协、媒体、公众的监督作用，引入互联网、物联网和云技术等先进技术，搭建生态文明建设信息管理平台，方便公众依法监督政府和企业的行为，努力实现生态文明建设全过程的公开性、透明性和可监督性。

初心如磐
——中国式现代化的本质要求

📖 **延伸阅读**

努力建设人与自然和谐共生的现代化
——习近平总书记引领生态文明建设纪实*

盛夏时节,万物荣华,大美中国,江山如画。

云南洱海碧波万顷,不远处苍山青翠。8年前洱海湖畔,习近平总书记留下"立此存照"的约定,殷殷嘱咐:"一定要把洱海保护好,让'苍山不墨千秋画,洱海无弦万古琴'的自然美景永驻人间。"

系统治理生态环境,全流域加强保护修复,如今苍山洱海风光更加绮丽。

陕西秦岭群山巍峨,清泉映碧翠,一脉承古今。3年前秦岭深处,习近平总书记迎着清冽山风举目远眺,语重心长:"生态文明建设并不是说把多少真金白银捧在手里,而是为历史、为子孙后代去做。"

牢记嘱托,当好秦岭"生态卫士",秦岭陕西段生态状况评价为"优""优良"等级面积已首次超过99%。

山一程,水一程,情系"国之大者"。从东南沿海到黄土高坡,从东北平原到青藏高原,党的十八大以来,习近平总书记走到哪里,就把生态文明建设的理念讲到哪里,对生态文明建设念兹在兹,倾注巨大心血。

2018年5月,党中央召开全国生态环境保护大会,正式确立习

---

* 参见《努力建设人与自然和谐共生的现代化——习近平总书记引领生态文明建设纪实》,载《人民日报》2023年7月17日。编者对内容有所修改。

近平生态文明思想，系统阐释人与自然、保护与发展、环境与民生、国内与国际等关系，标志着我们党对社会主义生态文明建设的规律性认识达到新的高度。

思想之光照亮前行之路。新时代十年来，我国生态文明建设发生历史性、转折性、全局性变化，创造了举世瞩目的生态奇迹和绿色发展奇迹。阔步新征程，党的二十大报告中的话语激荡人心："中国式现代化是人与自然和谐共生的现代化""必须牢固树立和践行绿水青山就是金山银山的理念，站在人与自然和谐共生的高度谋划发展"。

神州大地，习近平生态文明思想深入人心，筑牢中国式现代化的生态根基，让人民群众在绿水青山中共享自然之美、生命之美、生活之美。

第八章

推动构建人类命运共同体

构建人类命运共同体是世界各国人民的前途所在。中国坚持对话协商，推动建设一个持久和平的世界；坚持共建共享，推动建设一个普遍安全的世界；坚持合作共赢，推动建设一个共同繁荣的世界；坚持交流互鉴，推动建设一个开放包容的世界；坚持绿色低碳，推动建设一个清洁美丽的世界。

当前，世界正经历百年未有之大变局，世界、时代、历史正在发生前所未有的剧变。世界怎么了，人类社会向何处去，建设一个什么样的世界，如何建设这个世界，便成为全球亟待回答的重大现实问题。基于此，习近平总书记深刻把握人类社会历史经验和发展规律，从中国与世界的共同利益出发，提出了构建人类命运共同体的重大倡议。人类命运共同体理念的提出，回应了各国人民求和平、谋发展、促合作的普遍诉求，这不仅是中华优秀传统文化内蕴的天下情怀的彰显，也是中国式现代化发展道路内蕴的"和平、发展、公平、正义、民主、自由"价值基因的彰显。党的二十大报告在中国式现代化本质要求的维度上，进一步对推动构建人类命运共同体做出了定位。推动构建人类命运共同体在何种意义上构成中国式现代化的本质要求等一系列问题亟待回答。

第一节

推动构建人类命运共同体是中国式现代化的本质要求

党的二十大报告指出,"推动构建人类命运共同体,创造人类文明新形态"是中国式现代化的本质要求之一。我们应当如何理解推动构建人类命运共同体是中国式现代化的本质要求?对此,需要作深入阐释。

一、推动构建人类命运共同体是中国式现代化发展道路必不可少的重要组成部分

党的十八大以来,党中央审时度势、果敢抉择,对"五位一体"总体布局作了全面部署,团结带领全国各族人民全面推进经济建设、政治建设、文化建设、社会建设和生态文明建设,我国实现了一系列突破性进展,取得了举世瞩目的伟大成就:创立了习近平新时代中国特色社会主义思想,提出一系列治国理政新理念新思想新战略,实现了马克思主义中国化时代化新的飞跃;着力推进高质量发展,推动构建新发展格局,我国经济实力实现历史性跃升;以中国式现代化推进中华民族伟大复兴,不断丰富和发展人类文明新形态;坚持推进社会

主义生态文明建设，坚持山水林田湖草沙一体化保护和系统治理，我们的祖国天更蓝、山更绿、水更清，美丽中国建设成效显著；坚持精准扶贫，打赢了人类历史上规模最大的全面脱贫攻坚战，历史性地解决了绝对贫困问题。可以说，这些历史性成就的取得为中国式现代化道路的发展奠定了坚实的基础。

在这些历史性成就的基础上，我国全面推进中国特色大国外交，并提出了推动构建人类命运共同体的中国方案。这不仅是对"五位一体"的总体布局的进一步部署，更是为中国式现代化道路发展进一步营造良好的国际环境，致力于最大限度增进世界人民福祉，实现各方利益的最大公约数。进而言之，作为我国全面推进中国特色大国外交重要内容和重要举措，推动构建人类命运共同体理念的提出，涵盖了中国特色大国外交的全部核心价值理念，旨在构建公正合理的国际政治经济新秩序，维护全球的和平、发展、公平、正义、民主、自由，尊重世界文明多样性，实现各方的互利共赢，进而与世界人民共同建设一个"持久和平""普遍安全""共同繁荣""开放包容""清洁美丽"的新世界。坚持推动构建人类命运共同体作为中国式现代化发展道路的重要组成部分，不仅关乎外部世界对中国式现代化的认知，更是彰显中国式现代化的内在价值理念和价值诉求。推动构建人类命运共同体必然是中国式现代化本质要求的题中之义。

二、推动构建人类命运共同体内含着中国式现代化的核心价值理念

中国式现代化不同于西方的内源现代化，而是在中国共产党领导下的，将马克思主义基本原理与中国具体实际、中华优秀传统文化相结合，超越西方现代化桎梏和逐渐摆脱其影响而形成的后发赶超的现

第八章
推动构建人类命运共同体

代化新范式。中国式现代化虽然具有西方现代化的某些特征，但又与西方现代化有着根本差异。中西现代化道路的不同决定了两种现代化发展范式核心价值理念的差异。中国式现代化的核心价值理念可以概括为"和平、发展、公平、正义、民主、自由"，突出表现为我国提出的推动构建人类命运共同体的价值理念。

推动构建人类命运共同体的实践，内含"和平、发展、公平、正义、民主、自由"价值理念，旨在通过中国式现代化发展道路实现快速崛起，从而推动全球治理体系建设与改革，进而增进世界人民福祉，实现各方利益的最大公约数。而这实际上正是中国式现代化的价值追求和价值目标。

第一，推动构建人类命运共同体，主张以共同安全和合作共赢破解现行全球治理体系的和平赤字与发展赤字。构建全球治理体系的初衷是避免重现两次世界大战的悲剧，以集体性行动有效地解决全球性问题，增进全人类的共同利益。然而，西方发达国家作为全球治理体系的领导者，以"治理之名"行"统治之实"。这主要表现为：西方发达国家以"普世价值"为掩护，表面上倡导和平与发展的价值理念，实际上其在资本逻辑的策动下，既假借"反恐"之名发动对外战争，又大力发展新型核武器，导致世界和平形势依然严峻。同时，西方发达国家基于自身利益量身制定了全球经贸规则，并假借援助之名大肆输出新自由主义，不仅导致拉美国家陷入"中等收入陷阱"，而且使全球利益分配严重失衡。"普世价值"是西方国家基于自身利益而精心打造的一套价值体系，以其作为价值理念，必然导致全球治理出现和平赤字与发展赤字。

面对各国人民对和平、发展的强烈追求，主张以共同安全与合作共赢破解和平赤字与发展赤字。共同安全即安全是共同的、平等的，一国要安全也要允许他国安全。只有树立共同安全观，增进各方的安全对话合作，尊重各方的核心利益关切，才能增进彼此的战略互信。同时，推动构建人类命运共同体的实践，旨在化解现行全球治理体系下全球财富分配不均的社会分化逻辑，致力于寻求各方利益的最大公约数，主张各国共同制定全球经贸规则，共享全球化发展成果。由此可见，人类命运共同体的概念内含的全人类共同价值，以安全的共同性和发展的普惠性，能够实现对现有全球治理体系价值理念的全面超越与修正，为全球治理体系的变革奠定坚实的价值基础。

第二，推动构建人类命运共同体，指明了全球治理体系的合作基础，即全球治理体系的公平与正义。公平与正义是"普世价值"论的核心要素，但西方发达国家在以"普世价值"作为全球治理体系实践中的价值理念时，存在双重标准。在公平方面，就各主体在全球治理体系中的地位而言，西方发达国家始终是全球治理体系的领导者、规则的制定者、特权与话语权的掌握者，而广大发展中国家则只是贡献公共产品而无领导权、话语权的"利益攸关方"，双方呈现出"中心—边缘"式的等级结构。就全球治理体系的责任分担与利益分配而言，西方发达国家不考虑各主体的发展差异，要求责任均担却不愿利益共享，从而导致双方难以达成合作共识。在正义方面，资本逻辑驱使西方发达国家通过战争、转嫁危机、"生态殖民"等方式在全球范围内到处开发，掠夺了大量的物质财富，不仅给广大发展中国家带来了严重的灾难，也严重侵害了这些国家和地区的人权，从而衍生了一系列全球性问题，进一步加剧了全球治理的负担。

面对现行全球治理体系的种种不公正表现，人类命运共同体概念内含的公平、正义等全人类共同价值，有利于建设一个公正合理的全球治理体系，倡导在新型国际关系下，根据各国发展差异与具体国情，坚持"共同的但有区别的责任"，平等参与国际事务，共享全球化发展成果。同时，推动构建人类命运共同体的理念和实践，坚定不移地推动全球治理体系朝着公平正义的方向发展，坚决反对以牺牲他国利益为代价来换取自身利益的损人利己行径。只有保障全球治理体系的公平正义，才能有效增进全球治理体系的合作共识，才能切实将休戚与共的人类命运共同体意识融入全球治理体系的议题设置、规则制定、方案选择以及治理实践之中。

第三，推动构建人类命运共同体，明确了全球治理体系的发展方向，那就是保障全球治理体系的民主与各参与主体的自由。西方发达国家在以"普世价值"作为全球治理体系实践的价值理念过程中，对西方政治制度的"完美性"深信不疑，大肆宣扬、推广西方宪政和分权制衡的西式民主，并致力于建立制度"同质化"的世界。当遇到与西方政治制度存在根本差异的政治制度时，西方发达国家借民主之名，多次策划了"颜色革命"，妄图更迭他国政权、取代他国文明，进而实现其霸权统治的目的。发生"颜色革命"的国家均有不同程度的社会动荡，这加剧了全球治理的负担。实际上，在当代西方社会，"政治不信任和政治冷漠成为普遍问题，选举制度失灵和政治精英失职随处可见，越来越多的普通民众将本国的社会治理认作'劣治'"[1]，因而越来越多的西方民众陷入"对民主的焦虑"之中。同时，西方发达国家出于自身特殊利益，无视制度、文明的差异，肆意干涉他国选择发展道路、发展模式、政治制度的自由，不仅使被干涉的民族国家丧失了独立自主，而且也导致其因未能选择适宜国情的最佳发展方式，出现了种种社会问题。由于国家治理是全球治理的基础，因此这些被干涉国家能力的弱化以及由此产生的一系列问题十分不利于全球治理发展。

---

[1] 魏南枝、黄平：《西方"民主赤字"背后的制度性缺陷》，载《光明日报》2018年4月17日。

初心如磐
——中国式现代化的本质要求

面对现行全球治理体系民主与自由的缺失，人类命运共同体内含的民主、自由的全人类共同价值，立足于完善全球治理的目标，顺应各国人民对民主、自由的全人类共同价值的强烈追求，致力于构建共商共建共享的全球治理体系，真正践行多边主义。推动构建人类命运共同体，从推动完善全球治理体系出发，坚决反对少数国家借多边主义行霸权主义和强权政治的单边主义行径，主张各国不分大小、强弱共同参与国际事务，共同书写国际规则，并坚定不移致力于提升发展中国家在全球治理体系中的代表性和发言权。同时，人类命运共同体承认多元制度与多元文明存在的合理性、正当性，认为任何制度与文明都是人类文化的重要组成部分，并不存在单一制度与单一文明的"同质化"世界。人类命运共同体的观念坚决反对以一种制度、一种文明取代他国制度与他国文明的狭隘行径，认为这样做只会给人类带来灾难。在此基础上，人类命运共同体尊重和捍卫各国人民选择自身发展道路、发展模式、政治制度的权利与自由，坚决反对少数国家集团以治理之名裹挟、强迫发展中国家接受各种制度规范的霸权行径。因为发展与民主"是各国人民的权利，而不是少数国家的专利"[①]。同时，中国式现代化发展道路所取得的伟大成就已经充分证明，"现代化道路并没有固定模式，适合自己的才是最好的"[②]，每个国家自主探索与选择的自由都应得到尊重。只有最大限度地保障各国的民主与自由，才能推动全球治理体系不断完善，进而增进世界人民福祉。

总而言之，推动构建人类命运共同体作为中国式现代化发展道路

[①] 习近平：《加强政党合作　共谋人民幸福——在中国共产党与世界政党领导人峰会上的主旨讲话》，人民出版社2021年版，第5—6页。

[②] 习近平：《加强政党合作　共谋人民幸福——在中国共产党与世界政党领导人峰会上的主旨讲话》，人民出版社2021年版，第8页。

的重要组成部分，不仅内含着中国式现代化的全部核心价值理念，更是在切实践行核心价值理念的过程中逐步实现了中国式现代化的价值诉求和价值目标。这不仅有效帮助外部世界树立了关于中国和中国式现代化的正确认知，也在外部世界的广泛认同和赞誉中使中国式现代化成为全球现代化发展的新范式。因此，推动构建人类命运共同体必然构成中国式现代化的本质要求。

第二节

推动构建人类命运共同体彰显中国式现代化的天下胸怀

中国式现代化植根于中华文明之中。作为中华文明智慧结晶和中华优秀传统文化的产物,中国式现代化深刻蕴含着中华文明"天下为公、民为邦本、为政以德、革故鼎新、天人合一、自强不息、厚德载物、讲信修睦、亲仁善邻"等价值观念。进入新时代,中国共产党人始终坚持胸怀天下,以世界眼光关注人类前途命运,以人类命运共同体理念推进全球治理现代化,引领世界和平发展新潮流,推动构建公平正义的国际治理新秩序,成为人类发展进步的重要力量。

一、推动构建人类命运共同体指明了现代化的正确发展方向

肇始于西方的现代化,在资本逻辑的策动下,伴随资本的对外扩张,最终成为全球现代化发展的主要参照和范式。实际上,在西方现代化发展模式对外输出的过程中,产生了诸多"水土不服"的不良反应,处处充满了火与血的暴力。

一方面,这是因为西方现代化是以西方为中心的两极分化的现代

第八章
推动构建人类命运共同体

化,具有根深蒂固的等级性和排他性。西方发达国家始终是国际政治经济秩序的主导者、规则的制定者、话语权的掌握者、核心利益的主要获得者。换言之,西方发达国家始终扮演着世界秩序的主宰者角色,而广大发展中国家和地区只是作为被治理者的"负责的利益攸关方",并没有获得与西方发达国家同等的或近似的利益和话语权。伴随着西式现代化发展模式的强势输出,整个世界日益呈现出严重的西富东贫、南强北弱的两极分化状态,财产愈益聚集在少数人手中,东方愈益从属于西方,以致全球发展严重失衡。因此,西方现代化是两极分化的病态的现代化。

另一方面,西方现代化是对外剥削和侵略的现代化发展模式。在资本逻辑的策动下,西方国家从圈地运动和黑奴贸易,到全球范围内"到处落户,到处开发"①,到处利用、到处剥削,妄图建立制度和文明同质化的单一世界。可以说,西方现代化的强势输出给全球带来了惨重的灾难,不仅导致全球多地爆发混乱,使世界局势动荡不安,而且对被殖民国家乃至全球生态环境造成毁灭性破坏,致使全人类的可持续发展面临严峻威胁。马克思曾指出:资本来到世间,从头到脚,每个毛孔都滴着血和肮脏的东西。②随着西方现代化恶果的逐渐显现,世界上越来越多的国家和人民认识到西方现代化绝非现代化的最佳选择,更无法给全人类创造美好未来。

中国在中国共产党的领导下,克服西方现代化的种种弊端,继承中华优秀传统文化,经过亿万人民群众的艰辛探索,成功走出了"代

---

① 《马克思恩格斯文集》(第二卷),人民出版社2009年版,第35页。
② 《马克思恩格斯文集》(第五卷),人民出版社2009年版,第871页。

初心如磐
——中国式现代化的本质要求

表人类文明进步的发展方向,展现了不同于西方现代化发展模式"①的中国式现代化道路。中国式现代化蕴含着与西方现代化有本质不同的"独特世界观、价值观、历史观、文明观、民主观、生态观及其伟大实践,是对世界现代化理论和实践的重大创新"②,而这鲜明体现在推动构建人类命运共同体的理念上。

第一,推动构建人类命运共同体是中国式现代化天下胸怀的鲜明体现。面对层出不穷的全球性挑战以及全球治理的集体性行动困境,推动构建人类命运共同体的主张始终强调互利共赢、命运与共、共享发展的价值理念,主张以协商化解分歧,以合作应对挑战,"倡导践行真正的多边主义,旗帜鲜明反对一切霸权主义和强权政治,毫不动摇反对任何单边主义、保护主义、霸凌行径"③,切实发挥维护世界和平和地区稳定的大国作用,积极推动全球治理体系改革和建设,从而在共同安全和共同发展的基础上实现各方利益的最大公约数。

第二,推动构建人类命运共同体在引领人类文明发展方向中创新人类多元文明共存理念。中国式现代化的巨大成功有效打破了西方文明优越的神话和文明"冲突—野蛮"的悖论。推动构建人类命运共同体,即主张以文明交流超越文明隔阂,以文明互鉴超越文明冲突,以文明共存超越文明优越,不仅坚决反对妄图以一种文明消灭、同化其他文明的野蛮行径,而且坚决反对"一些国家通过战争、殖民、掠夺

---

① 《习近平在学习贯彻党的二十大精神研讨班开班式上发表重要讲话强调　正确理解和大力推进中国式现代化》,载《人民日报》2023年2月8日。
② 《习近平在学习贯彻党的二十大精神研讨班开班式上发表重要讲话强调　正确理解和大力推进中国式现代化》,载《人民日报》2023年2月8日。
③ 习近平:《高举中国特色社会主义伟大旗帜　为全面建设社会主义现代化国家而团结奋斗——在中国共产党第二十次全国代表大会上的报告》,人民出版社2022年版,第13页。

第八章
推动构建人类命运共同体

等方式实现现代化的老路"①,因为这只会给人类多元文明乃至全球带来灾难。所以,人类命运共同体将高举和平、发展、合作、共赢旗帜,既坚定维护世界和平与发展中推动中国式现代化发展,又以中国式现代化发展更好地为世界人民谋幸福、谋福祉,从而为人类文明和现代化发展指明康庄大道。

第三,推动构建人类命运共同体从全人类的前途命运出发,坚持共商共建共享的全球治理观,主张构建公正合理的全球生态治理体系,共同应对全球性生态问题,从而实现全球更高水平的永续发展。总之,推动构建人类命运共同体既彰显了中国式现代化的天下胸怀,又切实践行了中国式现代化为世界人民谋幸福、谋大同的初心使命,从而在克服国家主义与全球主义、全球化与本土化、个体主义与共同体主义之间的矛盾的基础上,与世界各国人民共谋未来,共享发展。

二、推动构建人类命运共同体致力于实现各方的共同利益

胸怀天下、立己达人。中国式现代化既是实现中华民族伟大复兴的现代化,也是塑造人类共同未来,并为世界人民谋福祉的现代化。中国将毫不动摇地坚持推动构建人类命运共同体,以中国式现代化发展为世界带来新机遇,为维护和实现各方共同利益贡献中国智慧和中国力量,从而把中国人民利益同世界各国人民利益统一起来,朝着推动构建人类命运共同体的方向前行。这一目标的实现离不开全球治理

---

① 习近平:《高举中国特色社会主义伟大旗帜 为全面建设社会主义现代化国家而团结奋斗——在中国共产党第二十次全国代表大会上的报告》,人民出版社2022年版,第23页。

的建设与改革。中国式现代化内含的人类命运共同体理念着眼于世界各国的当前利益与长远利益，从国际秩序、经济治理、安全治理以及生态治理四个方面，对各主体在全球治理中的共同利益作出了深刻的诠释，从而高度彰显了中国式现代化心系天下的大胸怀。

第一，从政治上来说，世界各国在全球治理中的共同利益是建立以《联合国宪章》宗旨和原则为核心的新型国际政治秩序和体系，实现从"被全球治理"到"参与全球治理"的角色转变。在现行以西方为中心的国际体系内，包括中国在内的众多发展中国家只是被强制纳入这个体系的"负责的利益攸关方"，即受压迫又贡献国际公共产品的一方。而人类命运共同体基于各国在全球治理中的共同利益，倡导建立以《联合国宪章》宗旨和原则为核心的平等合理的新型国际政治秩序，"推动建设相互尊重、公平正义、合作共赢的新型国际关系"[①]。人类命运共同体倡导在新型国际秩序和国际关系下，秉承共商、共建、共享的全球治理理念，坚持国际事务的解决大家商量着办的原则。不仅原来处于边缘地位的国家要参与国际事务的进程，而且原来没有参加、被排斥的国家和非政府组织也要参与进来，特别是要增加众多非政府组织和非洲落后国家的代表数，这样就会极大地提高第三世界国家和地区以及非政府组织在国际事务中的参与权和话语权。在新型国际秩序和体系中，各国不分大小、强弱、贫富，都有平等参与国际事务的权利，都有根据本国国情选择社会制度、探索自身发展道路的权利，均有共享国际发展成果的权利。人类命运共同体倡导下的这个新的世界秩序和体系，"它不再是西方中心主义式的'一国独霸'或'几方共治'，不再是为霸权主义国家利益服务的资本体

---

① 习近平：《决胜全面建成小康社会　夺取新时代中国特色社会主义伟大胜利——在中国共产党第十九次全国代表大会上的报告》，人民出版社2017年版，第58页。

第八章
推动构建人类命运共同体

系,而是奉行双赢、多赢和共赢的新理念,力求打造出由各国共同书写国际规则、共同治理全球事务、共同掌握世界命运的人类共同体,从而在共同发展中最大限度地实现各方利益的最大公约数"①。

第二,从经济上来说,世界各国在全球经济治理中的共同利益是建立以合作共赢为核心的新型国际经济秩序,缩小南北贫富差距,实现共同繁荣。现行国际经济秩序、规则的普适性外观下往往内含双重标准,主要对欧美发达国家有利。利益的单向性,使广大发展中国家和地区只分享了国际经济旧秩序下实现普遍利益的理念,却没有充分共享或根本没有共享这种秩序主导下的经济全球化的发展成果。

在新型国际经济秩序下,全球有着共同的战略利益,即促进经济可持续增长、实现共同繁荣。人类命运共同体倡导全球各国共同维护和发展开放型世界经济,构建多边贸易体制,"促进贸易和投资自由化便利化,推动经济全球化朝着更加开放、包容、普惠、平衡、共赢的方向发展"②,打造互利共赢的利益共同体。新型国际经济秩序下将由各国共同书写国际贸易规则,各国不分大小、强弱、贫富均有平等参与经济全球化的机会,共享经济全球化的发展成果。它为各国在全球贸易中完善自身产业布局,充分发挥本国经济潜力,实现与各国的战略对接与耦合,实现优势互补,统筹国际国内两个市场、两种资源提供了优质的平台;为各国在全球贸易中清除贸易壁垒,释放内需潜力、市场活力,实现投资自由化,促进资本在全球范围内的良性互动提供了可能;为各国经济持续健康发展提供了外在动力和制度保

---

① 刘同舫:《构建人类命运共同体对历史唯物主义的原创性贡献》,载《中国社会科学》2018年第7期。

② 习近平:《决胜全面建成小康社会 夺取新时代中国特色社会主义伟大胜利——在中国共产党第十九次全国代表大会上的报告》,人民出版社2017年版,第59页。

障；同时，也为解决各国政府债务增加、降低金融力量控制下的世界秩序对民族国家权力的冲击、国内产能过剩等问题提供了出路，为缩小广大发展中国家和落后地区与西方发达国家的贫富差距、实现共同繁荣提供了机遇。

第三，从安全上来说，世界各国在全球安全治理中的共同利益是顺应和平发展、合作共赢的时代潮流，实现综合安全。从人类发展史来看，在资本逻辑的逐利性、殖民性的策动下，世界经历了无数次大大小小的战争。直至今天，世界和平的形势依然严峻，局部战争仍然存在，整个世界是一个休戚与共的安全共同体。

人类命运共同体倡导共同、综合、合作、可持续的全球安全观，为世界各国铺筑一条共建、共享、共赢的安全之路。在传统安全威胁和非传统安全威胁面前，没有哪个国家能够独自应对，也没有哪个国家能够独守安全的孤岛。安全不仅是各国的特殊利益，更是全球的共同利益，因为各国人民有着共同的生存目标、发展需求和美好生活向往。世界各国无论大小、强弱，均面临着共同的安全威胁，即共同面临着核打击和恐怖主义的军事威胁、毒品贸易和重大传染性疾病的生存威胁、气候变暖与环境恶化的可持续发展威胁、网络信息犯罪的技术暴力威胁等。推动构建人类命运共同体，就是反对把自己的意志强加于他国，反对干涉他国内政，坚持以合作化解危机，"坚持以对话解决争端、以协商化解分歧，统筹应对传统和非传统安全威胁"[1]。安全是共同的、综合的、全球性的，一国要发展也要允许他国发展，一国要安全也要允许他国安全。在人类命运共同体倡导的综合安全观

---

[1] 习近平：《决胜全面建成小康社会 夺取新时代中国特色社会主义伟大胜利——在中国共产党第十九次全国代表大会上的报告》，人民出版社2017年版，第59页。

第八章
推动构建人类命运共同体

下,每个国家才可能抛开戒心,求同存异,增进战略互信,才可能在持久和平、普遍安全的国际环境下持续为人民谋求幸福和实现民族振兴,才可能在持久和平、普遍和谐的国际环境下共享人类文明发展的成果,才可能在持久和平、普遍稳定的国际环境下实现双赢、多赢和共赢。

第四,从生态上来说,世界各国在全球生态治理中的共同利益是建立人与自然和谐共生的全球生态治理体系,实现全人类更高水平的可持续发展。生态变化关乎各国人民福祉,关乎全人类的未来。人类命运共同体着眼于各国人民当前生存和代际生存的共同需要,倡导建立人与自然和谐共生的全球生态治理体系,为各国人民实现可持续生存和发展探索一个公平合理、行之有效的全球生态治理方案。

可持续生存和发展是各国人民的共同利益,诚如马克思所说,"人们为了能够'创造历史',必须能够生活"[1],即人的第一个活动是满足生存的需要。如果自然人化的链条中断,那么人类历史也就到此为止了。维护绿水青山、建设美丽地球家园是各国的根本利益所在,世界各国应在顺应自然、尊重自然、保护自然的基础上,携手共同应对全球生态问题,摒弃"先污染后治理,先破坏后建设的旧路、弯路"[2],构筑尊崇自然、绿色低碳循环发展的生态体系和经济体系,发展生态适应性经济;重点解决突出环境问题,降低化石能源消耗,减少温室气体排放;持续加大自然生态系统保护力度,创新生态环境监管体制改革。同时,在全球生态治理体系下,在全球生态治理的责任、排放标准以及资金供给上必须抛弃传统"一刀切"的做法;充分尊重发展中国家的发展阶段、发展政策、经济能力和经济结构的

---

[1] 《马克思恩格斯选集》(第一卷),人民出版社2012年版,第158页。
[2] 李桂花、杜颖:《"绿水青山就是金山银山"生态文明理念探析》,载《新疆师范大学学报(哲学社会科学版)》2019年第4期。

差异，在不损害广大发展中国家实现国家富强和提高人民生活水平的前提下，最大限度地参与全球生态治理，并为其提供相应生态治理资金和生态友好型技术。全球生态治理体系建设功在当代、利在千秋，只有在这个利益汇合点上，各国才能共享绿水青山、化解生存危机，实现更高水平的可持续发展。

可以说，人类命运共同体在全球治理中所寻求的各国共同利益超越了国家、种族和意识形态的界限，为各国实现共赢深化了合作共识、利益共识、发展共识。这既是中国式现代化通过全球治理改革与建设所要实现的目标，更是中国式现代化倾听世界人民心声，顺应时代发展大趋势，为世界人民谋大同的大胸怀、大格局的高度彰显。

三、推动构建人类命运共同体践行了实现全人类解放的终极目标

共同体是人类存在的基本形式，共同体的历史演进与人类发展"三形态"辩证统一于人的解放之中。也就是在"人的依赖关系"形态下形成的自然共同体，在"以物的依赖性为基础的人的独立性"形态下形成的"虚幻共同体"，个人全面发展和自由个性"形态下形成的"自由人联合体"。[1]

在"人的依赖关系"形态下的自然共同体中，人不具有独立性，完全依附于群体或共同体而存在，发展呈现出极端的片面性和孤立性。在"以物的依赖性为基础的人的独立性"阶段，个人的主体性和独立性得以凸显，但仅仅是处于普遍物化状态下的某种相对独立性，从神圣形象的自我异化解放出来又深陷于非神圣形象的自我异化，迷

---

[1] 参见《马克思恩格斯文集》（第八卷），人民出版社2009年版，第52页。

第八章
推动构建人类命运共同体

失在"商品拜物教"与"货币拜物教"之中。在这一阶段,资产阶级作为新兴的利益代表登上世界舞台,资产阶级一开始便以全体社会成员解放者的身份出现,赋予本阶级的特殊利益以普遍性的外观。资产阶级取得革命胜利后,这种共同利益便仅仅作为一种"普遍的东西"存在于观念之中,"正是由于特殊利益和共同利益之间的这种矛盾,共同利益才采取国家这种与实际的单个利益和全体利益相脱离的独立形式,同时采取虚幻的共同体形式"[1]。在"虚幻的共同体"的迷惑下,人们天真地分享了资本主义共同利益的理念,却没有分享共同利益的现实,在高度的物化、异化状态中"再度丧失了自己",人与人的关系变成了物与物的关系。"虚幻的共同体"不但装饰了"锁链"上那些虚幻的花朵,更进一步加剧了物化、异化状态,所以,终将被更高级的共同体形式所替代。在"以个人全面发展为基础的自由个性"阶段形成的"自由人联合体"下,人类才能抛开幻想的共同利益,获得现实的共同利益,才能从普遍的物化、异化状态下解放出来获得完全的自由个性,这正是人类命运共同体所趋向的终极目标。

人类命运共同体的构想正是基于当今世界共处于"以物的依赖性为基础的人的独立性"的第二大发展阶段的现实,在"虚幻的共同体"和"自由人联合体"之间寻求的人类解放道路。它最大限度地缩短"虚幻的共同体"与"自由人联合体"之间的现实差距,最大限度地缓解"虚幻的共同体"到"自由人联合体"之间的"阵痛",最大限度地使人从资本逻辑的物化和异化的奴役状态中恢复独立性、主体性,最大限度地增进世界人民的福祉,进而真正实现从"此岸世界"向"彼岸世界"的跨越,实现从"以物的依赖性为基础的人的独立性"向"以个人全面发展为基础的自由个性"的历史性飞跃。

---

[1] 参见《马克思恩格斯文集》(第一卷),人民出版社2009年版,第536页。

第三节

在推动构建人类命运共同体中丰富拓展中国式现代化

推动构建人类命运共同体作为中国式现代化的本质要求，不仅表明中国式现代化与西方现代化的霸权殖民、零和博弈以及加剧世界动荡的发展方式有着根本差异，而且高度彰显了中国式现代化坚持胸怀天下，为世界人民谋幸福、谋大同的初心使命。因此，中国式现代化必将在推动构建人类命运共同体中得到进一步丰富和拓展。

一、在推动全球治理体系建设与改革中促进世界和平发展和维护世界公平正义

推动构建人类命运共同体，旨在寻求各方利益的最大公约数，增进世界人民福祉。促进世界和平发展，维护世界公平正义是推动构建人类命运共同体的题中之义。而这主要是通过中国参与全球治理体系建设与改革来实现的。

一方面，推动构建人类命运共同体的实践内蕴和平、发展的全人类共同价值，纠正以牺牲他国安全谋求自身绝对安全的有害认识和灾难性认识。只有摒弃零和博弈的冷战思维，"坚持以对话解决争端，

第八章
推动构建人类命运共同体

以协商化解分歧，统筹应对传统和非传统安全威胁"[1]，才能真正实现世界的持久和平与普遍安全。同时，推动构建人类命运共同体的实践，旨在打破"'中心—边缘'式分工体系和利益分配格局"[2]，做大共同利益的蛋糕，进而缩小南北发展差距，最大限度缩小发展中国家与发达国家之间的矛盾分歧，从而实现各方的互利共赢。由此可见，推动构建人类命运共同体的实践以安全的共同性、发展的普惠性、利益的共享性，有力消解了威胁全球安全发展的不利因素。

另一方面，推动构建人类命运共同体的实践内蕴公平、正义的全人类共同价值，从无差别的人民立场出发，坚决反对现行全球治理体系"中心—边缘"式的等级结构，主张建立公平正义的新型国际关系。在这一理念的指引下，中国"绝不做损人利己、以邻为壑的事情"[3]，将坚定不移做全球治理体系和国际秩序公平正义的推动者、实践者，从而最大限度保障各国在全球治理中的权利平等、机会平等、地位平等。只有保障全球治理体系的公平正义，最大限度地寻求各方利益的最大公约数，才能进一步增强中国式现代化的国际影响力、感召力。

---

[1] 习近平：《决胜全面建成小康社会 夺取新时代中国特色社会主义伟大胜利——在中国共产党第十九次全国代表大会上的报告》，人民出版社2017年版，第59页。

[2] 刘同舫：《人类命运共同体对全球治理体系的历史性重构》，载《四川大学学报（哲学社会科学版）》2020年第5期。

[3] 习近平：《论坚持推动构建人类命运共同体》，中央文献出版社2018年版，第3页。

二、在推动全球治理体系变革中加强与世界各国的协调与合作

中国式现代化的丰富和拓展客观上离不开一个良好、稳定的国际环境。而推动全球治理体系变革作为构建人类命运共同体的重要组成部分，既是提升中国式现代化国际塑造力的必由之路，又是为丰富和拓展中国式现代化创造良好国际环境的必然选择。无论我们怎样看待全球治理体系变革，其良性发展及其变革的实现一定是在与世界各国的和平合作中实现，因为全球治理体系变革是国际社会共同的事情，单打独斗是行不通的。当前，全球治理体系变革遭遇极大困难，恰恰是部分主体不合作所致。因此，世界越是剧烈动荡变革，中国越是需要着重考虑如何与不同行为体进行协调与合作，进而在同各方的携手共进和互利共赢中稳步实现全球治理体系变革。基于此，笔者建议如下。

其一，中美两国协调与合作，形成推动全球治理体系变革的合力。中美两国作为全球前两大经济体和实力最为强大的两个国家，对全球治理体系变革和人类前途命运负有重大责任使命，如果双方深化合作，则可以在推动全球治理体系变革中有效解决诸多全球性问题。这既符合双边利益，也符合世界各国利益。虽然双方在全球治理体系变革问题上存在一定分歧，尤其是美国对中国推动全球治理体系变革还严重缺乏正确认知，但无论从美国自身的问题来看，还是从全球性问题的治理来看，美国都离不开中国的合作与支持。实际上，中国为全球提供更多公共产品不仅不损害美国国家利益，反而是美国的机遇，是双方相互成就和互利共赢的过程。因为，中国提供的公共产品不仅始终对美国开放，而且中国"也愿意参与美国提出的多边合作倡

第八章
推动构建人类命运共同体

议"[1]。地球有足够空间容纳中美两国，双方完全可以在对话合作中弥合关于全球治理体系变革的分歧，进而形成推动全球治理体系变革的合力。总之，世界越是不稳定，中美双方越是需要在全球治理体系变革上加强协调与合作，进而在为变乱交织的世界注入稳定性和正能量的过程中造福世界。这既是避免中美陷入"修昔底德陷阱"的重要前提，也是丰富和拓展中国式现代化的题中之义。

其二，加强与金砖国家的协调与合作，壮大发展中国家参与全球治理体系变革的力量。金砖五国作为新兴市场国家和广大发展中国家的代表，是全球治理体系变革的主要参与者和推动者，其强势崛起不仅有力冲击了美西方单边主宰下的全球治理体系格局，而且在全球治理体系中扮演着越来越重要的角色。但金砖国家在全球治理体系变革上共识相对较少、"互信程度相对较低"[2]以及成员数量少且发展不平衡，导致其在全球治理体系变革中的地位与影响力还不强。为此，中国作为金砖国家的创始国和核心力量，首先，应与其他成员围绕彼此的核心利益和广大发展中国家的共同利益，逐步将金砖机制打造成一个兼顾经济合作和政治合作的机制化平台，并发挥成员各自优势，在更多层级、更广领域、更大范围开展合作，进而在"构建更加全面、紧密、务实、包容的高质量伙伴关系"[3]中提升金砖国家的经济总量和整体实力，这是金砖国家在全球治理体系变革中发挥影响力的前提。其次，中国应着重加强与金砖成员在全球治理体系变革上的协

---

[1] 钟声：《承担大国责任才能合力造福世界》，载《人民日报》2023年11月24日。

[2] 何帆、冯维江、徐进：《全球治理体系机制面临的挑战及中国的对策》，载《世界经济与政治》2013年第4期。

[3] 习近平：《构建高质量伙伴关系 开启金砖合作新征程——在金砖国家领导人第十四次会晤上的讲话》，载《经济日报》2022年6月23日。

调与合作，努力消除成员在全球治理体系变革方向、进程等问题上的分歧，塑造成员在全球治理体系变革中的共同利益愿景，以此增进金砖国家内部的战略互信、凝聚力和行动合力。同时，在此基础上与金砖成员共同推动构建人类命运共同体，共同弘扬共商共建共享的全球治理体系观，共同落实联合国2030年可持续发展议程和中国三大全球倡议，共同为国际社会贡献公共产品，从而切实增强金砖国家在全球治理体系变革中的影响力和引领力。最后，稳步推进"金砖＋"扩员进程。"金砖＋"扩员是顺应新兴市场国家和发展中国家群体性崛起大趋势的必然选择，这不仅将显著提升金砖国家在全球治理体系变革中的代表性、发言权和竞争力，而且将进一步冲击美西方单边主宰下的霸权治理和强权政治，从而深刻改变发展中国家与发达国家在全球治理体系变革中的权力格局。因此，未来中国要毫不动摇推进金砖扩员进程，协调内部团结合作，进而在不断壮大金砖国家综合实力过程中使全球治理体系变革的主导权持续向发展中国家转移，从而在持续推进国际权力格局"东升西落"的过程中，为中国式现代化的平稳推进创造有利条件。

三、坚守和弘扬全人类共同价值

全人类共同价值是推动构建人类命运共同体的价值观基础，而人类命运共同体又是其实践场域。①中国式现代化是和平发展的现代化，是互利共赢的现代化，是人与自然和谐共生的现代化，是为世界人民谋幸福、谋大同的现代化，而这些特征在全人类共同价值中得到

---

① 林伯海：《论全人类共同价值与人类命运共同体的辩证关系》，载《马克思主义研究》2021年第11期。

了充分彰显。这就要求我们必须坚守和弘扬全人类共同价值，进而将全人类共同价值体现到本国人民和世界人民的根本利益中去，从而增进国际社会对中国式现代化的理解和认同，并使其得到进一步丰富和拓展。

首先，在实现共同利益中增进对全人类共同价值的"同情共感"。共同利益是人类社会共同体能否凝聚价值共识的重要影响因子，并影响着共同体的理性建构、运行成效和发展方向。长期以来，西方发达国家在以"普世价值"统摄世界的过程中，实际上维护的是其自身所代表的既得利益集团的特殊利益。广大发展中国家只是分享了实现共同利益的虚假观念，并未获得与西方发达国家相近似的利益，从而导致全球发展严重失衡。这不仅成为国际社会难以忍受的问题，而且也衍生出一系列全球性灾难，更是加剧了各主体间的价值分化。基于此，中国从"矫正正义"的原则出发，立足于各主体价值理念、发展阶段、利益诉求的差异性与独特性，顺应各国人民对"和平、发展、公平、正义、民主、自由"的强烈向往与追求，尊重各国人民对价值实现路径的探索，提出了符合各国人民共同利益的全人类共同价值。全人类共同价值并不以谋求中国国家私利为目的，而是出于实现各方利益最大公约数的共同情感，旨在消解"普世价值"对全球的价值统摄，并以此为"牵引触动"，唤醒、影响和塑造外部世界对全人类共同价值的信任与认同，增强全人类共同价值在情感上、道义上的感召力，进而在对全人类共同价值的确认中维护社会共同体的稳定并实现对集体性行动的寻求，从而在"同情共感"中将全人类共同价值实现于本国人民乃至世界人民的根本利益中，并为推动构建人类命运共同体奠定坚实的价值根基。

其次，在两种意识形态的较量中讲好中国故事。自社会主义制度诞生以来，社会主义与资本主义两种意识形态间的较量从未停止。特别是中国的崛起极大提升了中国道路和价值理念的国际影响力。因而，资本主义意识形态把社会主义中国的崛起视为对资本主义道路和制度的挑战，西方"宪政民主"和"普世价值"等思潮竭力争夺意识形态话语权，不断变换策略和手法实施西化分化图谋，"加大抹黑中国道路、理论、制度、文化的力度，意识形态领域渗透与反渗透的斗争形势复杂尖锐，争夺人心与阵地的斗争也十分激烈"[1]。在这种情势下，西方部分主体对全人类共同价值大肆歪曲，导致外部世界对中国和全人类共同价值的认知存在严重的"资讯赤字"。这就要求我国必须在同资本主义意识形态的较量中讲好中国故事，提升全人类共同价值的国际影响力和感召力。具体而言，其一，我们要加强对全人类共同价值的推广研究与阐释力度，形成支撑全人类共同价值的学术体系、话语体系，从而扩大全人类共同价值在国外传播的覆盖面并深化国外学界和民众对此的认知。其二，我们要深入研究和掌握信息传播、价值理性、制度规则、思维习惯等因素对弘扬全人类共同价值的影响，正确认识网络传播规律，在充分利用好现有国际舆论场和各种对外传播媒介、渠道的基础上，努力开辟新的传播渠道和平台，帮助国外民众获得大量且真实的关于全人类共同价值的一手信息，使更多的国外民众理解全人类共同价值，进而形成价值交融的文化场、动力场和话语场。其三，我们既要积极向外部世界阐释推介中国共产党的价值立场、初心使命、方针政策，鲜明地展现中国故事及其蕴含的价值力量、精神力量，帮助国外民众了解中国特色社会主义道路为什么能取得成功，讲清楚中国做了什么、未来要做什么，更要讲清楚中国不做什么、中国不是什么，以及中国会成为什么，进而向外部世界展示一个真实、立体、全面的中国。这对于增进彼此的战略互信，提升

---

[1] 甄占民：《意识形态工作强起来的战略任务》，载《求是》2018年第20期。

第八章
推动构建人类命运共同体

国际社会对全人类共同价值的认可度，具有重要意义。

最后，在交往实践中强化外部世界对全人类共同价值的认同基础。社会共同体成员不仅通过交往实践实现自身完善和共同发展，而且在共同发展中否定或承认彼此，进而产生价值分化或形成价值共识。面对层出不穷的全球性挑战，尤其是西方"普世价值"论无法有效解决既有问题的现实下，迫切需要各主体摒弃分歧、求同存异，以全人类共同价值引领交往实践。其引领交往实践的方式或结果，不仅构成了外部世界对其接受和认同的事实基础，而且影响着外部世界对其认同与否的选择导向。所以，我国在以全人类共同价值引领交往实践的过程中应建立有效的引领机制。

第一，建立对话而不对抗的新型交往机制。针对各主体间的分歧，中国始终主张构建以合作共赢为核心的新型国际关系，坚持倡导以对话协商化解分歧争端，坚决反对诉诸武力的暴力行径，始终致力于打造共建共享的国际安全格局，从而以和平发展取代冲突对抗。

第二，建立以真正实惠为基础的价值共识生成机制。西方发达国家在以"普世价值"论引领交往实践的过程中，并没有实现其所宣扬的美丽世界，反而带来了政治霸权、经济分化、社会撕裂、生态失衡、文明冲突等诸多人类无法忍受的后果，加剧了各主体间的价值分化。相反，全人类共同价值并不是被赋予普遍利益外观而实现特殊利益的工具，而是旨在增进世界人民福祉。各主体在对两种价值观的比较中，可以识破"普世价值"论的虚假性，进而唤起对共同价值的期许。

第三，建立共商共建共享的全球治理合作机制。与西方发达国家以"普世价值"论统摄全球治理所形成的单方主宰或几方共治不同，中国主张坚持多边主义体制，积极推进国际关系民主化，始终致力于提升广大发展中国家的代表数和发言权，认为各国不分大小、强弱一律平等，均有共同参与国际事务、共同书写国际规则、共享全球化发展成果的权利，以集体性行动实现各方利益的最大公约数。这就为以共商共建共享取代西方"普世价值"论实践中的单向性治理奠定了价值论的基础。

第四，建立求同存异的交流互鉴机制。与西方"普世价值"论致力于建立同质化世界的文明不同，中国倡导的全人类共同价值主张多元文明在交流互鉴中和谐共生，坚决反对以一种文明同化、消灭其他文明的野蛮行径。实践西方"普世价值"论带来的文明冲突必将被文明共生取代。

总之，全人类共同价值表明了中国式现代化与其他现代化的兼容性、中国发展与世界发展的相容性、中国梦与世界梦的一致性、中国利益与各国利益的共同性。它引领的交往实践所带来的是全球普惠性发展，这一点将逐渐获得更多国家和人民的认同。

人类命运共同体作为中国式现代化的本质要求，其倡导的和平发展、互利共赢、公平正义等价值理念，以及人类命运共同体致力于为世界人民谋幸福、谋大同的初心使命，不仅充分表明了中国式现代化与西方现代化的根本差异，更是高度彰显了中国式现代化的内在本质。因此，持续推动构建人类命运共同体，必将在进一步丰富和拓展中国式现代化进程中迸发出更加耀眼的光芒。

> 延伸阅读

与中国站在一起，推动构建人类命运共同体*

巴基斯坦作为中国的好邻居、好朋友、好伙伴、好兄弟，将始终与中国站在一起，共同推动世界和平与发展，共同推动构建人类命运共同体。

人类历史是一部逐步摆脱剥削和不公正的历史，是寻求公平的全球经济制度的历史。在经历了无数动荡和痛苦之后，人们认识到，持久的和平与繁荣来自相互依存与合作。过去几十年来，经济全球化深入发展，为世界经济快速增长开辟了新的前景。

人类命运共同体这一独特而新颖的理念，深深植根于中国几千年政治思想和文化传统。习近平主席阐释了人类命运共同体理念的深刻内涵。中国推动构建相互尊重、公平正义、合作共赢的新型国际关系，倡导共同、综合、合作、可持续的安全观，推动包容发展、创新发展、开放发展，促进和而不同的文化交流，推动加强全球生态文明建设，表明中国正在努力回答"人类向何处去"这一重大问题。习近平主席提出共建"一带一路"倡议、全球发展倡议、全球安全倡议、全球文明倡议等，展现推动共同发展繁荣的智慧，为构建人类命运共同体注入了重要动力。

共建"一带一路"深刻影响全球经贸格局，丰富了区域经济一体化和地区互联互通的内涵，有助于促进人类社会繁荣进步。共建"一带一路"坚持共商共建共享原则，深化了沿线国家互利共赢合

---

* 参见《与中国站在一起，推动构建人类命运共同体》，载《人民日报》2023年7月8日。编者对内容有所修改。

作，架起了经济贸易、人文交流的桥梁，用共同的梦想将国际社会团结起来。倡议提出10年来，受到国际社会广泛欢迎，成为国际经济合作的成功案例，给各国发展提供了诸多启示。

作为中国的全天候战略合作伙伴和"铁杆兄弟"，巴基斯坦是共建"一带一路"最早的参与者之一，自豪地认同共建"一带一路"的愿景和目标。作为共建"一带一路"的旗舰项目，中巴经济走廊改变了巴基斯坦的基础设施布局，为巴基斯坦未来发展奠定了坚实基础。2015年习近平主席访巴期间，巴中两国签署逾50项合作协议，在中巴经济走廊框架下启动能源、交通基础设施和港口建设等多个项目。巴中两国启动并完成的发电和配电项目，大大缓解了巴基斯坦电力短缺，提升了巴基斯坦的贸易和投资形象。截至2022年底，中巴经济走廊直接创造就业岗位23.6万个。瓜达尔港是中巴经济走廊的明珠，对巴基斯坦实现经济转型至关重要。今年，包括新瓜达尔国际机场在内的许多重点项目将取得重要进展，新项目将加快瓜达尔港和自由贸易区的发展。

中巴经济走廊第二阶段建设已经启动，将有力带动两国在工业、科技、农业等领域的合作。中巴经济走廊对巴基斯坦经济发展和社会进步具有重要意义，这是巴基斯坦各界的普遍共识。夏巴兹·谢里夫总理去年11月访华期间强调，巴方愿同中方一道，持续推进高质量共建"一带一路"。两国还签署《中巴产业合作框架协议》，为巴基斯坦推进工业化注入了新动力。

巴基斯坦完全支持中国提出的全球发展倡议、全球安全倡议和全球文明倡议，因为这符合我们维护世界和平与发展的外交政策目标，也符合联合国宪章宗旨和原则，有利于实现联合国2030年可持续发展目标。巴基斯坦是率先同中国就落实全球发展倡议开展合作的国家之一，重点关注经济社会发展、扶贫、卫生、教育、基础设施、农业、体育、文化和人力资源开发等领域合作。我们相信，这将进一步加强巴中全天候战略合作伙伴关系。

巴基斯坦欢迎中国发布的《全球安全倡议概念文件》，支持通过对话解决一切悬而未决的争端，并愿意通过对话解决一切阻碍南亚地区发展进步的悬而未决的争议问题。

包括巴基斯坦在内的多个国家今年发生了破坏严重的洪水、地震等灾害。国际社会团结起来向这些国家的人民提供帮助，有力证明了人类的团结合作能够超越狭隘的地缘政治。巴基斯坦作为中国的好邻居、好朋友、好伙伴、好兄弟，将始终与中国站在一起，共同推动世界和平与发展，共同推动构建人类命运共同体。

第九章

创造人类文明新形态

中国式现代化创造了人类文明新形态,展现出人类现代化的崭新图景。人类文明新形态作为中国式现代化的本质要求,彰显了中国式现代化的显著优势,标注了中国式现代化的文明高度,必将在以中国式现代化全面推进中华民族伟大复兴的进程中不断丰富和发展。

习近平总书记在庆祝中国共产党成立100周年大会上的讲话中指出："我们坚持和发展中国特色社会主义，推动物质文明、政治文明、精神文明、社会文明、生态文明协调发展，创造了中国式现代化新道路，创造了人类文明新形态。"这是中国共产党首次向世界宣示我们创造了人类文明新形态。《中共中央关于党的百年奋斗重大成就和历史经验的决议》突出强调了人类文明新形态创造的重大世界意义。党的二十大报告中则将人类文明新形态进一步定性为中国式现代化的本质要求、中国共产党领导人民百年团结奋斗的伟大创造。面对新征程上的新任务，全面理解、系统分析、科学研判人类文明新形态"从何而来""正在何处""去往何方"，才能掌握历史主动，更好地以中国式现代化推进中华民族伟大复兴，不断丰富和发展人类文明新形态，从而更好地面向未来。

第一节

创造人类文明新形态是中国式现代化本质要求的文明标识

中国式现代化不同于西方的现代化，其中重要的一点就在于西方的现代化以资本主义文明为标识，以资本主义制度为基础，以资本逻辑为基本遵循，因而在其追逐现代性的同时必然导致两极分化的畸形发展。与之相显著区别，中国式现代化以社会主义文明为标识，以中国特色社会主义制度为基础，以人本逻辑为根本遵循。我们党坚持结合自身实际而不是照抄照搬，大力发展社会生产力但又不遵从资本逻辑，积极推进对外开放但又不搞对外扩张和霸权主义，不仅积极吸收西方文明的一切有益成果，而且充分反思西方现代化进程中所暴露的负面效应，突破人类现代化发展中不可克服的矛盾和悖论，创造了五大文明的协调发展的人类文明新形态。在这一意义上，中国式现代化超越了既往人类现代化的单向度发展模式，其创造的人类文明新形态超越了西方现代文明，标识着中国式现代化在世界历史中的文明高度。

初心如磐
——中国式现代化的本质要求

一、创造人类文明新形态是全面建设社会主义现代化国家的应有之义

人类文明发展史表明，建设社会主义现代化国家，实现民族复兴伟业不是简单地、单纯地实现经济、政治、文化领域"单向度"的发展，而是"五位一体"全面的发展、全方位的发展。我们之所以如此自信肯定地向世界宣布，"实现中华民族伟大复兴进入了不可逆转的历史进程"[①]，根本原因在于中国共产党已经成长为始终走在时代前列的坚强领导核心，已经创造出了能够引领人类未来的文明新形态。

建设社会主义现代化强国、实现中华民族伟大复兴，并不是要重拾昔日辉煌，而是在传承中华文明、汲取现代化文明精华的基础上创造新的文明形态，以人类文明的新形态引领时代发展和人类文明进步。而在世界大发展、大变革、大调整的今天，要在中国大地上创造出能够引领人类的文明进步的中国式现代化发展新的文明样态，就要超越西方现代化发展模式所无法摆脱的内生困局，设法避免西方现代化发展的种种风险，实现社会主义理想与现代化目标、中华民族伟大复兴与人类命运共同体构建、物质生产充裕与生态和谐美丽以及满足人民美好生活向往等多维度的有机统一。

从国内形势来看，我国完成脱贫攻坚任务，如期达成全面建成小康社会的第一个百年奋斗目标，进入社会主义初级阶段的新发展阶段，迈上一个从全面小康到全面现代化乘势而上的新台阶。这就需要统筹"两个大局"历史交汇的新场景，需要面对从信息社会向智能社

[①] 习近平：《在庆祝中国共产党成立100周年大会上的讲话》，人民出版社2021年版，第7页。

第九章
创造人类文明新形态

会转变的新形态，需要解决从原有社会主要矛盾到新的社会主要矛盾转化的新要求，需要实现从脱贫攻坚到共同富裕的新使命。因而，必须深刻认识到，我们需要从人类文明发展这一关乎中华文明伟大复兴进程的关键因素着手，从中国发展的过去、现在和未来统筹把握、系统研究，从而在文明高度给出能够真正破解社会主义现代化强国建设的诸多难题的时代方案，真正引领人类社会向着人的自由全面发展努力前行。

从国际形势来看，在和平与发展这个时代主题没有变的大背景下，国际环境中不稳定因素明显增加、不确定性愈加突出，全球治理体系发生深刻变革，国际力量对比深刻调整，科技革命迅猛发展，人类文明形态加速演进，全球文化格局迎来结构性重塑，全球生态环境面临严峻挑战。我们必须深刻认识到，现有的西方现代化已经无力解决由资本逻辑引发的系列矛盾和问题，已经无力解决由利益分歧造成的经济危机、战争危机、生态危机等，要解决这种错综复杂的国际环境所带来的新矛盾新挑战，满足世界人民对于美好生活的需要，迫切需要一种能够超越西方现代化单向度发展、超越西方现代性悖论的新文明形态的引领，需要中国行动的领航，需要中国方案的贡献。创造人类文明新形态也理应是负责任的大国应有的样子，是社会主义现代化强国应有的担当。

创造人类文明新形态为人类现代化探索作出积极贡献，赋予了中国式现代化以独特的精神内核，不仅为我们全面建设社会主义现代化国家注入了强大信心和充足力量，而且对于在这个"最可确定的莫过于其不确定性"的今天，为全面推进社会主义现代化国家建设，建设更加美好的世界提供了可操作的全新选择。可以说，人类文明新形态这种新的文明形态的创造无论对于社会主义现代化强国的建设还是对于人类社会的进步都意义重大。

初心如磐
——中国式现代化的本质要求

二、创造人类文明新形态是社会主义文明本质的时代彰显

习近平总书记指出:"中国特色社会主义是社会主义而不是其他什么主义,科学社会主义基本原则不能丢,丢了就不是社会主义。"[1]人类文明新形态的创造是在马克思主义指导下,经由中国特色社会主义道路生成的历史产物,是科学社会主义在当代社会的实践表达。从本质上讲,人类文明新形态是建立在科学社会主义原则基础上的社会主义的文明形态,这就注定了其不同于资本主义的文明形态。它标识的是中国特色社会主义文明的崭新形态,是社会主义文明在21世纪今天的时代新貌。

不可否认的是,资本主义文明曾经起到积极的作用,对于人类社会的进步意义不容小觑。但马克思早在资本主义蓬勃发展时就预见了它的颓势,宣判了它的"死刑"。马克思认为,资本主义文明就是现代文明,相比于代表前现代社会的原始文明和封建文明,资本主义文明有着无可争辩的先进性和超越性,是发达生产力的象征。不过,资本主义式的现代文明是"用血和火的文字载入人类编年史的"[2],充满着血腥对抗,并在对抗、压迫中存在和发展。马克思期待建构一种优越于资本主义的新文明形态。这种新文明形态不仅要在发展结果中彰显超越性,展现出人与社会、人与自然关系的和谐与统一,更要在发展过程中体现优越性,从而消解资本主义文明的对抗性。对于构建这种美好的新的文明形态的现实可能性,马克思立足生产力与生产关

---

[1] 《习近平谈治国理政》(第一卷),外文出版社2018年版,第22页。
[2] 《马克思恩格斯文集》(第五卷),人民出版社2009年版,第822页。

第九章
创造人类文明新形态

系发展的阶段性特点，提出了"跨越卡夫丁峡谷"理论，认为东方国家可以在继承资本主义社会发展的生产力成果的基础上跨越资本主义制度的"卡夫丁峡谷"，一方面吸收资本主义社会现代性特征的积极方面，另一方面摒弃由资本主义制度狭隘性所引发的消极方面。马克思也深刻发现，东方社会内在地蕴含着可以建立超越资本主义文明的社会主义（共产主义）文明的历史基础和物质前提。

正是在马克思科学社会主义思想的指引下，俄国率先成功开启了人类历史上大获全胜的社会主义革命，改变了历史的发展方向，第一个社会主义国家在世界上诞生，为社会主义文明的创建开辟了现实空间。到20世纪80年代末90年代初，苏联宣告解体，社会主义运动走向低潮。一些西方国家的资产阶级政要和右翼思想家开始借机鼓吹"社会主义失败论""历史终结论"等。而事实上，当时世界上确实面临着"社会主义向何处去"的时代之问，而与这个问题相伴随的就是"社会主义文明究竟如何构建"的难题。近代以来，中国社会面对着资本主义文明的侵略和压迫，遭受着亡国灭种的历史危局。毛泽东指出："中国共产主义者对于马克思主义在中国的应用也是这样，必须将马克思主义的普遍真理和中国革命的具体实践完全地恰当地统一起来。"[①]这也明确了我国现代化建设的社会主义定向，规定了人类文明新形态创造的社会主义属性。

中国共产党领导人民在创造人类文明新形态的进程中，坚持科学社会主义的基本原则，把握唯物辩证法的精要，不断结合中国的历史和现实国情，统筹推进中国特色社会主义文明建设，从"五位一体"建设的整体性、总体性高度"统而论之"，推进物质文明、政治文明、精神文明、社会文明、生态文明协调发展，赋予了人类文明新形

---

① 《毛泽东选集》（第二卷），人民出版社1991年版，第707页。

态这一社会主义文明形态以全面协调发展的显著优越性，在推进人与自然、人与人、人与自我的和解上迈出了实质性步伐，不仅彰显了社会主义文明形态的时代新貌，而且也预示着人类文明发展的未来趋势。在这一意义上，正是因为选择社会主义道路，坚持马克思主义基本原理同中国具体实际的结合，中国才逐步建立起与西方国家不同的社会主义文明形态，取得了中国特色社会主义现代化建设的一系列重要历史成就，创造了具有社会主义文明本质属性的人类文明新形态，丰富和发展了人类文明的宝库。

三、创造人类文明新形态表征中国式现代化建设的文明价值

文明形态是文明的类型划分，不同的文明形态有着不同的文明属性，展现着各民族国家的文明品质。在人类历史的长河中，"文明形态"往往呈现为纷繁复杂的"社会形态"图谱。中国共产党领导人民在坚持和发展中国特色社会主义的进程中，在推进中国式现代化建设的实践中创造出具有社会主义文明性质的共产主义文明的初级形态，这一新形态融中华文明、现代化文明、世界文明之精华，是物质文明、政治文明、精神文明、社会文明、生态文明协调发展的整体性文明成果，展现了中国式现代化的文明品质，彰显了中国式现代化建设的卓越优势，表征了中国式现代化既往成就经验的文明价值。

第一，人类文明新形态坚持人民至上，以人的自由全面发展为旨归，表征着中国式现代化的文明价值。创造人类文明新形态的过程，就是在中国式现代化的百年建设中坚持以人民为中心的奋斗历程。不同于以资本为中心的当代西方文明，人类文明新形态坚持人本逻辑，坚持为了人民而创造人类文明新形态，依靠人民创造人类文明新形

第九章
创造人类文明新形态

态，人类文明新形态的创造成果由人民共享。坚持以人民为中心的人类文明新形态践行着马克思主义的崇高追求，饱含着天下为公的大爱情怀，兼顾"人民幸福"与"人类解放"。如今，世界各国相互依存，人类命运与共，人类文明新形态在致力于为中国人民谋幸福的同时也致力于谋求全人类的解放。蕴含为中国人民谋幸福、为中华民族谋复兴、为人类谋进步、为世界谋大同的崇高价值追求的人类文明新形态，必将始终坐落在人类真理和道义的制高点，锚定于人类文明发展的前瞻处。

第二，人类文明新形态坚持全面和谐，统筹推进五大文明协调发展，表征着中国式现代化的文明价值。创造人类文明新形态的过程，就是在中国式现代化的百年建设中统筹推动经济建设、政治建设、文化建设、社会建设、生态文明建设全面协调发展的奋斗历程。不同于资本逻辑主导下单纯追求经济增长和短期利益的当代西方文明，人类文明新形态的创造是一种在整体性战略谋划下的系统化推进，实现了"五大文明"良性互动的文明协调发展和社会全面进步。从提出建设社会主义物质文明和精神文明两大任务，到提出中国特色社会主义经济、政治、文化三大纲领，到提出经济建设、政治建设、文化建设、社会建设"四位一体"布局，再到形成并统筹推进"五位一体"总体布局，我们对"三大规律"的认识日益深刻，中国式现代化建设全面协调发展的理论和实践日益完善。"五大文明"协调发展涉及生产力与生产关系、经济基础与上层建筑各个环节，贯通中国式现代化建设的各个方面，这种坚持五大文明全面协调发展的人类文明新形态代表着人类文明的未来，彰显着中国式现代化建设的文明优越性。

第三，人类文明新形态坚持和平包容，注重文明平等交流互鉴，表征着中国式现代化的文明价值。创造人类文明新形态的过程，就是在中国式现代化的百年建设中坚持走和平发展道路，坚持文明平等对

初心如磐
——中国式现代化的本质要求

话、交流互鉴的奋斗历程。不同于那种妄自尊大、唯我独尊的资本主义文明形态，我们创造的人类文明新形态超越"国强必霸""文明优越"逻辑，是一种和平友好、包容并蓄的，既承继了5000多年中华文明之精华，又不断吸收人类文明的一切优秀成果的新的文明形态。习近平总书记指出："历史告诉我们，只有交流互鉴，一种文明才能充满生命力。只要秉持包容精神，就不存在什么'文明冲突'，就可以实现文明和谐。"[①]中国共产党领导人民在创造人类文明新形态的进程中，统筹两个大局，既发展自己，又成就他人。在这种理念下创造的人类文明新形态是一种蕴含中华文明"和平"基因，有着"以和为贵""和而不同""协和万邦"独特精神标识的和平形态、开放形态、共赢形态，是一种通向"自由人的联合体"的光明形态。可以肯定的是，"强起来"的中国始终是世界和平的建设者、全球发展的贡献者、国际秩序的维护者。我们所创造的人类文明新形态没有自己"特殊的利益"，不仅展现出社会主义现代化文明的中国形态，而且展现出人类文明形态在21世纪的时代新貌。

[①]《习近平谈治国理政》（第一卷），外文出版社2018年版，第259—260页。

第二节

创造人类文明新形态在"五位一体"建设中展现中国式现代化的本质要求

党的二十大报告对中国式现代化的本质要求作出了明确规定，指明了"坚持中国共产党领导，坚持中国特色社会主义，实现高质量发展，发展全过程人民民主，丰富人民精神世界，实现全体人民共同富裕，促进人与自然和谐共生，推动构建人类命运共同体，创造人类文明新形态"这九方面的本质要求。可以看出，中国式现代化既有各国现代化的共同特征，更有基于自己国情的中国特色。中国共产党正是在遵循人类现代化发展的一般规律的同时，掌握了中国式现代化建设的历史主动，正确把握了现代化之"一般性"和"中国特色"的辩证关系，从而在中国特色社会主义五位一体的现代化建设实践中创造出了能够彰显中国式现代化各方面本质要求的人类文明新形态。

一、在中国特色社会主义经济建设中发展物质文明

在《共产党宣言》1888年英文版序言中，恩格斯指出："每一历史时代主要的经济生产方式和交换方式以及必然由此产生的社会结构，是该时代政治的精神的历史所赖以确立的基础，并且只有从这一

初心如磐
——中国式现代化的本质要求

基础出发,这一历史才能得到说明。"[①]经济基础是一个社会存在和发展的历史和逻辑前提,是这个社会制度文化和精神文化得以不断构建与发展的根基。

第一,坚持"两个毫不动摇"。物质文明的性质是由所有制基础决定的,所有制决定着物质文明的性质、特点和发展趋势。当代西方资本主义的物质文明建立在资本主义所有制之上,在物质文明的发展过程中,资本家长期榨取劳动者的剩余价值,资本主义的现代化伴随着不可调和的内部矛盾,发生着贫困与富裕的双重积累,呈现出两极分化的现代化发展。习近平总书记在党的二十大报告中指出:"坚持和完善社会主义基本经济制度,毫不动摇巩固和发展公有制经济,毫不动摇鼓励、支持、引导非公有制经济发展,充分发挥市场在资源配置中的决定性作用,更好发挥政府作用。""两个毫不动摇"是中国共产党对中国式现代化经济建设成就的经验总结。坚持"两个毫不动摇",实际上就是在社会主义经济制度的大逻辑下,解决推动社会主义经济生产关系适应生产力发展的重大理论和现实问题,奠定文明建设的物质基础。

第二,坚持走共同富裕道路。西方资本主义物质文明不会也无法走共同富裕道路。资本以剥削为前提、基础和目的,不断制造贫富差距和两极分化,是资本主义所有制维持自身存在的手段和途径。在资本主义制度框架下,西方物质文明的发展注定了要走贫富差距日益加剧的两极分化道路。与当代西方资本主义物质文明不同,在人类文明新形态的视域中,共同富裕既是静态的价值目标,也是动态的发展过程;既有着不变的理论实质,也有着显著的阶段性和发展性特征。共同富裕不是同时富裕,不是同等富裕,也不是同步富裕,而是在生产力不断进步,社会物质和精神财富不断积累的基础上,致力于逐步缩

[①] 《马克思恩格斯文集》(第二卷),人民出版社2009年版,第14页。

第九章
创造人类文明新形态

小贫富差距的动态发展过程。创造人类文明新形态的过程在某种程度上就是推动共同富裕的过程。

第三，坚持以经济建设为中心与以人民为中心的统一。西方资本主义国家始终坚持以资本为中心。在马克思主义视野中，资本不仅是对象化的货币、商品，更是一种生产关系，是一种统治者统治社会中一切人的生产方式。在资本面前，即便是资本家，也都只能是资本职能的执行者，而没有真正的自由。劳动者更是要受到资本力量的支配，始终处在被剥削和被压迫之中。中国特色社会主义物质文明则在经济建设中心和人民中心上实现了有机统一。经济建设为人民服务，经济建设以人民为中心，从而在社会生活的各个方面更好体现人民的意志，服务人民的利益，满足人民的需要，把实现人的自由全面发展这种价值追求真真切切落到实处。在人类文明新形态的创造进程中，"以经济建设为中心"和"以人民为中心"实现了具体的、历史的统一。这也是我国物质文明建设得以高质量发展的关键所在。

二、在中国特色社会主义政治建设中发展政治文明

政治文明是社会主义民主政治的当代体现，是彰显中国式现代化本质要求的重要表现，是对西方民主政治的超越。

第一，坚持全过程人民民主。"民主"一直是西方国家长期以来的自我标榜。然而，西方思想家向人民描绘的现代社会民主的美好景象，却只是一纸空谈。因为，民主最终沦为一种选举政治。在这种民主模式下，民众只是在选举的一刻才被激活，其余的时候只能屈从于庞大的国家机器和深层次的阶级统治。同时，这种民主模式也被统治阶级操控，成为资产阶级维护自身统治地位的工具。广大民众生存和发展的权利，根本得不到真正全方位的保障和满足。与西方的民主政

治不同，在人类文明新形态的创造进程中建立起了全链条、全方位、全覆盖的"全过程人民民主"。

第二，坚持党的领导、人民当家作主与依法治国的统一。随着资本主义物质文明的发展，资本主义的政治文明也发展起来，资本主义政治文明是其物质文明的产物，归根结底是为物质文明进步服务的。与当代西方政治文明不同，在人类文明新形态的创造进程中坚持党的领导、人民当家作主与依法治国的有机统一。坚持三者的有机统一，能够保障人民当家作主的真实性。党的领导是人民当家作主、发展和维护自身利益的前提保障。坚持三者的有机统一，能够把人民当家作主这一价值理念落到实处，充分彰显中国特色社会主义制度的优越性，使人民当家作主的权利得到切实的保障。坚持三者的有机统一，能够提高国家权力行使的效率，化解不同利益集团在国家权力的行使中相互掣肘的可能性。

第三，坚持筑牢中华民族共同体意识。资产阶级革命以来，资本主义国家虽然打着自由、平等、民主、博爱、科学的旗号，但是在民族问题上一直奉行着狭隘民族主义、狭隘种族主义。铸牢中华民族共同体意识是新时代处理民族关系的重要理论依据和现实遵循，是推动中华各民族团结一致的重要精神支撑。在人类文明新形态的创造进程中，我们时刻牢记"民族团结是我国各族人民的生命线，中华民族共同体意识是民族团结之本。要紧紧抓住铸牢中华民族共同体意识这条主线，深化民族团结进步教育，引导各族群众牢固树立休戚与共、荣辱与共、生死与共、命运与共的共同体理念"[①]。推动政治文明建设不断深入，体现了中国特色社会主义政治建设的基本优势。

[①] 《不断巩固中华民族共同体思想基础　共同建设伟大祖国　共同创造美好生活》，载《人民日报》2022年3月6日。

第九章
创造人类文明新形态

三、在中国特色社会主义文化建设中发展精神文明

"人无精神则不立，国无精神则不强"[①]，"精神是一个民族赖以长久生存的灵魂"[②]，"精神上强，才是更持久、更深沉、更有力量的"[③]。精神文明建设对个人、民族、国家的发展格外重要，对于人类文明新形态的创造意义重大。

第一，坚持马克思主义在意识形态领域的指导地位。当代西方资本主义精神文明是资本主义物质文明的精神呈现，究其本质就是资本主义的意识形态。其在推动物质财富的不断积累之时，并没有真正实现精神文明同向同行，而是与传统彻底决裂，对价值彻底抛弃。资本主义社会是资本主导的社会文明形态，无论是工人还是资本家，只要彻底脱离了资本，就无法生存。物质世界的增值和人精神世界的贬值成正比。因此，对传统伦理、道德、价值的崇拜，被对商品、货币、资本的崇拜代替，人的精神世界被资本掏空，取而代之的是服务于资本的资本主义意识形态。不同于西方国家，在创造人类文明新形态的进程中，我们始终坚持马克思主义在意识形态领域的指导地位，形成中国特色社会主义精神文明。

第二，坚持培育和践行社会主义核心价值观。推动人的全面发展是人类文明新形态的显著特征，而人的全面发展必然要求人的精神境界的提高、精神世界的丰富、精神生活的富足。习近平总书记指出，

[①] 《习近平谈治国理政》（第二卷），外文出版社2017年版，第47页。
[②] 《习近平谈治国理政》（第二卷），外文出版社2017年版，第47—48页。
[③] 《习近平谈治国理政》（第三卷），外文出版社2020年版，第337页。

"满足人民过上美好生活的新期待，必须提供丰富的精神食粮"①。在人类文明新形态创造的进程中坚持培育和践行社会主义核心价值观，能够切实充实人们的精神生活，促进精神生活共同富裕。可以说，社会主义核心价值观"把涉及国家、社会、公民的价值要求融为一体，既体现了社会主义本质要求，继承了中华优秀传统文化，也吸收了世界文明有益成果，体现了时代精神"②。这是我们进行精神文明建设的重要抓手。

第三，坚持物质文明和精神文明相协调。精神文明和物质文明相协调是精神文明新形态的重要标志，是人类文明新形态超越当代西方文明的重要表现。物质文明与精神文明相协调在资本主义生产方式的作用下是无法实现的。因为，资本逻辑必将殖民人的信仰高地，精神堕落与社会贫富分化不断加剧是当代西方文明的重要特征。与之不同的是，在人类文明新形态的创造进程中，物质文明与精神文明存在着深刻的互动关系，物质文明是精神文明存在和发展的基础，是推动精神文明建设的物质前提；精神文明为物质文明发展提供价值指引，是推动物质文明建设的思想保障。推动两个文明协调发展，是中国特色社会主义文化建设的基本优势。

四、在中国特色社会主义社会建设中发展社会文明

"社会文明是社会主义社会建设的重要目标和特征，全面提高社会文明发展水平是国家发展的需要，是人民的共同期盼。"③在"五

---

① 《习近平谈治国理政》（第三卷），外文出版社2020年版，第34页。
② 《习近平谈治国理政》（第一卷），外文出版社2018年版，第169页。
③ 中共中央宣传部编：《习近平新时代中国特色社会主义思想三十讲》，学习出版社2018年版，第236页。

第九章
创造人类文明新形态

位一体"总体布局中，社会领域与广大人民群众生产生活的关系极为密切，社会领域中的一些问题往往是群众最关心的问题。构建社会文明新形态是创造人类文明新形态的关键。

第一，坚持维护社会的公平正义。现代意义上的公平正义是西方资本主义国家率先提出的，然而西方在社会文明建设的过程中却没能实现其所承诺的公平正义，资本主义社会非但没有朝向公平正义的方向发展，反而愈发罪恶丑陋，公平正义的口号成了意识形态欺骗。与西方资本主义国家不同，我们在创造人类文明新形态的进程中高度重视维护社会的公平正义，不仅体现在理念上，而且落实在行动上。在社会主义制度的框架下，法治建设能够超越资本主义法治的历史局限性，切实维护社会的公平正义，使人民更公平地分享改革开放的发展成果。与此同时，我们成功建立起世界上最大的基本养老保险保障体系，基本医疗保险覆盖超过13亿人，基本养老保险覆盖近10亿人。

第二，历史性地消灭绝对贫困。贫困是困扰人类社会向前发展的顽疾。资本主义生产力的高速进步与社会物质财富的不断积累非但没有解决贫困问题，反而加剧了贫困，整个社会的贫富差距不断拉大，贫困仿佛成了人类社会前进过程中不可逾越的障碍。与西方国家应对贫困问题的方式、理念及结果相比，我们在创造人类文明新形态的进程中打赢了脱贫攻坚战，历史性地消灭了困扰中华民族几千年的绝对贫困问题，这正是坚持满足人民对美好生活向往的最直接表达。贫困问题如果得不到有效解决，人民群众对美好生活的向往就如镜中鲜花、水中明月，得不到实现。在中国特色社会主义社会建设实践中，党中央领导全国人民打响脱贫攻坚战，创造了人类脱贫史上的一个彪炳史册的人间奇迹。

第三，坚持推进社会治理共同体建设。在资本主义社会，统治阶级始终压迫着被统治阶级，统治者掌握着国家权力，社会治理本质上是统治阶级的自我引导与自我管理，被统治阶级参与社会治理的过程，本质上是为统治阶级服务的过程。因此，在当代西方资本主义社会，并不存在真正意义上的社会治理共同体。与西方资本主义国家不同，我们在创造人类文明新形态的进程中，积极推动社会治理共同体建设。在社会主义制度的框架下，并不存在统治阶级和被统治阶级，人民当家作主，是国家的主人，既是社会发展的推动者，也是社会发展成果的享受者，推进社会治理共同体建设既是可能的，也是必要的。鼓励在社会治理的过程中培育人人有责的社会主体意识，建立人人参会体制机制，有利于最大限度地凝聚社会共识，激发群众智慧，使每个人充分发挥自己的主观能动性，为整个社会治理的发展贡献个人力量，从而大幅度提高社会治理的效率。

五、在中国特色社会主义生态文明建设中发展生态文明

西方资本主义国家的现代化过程，实际上就是以破坏自然环境为代价的资本增值过程。18世纪以来，在资本主义生产方式的主导下，人与自然的关系日趋紧张。中国共产党在领导中国人民开辟中国式现代化道路的过程中看到了西方现代化的这一历史教训，高度重视人与自然和谐发展，依托社会主义制度的优越性，有效改善了人与自然的关系，为人类社会建设生态文明贡献了中国方案与中国智慧。

第一，坚持人与自然和谐共生的理念。坚持人与自然和谐共生是马克思主义的基本要求。马克思、恩格斯高度重视人与自然的关系问题，确立了以实践为基础的自然观和历史观辩证统一的生态哲学，认为人类与自然的关系是建立在实践的联结基础上的一种相互制约、相互作用的和谐、辩证、统一关系。我们在创造人类文明新形态的进程中，始终在马克思主义生态观的指引下，继承和弘扬中华优秀传统文

第九章
创造人类文明新形态

化中的自然观念，积极改善生态环境，坚持人与自然的和谐共生，打造人与自然生命共同体。党的十九届六中全会通过的《中共中央关于党的百年奋斗重大成就和历史经验的决议》深刻指出："党从思想、法律、体制、组织、作风上全面发力，全方位、全地域、全过程加强生态环境保护，推动划定生态保护红线、环境质量底线、资源利用上线，开展一系列根本性、开创性、长远性工作。"这是对党的十八大以来中国生态文明建设成就的精炼总结。

第二，坚持生态保护与经济发展的统一。工业文明以来，资本主义国家"产生了以往人类历史上任何一个时代都不能想象的工业和科学的力量"[1]，这种财富的涌流使人类日益陶醉于自己对自然的强大的征服力，日益将自己视为自然的"主人"，凌驾于自然之上。在资本逻辑主导下，人与自然的矛盾加剧了，人类自身生存和发展面临严重威胁。应对经济发展与生态保护长期对立的突出矛盾，回应人民美好生活的更高期待，必须践行"绿水青山就是金山银山"理念。也就是坚持在发展中保护、在保护中发展，将生态优势转变为经济优势，力求让"绿水青山"转化、吸引、带来源源不断的"金山银山"，走一条可持续发展的生态文明道路。"双碳"目标就是新时代背景下坚持生态保护与经济发展相统一的重要体现。中国提出"双碳"目标，不仅能够切实地保护生态，在世界范围内展示负责任大国的积极形象，同时也能够推动科技进步和产业结构调整，从而逐步增加国民收入。这是中国特色社会主义生态文明建设的基本优势。

---

[1] 《马克思恩格斯文集》（第二卷），人民出版社2009年版，第579页。

第三节

在以中国式现代化建设全面推进中华民族伟大复兴中丰富和发展人类文明新形态

人类文明新形态的创造表明我们在人类文明发展上迈向了新的历史起点，但必须清醒认识到，人类文明新形态是文明演进中的"正在进行时"，而不是"过去完成时"，一定会随着时代的进步而不断完善和发展。人类文明新形态必然能够随着社会生产力的进步，社会主要矛盾的不断转变，迸发出新的生命力。

一、在党的领导下丰富和发展人类文明新形态

中国式现代化，是中国共产党领导的社会主义现代化，党的领导直接关系中国式现代化及其开创的人类文明新形态的根本方向、前途命运、最终成败。

中国共产党的领导是人类文明新形态的本质特征，是使其他特征、其他优势成为可能的根本所在。"中国共产党的领导是中国特色社会主义的最本质特征"，"中国式现代化是我们党领导全国各族人民在长期探索和实践中历经千辛万苦、付出巨大代价取得的重大成

第九章
创造人类文明新形态

果"。党的领导对于人类文明新形态的创造发挥了决定性作用,党在不同的历史时期善于观察历史现象、发现历史规律、把握历史趋势、提高历史自觉、增强历史主动,这种对于时代大势和世界发展的把握和引领,不仅对于在这个变乱交织的时代创造出人类文明新形态意义重大,而且对于其未来的丰富和发展意义重大。

中国共产党的领导是使传统的中华文明得以向现代化文明转型和建设的支撑和领导力量。回望人类文明新形态的创造历程,党在领导人民进行人类文明新形态创造的进程中,始终坚持中华文明守正创新的正确方向,坚持人民主体地位,坚持社会主义方向,明确在不同历史时期推进中华民族伟大复兴的阶段性目标、战略任务、工作重点,不断汲取人类文明的优秀成果,将社会主义现代化文明推向新阶段和新高度。人类文明新形态的创造是中国共产党的伟大创造,是中国共产党百年自信自强、守正创新取得的丰硕成果。

中国共产党的领导就是我们继续丰富和发展人类文明新形态的深厚底气所在,磅礴力量所在。"中华民族拥有在5000多年历史演进中形成的灿烂文明,中国共产党拥有百年奋斗实践和70多年执政兴国经验,我们积极学习借鉴人类文明的一切有益成果,欢迎一切有益的建议和善意的批评,但我们绝不接受'教师爷'般颐指气使的说教!中国共产党和中国人民将在自己选择的道路上昂首阔步走下去,把中国发展进步的命运牢牢掌握在自己手中!"[①]世界上的发展模式绝不定于一尊,通向"罗马"的道路并不唯一,一个国家只依赖外部力量、跟在他人后面亦步亦趋是不可能实现真正意义上的强大。从近代以来的落后挨打,到今天屹立于世界舞台的中央,我们之所以能够取

[①] 习近平:《在庆祝中国共产党成立100周年大会上的讲话》,人民出版社2021年版,第14—15页。

得如此辉煌的成就，就是依靠中国共产党的领导，坚持独立自主的发展，真正拼出来、干出来的。

人类文明新形态是中国共产党百年领导中国人民在进取中突破、于挫折中奋起、从总结中提高的伟大创造，不仅标识了中国式现代化发展的成功，而且展现了日益走近世界舞台中央的中国对于建设更加美好的世界，对于推动人类发展进步的大国担当。在人类文明新形态的丰富和发展进程中，我们将牢牢坚持党的领导，继续积极承担大国责任，既通过维护世界和平发展自己，又通过自身发展维护世界和平，不断为人类文明进步做出更大贡献。

二、在"两个结合"中丰富和发展人类文明新形态

人类文明新形态的创造离不开马克思主义理论真理智慧的光耀。马克思主义自从被中国共产党写在自己的旗帜上，便以一种强大的引领力贯穿于中国革命、建设和改革的全过程。在马克思主义的指导下，在推动马克思主义基本原理同中国具体实际相结合、同中华优秀传统文化相结合的进程中，中华文明演进进入了唯物史观语境，人类文明新形态的"中国出场"有了理论的预设、支撑和引领。

人类文明新形态究其根本就是中国特色社会主义文明。它植根于5000年中华文明沃土，生成于马克思主义真理力量和实践力量的综合作用中，凝结着中国共产党百年理论与实践智慧，是人类文明普遍性与特殊性的辩证统一，对于推动人类文明发展具有重大意义。从唯物史观来看，人类文明新形态的创造不是一蹴而就的，其诞生过程充满着"两个结合"的智慧光芒，是合目的性与合规律性有机统一的伟大时代命题，彰显着中国共产党守正创新的崇高境界。"两个结合"不仅是理解人类文明新形态创造的重要学理支撑，而且是推动人类文

第九章
创造人类文明新形态

明新形态不断丰富和发展的重要引领。

一方面,人类文明新形态是在马克思主义基本原理同中国具体实际相结合中创造的。没有马克思主义和科学社会主义对中国实际的指导,没有对马克思主义中国化时代化发展,就不会有人类文明新形态的成功创造,更不会有其进一步的丰富和发展。人类文明新形态闪耀着马克思主义中国化时代化的思想光芒。

黑格尔指出:"一个所谓哲学原理或原则,即使是真的,只要它仅仅是个原理或原则,它就已经也是假的了;要反驳它因此也就很容易。"[①]中国共产党人深刻掌握这一原理的精髓,随着中国不同历史时期的具体实际不断推动理论和实践的双向发展。在人类文明新形态的丰富发展进程中,深刻掌握马克思主义需要随着时间、空间、主体的变化而不断发展变化,即所谓"具体化"的理论精髓,用科学的而不是教条的态度,用发展的而不是僵化的模式,用联系的而不是孤立的眼光,创造性地将马克思主义基本原理与中国不同时期的具体实际相结合,紧紧抓住社会主要矛盾的变化,在实践和反思的过程中解决"把理论引向神秘主义的神秘东西"[②],不断践行"实践是检验真理的唯一标准"的准则,坚决反对把马克思主义当作现成的公式来随意地"剪裁"各种历史实事。从而真正在实践中实现了理论的"具体化"问题,切实用中国化时代化的发展的马克思主义理论指导不断发展变化的社会主义现代化建设,实现了对马克思主义社会形态理论的创新发展,奠定了人类文明新形态创造的理论基石。继续坚持马克思主义中国化时代化发展,对于人类文明新形态的丰富和发展意义重大。

---

① 黑格尔:《精神现象学》(上卷),商务印书馆1979年版,第14页。
② 《马克思恩格斯文集》(第一卷),人民出版社2009年版,第501页。

初心如磐
——中国式现代化的本质要求

另一方面，人类文明新形态也是在马克思主义基本原理同中华优秀传统文化相结合中创造的。没有马克思主义同中华优秀传统文化的结合，马克思主义在中华文化沃土中的根深叶茂问题就不会得以解决，人类文明新形态便不会在中国"出场"，更不会有丰富和发展。在人类文明的浩瀚星空，中华文化灿烂夺目、举世无匹。习近平主席指出："中国有着五千多年连续发展的文明史，观察历史的中国是观察当代的中国的一个重要角度。不了解中国历史和文化，尤其是不了解近代以来的中国历史和文化，就很难全面把握当代中国的社会状况，很难全面把握当代中国人民的抱负和梦想，很难全面把握中国人民选择的发展道路。"[1]中国共产党正是深刻认识到重视、研究、借鉴历史文化的重要性、必要性，从而在人类文明新形态的创造进程中注重并善于把握历史与现实的辩证关系，不断用马克思主义的立场、观点、方法审视并改造传统文化，不断以马克思主义真理力量激发其内在活力，使5000多年中华文明得以激活，与时俱进推动中华优秀传统文化的转化与创新。无论是天下为公的大同思想，民为邦本的人本理念，天人合一的和谐观念，还是"和而不同、美美与共"的文明理念，等等，中国传统的智慧精华不仅与马克思主义在思想内容和价值追求上具有内在的一致性，而且深刻影响了马克思主义中国化时代化发展，深刻影响着人类文明新形态的创造。这是数千年文明历史所赋予中国式现代化建设的深厚底蕴，标注了人类文明新形态磅礴的中国气派。

习近平总书记高度重视中华优秀传统文化，并且明确提出了"两个结合"这一重大命题，指出："马克思主义传入中国后，科学社会主义的主张受到中国人民热烈欢迎，并最终扎根中国大地、开花结

---

[1]《习近平书信选集》(第一卷)，中央文献出版社2022年版，第62页。

果，决不是偶然的，而是同我国传承了几千年的优秀历史文化和广大人民日用而不觉的价值观念融通的。"①可以明确的是，无论在思想上，还是在方法上，两者相当一致。马克思主义饱含着为人类求解放的博大情怀和理论自觉，这与中华优秀传统文化中"民惟邦本，本固邦宁""治国之道，必先富民"的民本思想具有内在的契合性；马克思主义关注人与人、人与社会、人与自然的和解，与中华优秀传统文化中"天地并生""万物为一""天人合一"思想具有内在的统一性；马克思主义认为的事物发展规律是新事物的产生和旧事物灭亡，与中华传统文化中"苟日新，日日新，又日新"的思想具有方法的一致性；马克思主义中"自由人联合体的社会"与中华优秀传统文化中"大道之行，天下为公"的思想具有价值追求的同一性……马克思主义在中国大地根深叶茂的关键在于中华优秀传统文化这一丰沃土壤环境的滋养，马克思主义与中华优秀传统文化相结合是人类文明新形态得以创造的重要影响因素。可以说，继续挖掘中华优秀传统文化的文明精华，推进马克思主义基本原理同中华优秀传统文化的深度结合，对于丰富和发展人类文明新形态意义重大。

三、在中国式现代化道路的推进和拓展中丰富和发展

从新民主主义革命时期的探索到社会主义革命建设时期的开拓，再到改革开放和社会主义建设时期的发展，直至新时代的开创，中国共产党领导人民始终在中国式现代化建设的宏伟目标下砥砺前行。这种接续探索使人类文明新形态得以从理论走向实践、从空想变成现实，在中国式现代化道路上开花结果。中国式现代化建设的推进和拓

---

① 《习近平谈治国理政》（第三卷），外文出版社2020年版，第120页。

初心如磐
——中国式现代化的本质要求

展就是理解人类文明新形态"何以出场"的重要因素，也是推进其丰富和发展的关键所在。从人类文明新形态的创造历程看，新时代"质"的飞跃是在党和国家以往探索"量"的积累基础上的新发展。人类文明新形态的明天也必将伴随着中国式现代化道路的推进和拓展而不断发展。

党在百年奋斗的不同历史时期探索中国式现代化道路而创造的伟大成就、实现的伟大飞跃，无不是推进民族复兴的重大进步，无不标注着人类文明新形态创造的重大进展。这一人类文明的崭新形态孕育于中国式现代化道路创造进程和成就之中，又标识着民族复兴的铿锵步伐。中国共产党领导人民每完成一个历史时期中国式现代化道路探索的主要任务时，都将人类文明新形态发展至新的高度。

党领导中国人民取得新民主主义革命的伟大成就。在这一时期，中国共产党掌握历史主动，"挽狂澜于既倒"，不仅清晰研判了近代以来中国社会"帝国主义和中华民族""封建主义和人民大众的矛盾"的根本矛盾，而且成功领导中国人民取得反帝反封建的新民主主义革命的胜利，从而建立起人民当家作主的共和国，使民族独立和人民解放问题得到了彻底的解决，实现了"站起来"的伟大飞跃，完成了中国式现代化道路的社会主义定向，为人类文明新形态的创造提供了根本社会条件。

中国共产党领导中国人民取得社会主义革命和建设的伟大成就，在这一时期，我们确立了以"五年计划"作为规划部署经济社会发展任务的基本方式，圆满完成了新中国成立以来第一个"五年计划"，绘制了新中国发展的第一张"工业化"蓝图。这是新中国成立后中国共产党对社会主义现代化建设道路的最初探索，也标志着中国共产党对现代化的认识实现了从"工业化"向"现代化"的转变，为中国式现代化道路的成功开辟，为改革开放后提出完整的现代化建设目标和

第九章
创造人类文明新形态

系统的战略部署提供了宝贵经验、理论准备、物质基础,为人类文明新形态的创造奠定了根本政治前提和制度基础。

党领导中国人民取得改革开放和社会主义现代化建设的伟大成就,在这一时期,随着计划经济向社会主义市场经济的转变,"五年计划"的规划部署也发生了深刻变化。1980—1985年的"六五计划",将"国民经济计划"改为"国民经济和社会发展计划"。2006—2010年的"十一五规划",第一次将"计划"改为"规划"。这种深刻改变,体现了中国共产党人对社会主义现代化建设规律认识的新提升,这种战略谋划,对中国式现代化道路的创造,对整个中国式现代化建设事业的发展,具有重大而深远的意义。在这一时期,中国不仅实现了"富起来"的伟大飞跃,而且为人类文明新形态的创造提供了充满新的活力的体制保证和快速发展的物质条件。

中国共产党领导中国人民取得新时代中国特色社会主义的伟大成就。我们党从第一个五年计划到第十四个五年规划,一以贯之的主题就是把我国建设成为社会主义现代化国家,不断为中国式现代化道路的开辟注入内生动力,不断为人类文明新形态的创造进行"量的积累"。尽管我们曾经走过弯路,遭遇过困难,经受过挫折,但建设社会主义现代化国家、实现民族复兴的梦想的意志和决心始终没有动摇。在这一过程中,我们党对中国式现代化建设在认识上不断深入,在战略上不断成熟,在实践上不断丰富,在理论上不断创新。我们党统筹改革开放前和改革开放后这两个既相互联系又有重大区别的历史时期,接续进行中国式现代化道路的实践探索,成功创造了中国式现代化道路,为人类文明新形态的开创提供了更为完善的制度保证、更为坚实的物质基础、更为主动的精神力量。可以说,继续推进和拓展中国式现代化道路,对于丰富和发展人类文明新形态意义重大。

总之,社会发展总是继承性与发展性、总体性与阶段性的具体的、历史的统一。正如习近平总书记指出的："坚持和发展中国特色社会主义是一篇大文章……我们这一代共产党人的任务，就是继续把这篇大文章写下去。"[①]对于人类文明新形态而言，它的发展和完善也是"一篇大文章"，需要我们从坚持党的领导，坚持"两个结合"，坚持中国式现代化道路的推进和拓展等层面出发，厘清人类文明新形态的阶段性特点、未来发展需要和必备的物质和精神条件，从而更好把握人类文明新形态的前进方向。

---

① 《习近平谈治国理政》（第一卷），外文出版社2018年版，第23页。

延伸阅读

全新的人类文明形态"新"在哪儿*

"中国式现代化,深深植根于中华优秀传统文化,体现科学社会主义的先进本质,借鉴吸收一切人类优秀文明成果,代表人类文明进步的发展方向,展现了不同于西方现代化模式的新图景,是一种全新的人类文明形态。"

2023年2月7日,在新进中央委员会的委员、候补委员和省部级主要领导干部学习贯彻习近平新时代中国特色社会主义思想和党的二十大精神研讨班开班式上,习近平总书记从人类文明的高度和广度对中国式现代化作出全面深刻阐释,彰显了大党大国领袖宏阔的文明视野和宽广的世界眼光。

中国式现代化,人类文明史册的崭新华章。从建党百年之际首次提出"人类文明新形态",到党的第三个历史决议强调"党领导人民成功走出中国式现代化道路,创造了人类文明新形态",再到党的二十大将"创造人类文明新形态"作为中国式现代化本质要求的一个重要内容,我们党对人类文明新形态的认识和理解一以贯之、步步深入。

2021年7月1日,天安门城楼上,习近平总书记对百年大党开辟中国式现代化新道路的伟大成就作出深刻总结:"我们坚持和发展中国特色社会主义,推动物质文明、政治文明、精神文明、社会文明、生态文明协调发展,创造了中国式现代化新道路,创造了人

---

* 参见《全新的人类文明形态"新"在哪儿》,新华网,2023年2月15日。编者对内容有所修改。

类文明新形态。"坚持以马克思主义为指导，把马克思主义基本原理同中国具体实际相结合、同中华优秀传统文化相结合，中国式现代化道路越走越宽广，不断为人类文明新形态的创造与丰富提供源头活水。党的先进性，决定了创造中国式现代化新道路、创造人类文明新形态的必然性。

中国式现代化，打破了"现代化=西方化"的迷思，消解了以西方文明定义现代化的"思维定势"，为人类文明谱系贡献了新样态，为人类文明发展提供了新方案。党的二十大报告明确中国式现代化5个方面的中国特色，展现了中国式现代化迥异于西方以资本为中心、两极分化、物质主义膨胀、对外扩张掠夺的现代化。"中国式现代化蕴含的独特世界观、价值观、历史观、文明观、民主观、生态观等及其伟大实践，是对世界现代化理论和实践的重大创新"。天下为公、民为邦本、天人合一、自强不息、厚德载物……这些内嵌于中华五千年文明、流淌在中国人血脉之中的文化基因，奠定了中国式现代化、人类文明新形态的精神之基。

中国式现代化"借鉴吸收一切人类优秀文明成果"，彰显了中华文明的强大包容性，展现了中国共产党作为世界最大马克思主义执政党的格局与担当。"中国共产党愿同各国政党交流互鉴现代化建设经验，共同丰富走向现代化的路径，更好为本国人民和世界各国人民谋幸福。"中国式现代化，秉持平等、互鉴、对话、包容的文明观，必将以文明交流超越文明隔阂，以文明互鉴超越文明冲突，以文明共存超越文明优越，为人类文明发展注入蓬勃生机。

结　语
在新征程上全面贯彻、丰富拓展中国式现代化的本质要求

为何要实现现代化，实现什么样的现代化，如何实现现代化是近代以来中华民族和中国人民必须回答的历史之问、国家之问、时代之问。中国共产党带领人民在百年持续奋斗中，开创、推进和拓展了中国式现代化。牢牢把握新时代新征程党的使命任务，必须完整准确理解、全面贯彻落实、不断丰富拓展中国式现代化的本质要求，以中国式现代化全面推进中华民族伟大复兴。

一、完整准确理解中国式现代化的本质要求

党的二十大报告将中国式现代化的本质要求概括为九个方面，这些本质要求紧密联系、内在贯通，蕴含了新时代党治国理政的成功经验，是中国特色社会主义理论的一次重大创新。完整准确理解中国式现代化的本质要求，必须坚持学、思、用贯通，知、信、行统一，提升党员干部的思维层次和工作水平，奋力开创全面建设社会主义现代化国家新局面。

（一）要全面系统学

中国式现代化理论是一个相对独立完整的科学理论体系，内涵丰富、思想深邃、逻辑严密、博大精深。习近平新时代中国特色社会主义思想回答了"三个重大时代课题"，其中第二个重大时代课题就是"建设什么样的社会主义现代化强国、怎样建设社会主义现代化强国"。党的二十大报告对新中国成立特别是改革开放以来在现代化建设方面的长期探索和实践基础上取得的成果，作了集中总结和深刻阐释，包括五个方面的鲜明特色、九个方面的本质要求、五项重大原则等。这些成果是我们党在现代化理论和实践上的重大创新和突破，对马克思主义中国化时代化最新成果做了原创性的理论贡献。深入学习领会中国式现代化的本质要求，要做好"上下文章"，同党的几代领导人关于现代化的讲话、报告结合起来；要做好"前后文章"，同党的十八大以来习近平总书记关于中国式现代化的一系列重要论述结合起来；要做好"左右文章"，要同党的二十大报告关于中国式现代化的一系列新思想新论断新观点结合起来，既要整体把握、全面系统，又要突出重点、抓住关键，不断增强理论学习的全面性和整体性，真正在深层次上提高思想理论水平。

（二）要及时跟进学

马克思主义之所以能始终保持强大生命力，一个重要原因就在于它有与时俱进的理论品格。党的二十大报告指出："中国共产党为什么能，中国特色社会主义为什么好，归根到底是马克思主义行，是中国化时代化的马克思主义行。"中国式现代化的科学理论体系植根于社会主义现代化建设的伟大实践，并在实践中不断得到发展，是一个开放包容、与时俱进的科学理论体系，必须常学常新。及时跟进学，

结 语
在新征程上全面贯彻、丰富拓展中国式现代化的本质要求

就是要在读原著、学原文、悟原理上下功夫。原著原文是最权威的，要原原本本、逐字、逐句、逐篇反复研读，不断挖掘理论中的新内容和新含义。毛泽东同志曾说："马列主义的书要经常读。《共产党宣言》，我看了不下一百遍，遇到问题，我就翻阅马克思的《共产党宣言》，有时只阅读一两段，有时全篇都读，每读一次，我都有新的启发。"只有学深学透原著原文，才能全面准确把握中国式现代化的科学理论体系。及时跟进学，就是要在与时俱进上下功夫，及时掌握新思想和理论新动向，做到学习跟进、认识跟进、行动跟进。

（三）要深入思考学

中国式现代化理论是习近平新时代中国特色社会主义思想的重要组成部分。学习中国式现代化理论，必须坚持学思结合，力求学深悟透，把科学理论变成强大的物质力量。深入思考学，就是要坚持问题导向。问题是时代的声音，要把研究和解决中国式现代化的重大现实问题作为根本出发点，以求破解之法的心态深入学习，敢于抓久拖不决令人头疼的问题，抓不敢触动不敢啃的问题，抓厘不清拿不准的问题，把中国式现代化不断推向前进。深入思考学，就是要在掌握规律上下功夫。社会都是按照一定的规律在运动变化着的，谁理解掌握并顺应了规律，谁就能成为推动历史前进的力量，否则就会落后甚至被时代淘汰。中国式现代化理论既遵循人类现代化的一般规律、社会主义现代化的普遍规律，又遵循中国社会主义现代化的特殊规律，体现了现代发展的规律性和多样性、普遍性和特殊性的统一。深入思考学，就是要持之以恒学到底。理论学习没有捷径可走，在学习上要舍得花精力、下苦功，坚持往深里走、往实里走、往心里走。只有经过深刻的学思践悟，才能做到知其言更知其义、知其然更知其所以然，把中国式现代化理论的每一点都领会深、领会透。

（四）要联系实际学

中国式现代化理论是全面建设社会主义现代化国家战略布局的理论支撑，全面系统回答了中国实现现代化的目标、道路、原则、方向、路径、方法、重点和着力点、本质要求、世界意义等一系列重大理论和实践问题，推动实现中华民族伟大复兴进入不可逆转的历史进程。但"推进中国式现代化，是一项前无古人的开创性事业，必然会遇到各种可以预料和难以预料的风险挑战、艰难险阻甚至惊涛骇浪"[1]。领导干部要坚持"三个摆进去"，在推进中国式现代化建设上走在前列、勇当尖兵。坚持把自己摆进去，学出过硬信念。要联系自身工作学习中的短板，增强理论学习的主动性与积极性，检验自己是否感悟到党的领导是实现中国式现代化的根本保证，是否领悟到中国式现代化的重大意义，是否坚定以中国式现代化全面推进中华民族伟大复兴的信心。坚定理想信念，砥砺奋斗前行。坚持把职责摆进去，学出高强本领。要充分认识加强理论学习的重要性，夯实责任担当的理论基础、打牢履职尽责的知识基础，在风险挑战中练就想干事、会干事、干成事的逐梦本领。坚持把工作摆进去，学出担当作为。履职尽责是对党员干部的基本要求，要发扬理论联系实际的马克思主义学风，立足本地区本行业本单位的实际，撸起袖子加油干，在攻坚克难中增强斗争本领，用工作实效检验责任担当。

---

[1]《习近平在学习贯彻党的二十大精神研讨班开班式上发表重要讲话强调　正确理解和大力推进中国式现代化》，载《人民日报》2023年2月8日。

结　语
在新征程上全面贯彻、丰富拓展中国式现代化的本质要求

二、全面贯彻落实中国式现代化的本质要求

党的二十大报告擘画了以中国式现代化全面推进中华民族伟大复兴的宏伟蓝图，明确提出中国式现代化的本质要求，这是对推进什么样的中国式现代化的深刻阐释，也是怎样推进中国式现代化的行动指南。蓝图已经绘就，需要团结一心、担当作为、勇毅前行，全面贯彻落实中国式现代化的本质要求，以饱满的精神状态开创中国式现代化的崭新局面。

（一）树立战略思维，在吃透党中央决策部署上下功夫

战略思维是我们党的重要思维方法，是思维能力现代化的重要特征。树立战略思维就是要高瞻远瞩、统揽全局，善于把握事物发展总体趋势和方向，在解决策略问题中实现战略目标。踏上新征程，世界之变、时代之变、历史之变的特征更加明显，领导干部要善于从战略上看问题、想问题，前瞻性思考、全局性谋划、整体性推进，为实现中华民族伟大复兴历史伟业提供科学思维方法。

要有全局意识，增强工作的系统性。全面建设社会主义现代化国家是一盘大棋，更是一项伟大而艰巨的事业，有许许多多的重大问题，都需要从战略上进行思考、研究和筹谋。但在实际工作中，很多领导干部缺少观大势、谋全局的能力，有的认为总揽全局是大领导的事，在地方、基层或部门工作没必要拥有战略思维，有的毫不关心党中央关注什么、强调什么、反对什么、禁止什么，有的陷入鸡零狗碎的事务主义，只解决具体问题而忽略深层次问题，头痛医头、脚痛医脚，最终阻碍了中央政令畅通，也做不好局部工作。不谋全局者不足谋一域。领导干部"要心怀'国之大者'，站在全局和战略的高

初心如磐
——中国式现代化的本质要求

度想问题、办事情,一切工作都要以贯彻落实党中央决策部署为前提,不能为了局部利益损害全局利益、为了暂时利益损害根本利益和长远利益"[①],既要吃透"上头",也要吃透"下头",实现党中央精神到地方实际工作的有效转化,既为一域争光,更为全局添彩。

要有前瞻意识,增强工作的预见性。预见就是要考虑如何正确处理当前与长远的关系,把握好两者相辅相成、辩证统一的关系,才能准确识变、科学应变、主动求变。以中国式现代化全面推进中华民族伟大复兴,是一个长期的历史进程。党的二十大站在"两个大局"的制高点,宏观展望全面建成社会主义现代化强国"两步走"战略安排,重点部署未来5年的战略任务和重大举措。但一些地方缺少长远眼光,为了一时政绩而短视决策,杀鸡取卵,导致长远目标短期化,短期措施又反向冲击长远计划,损害了党中央重要决策部署。不谋长远者不足以谋一时。领导干部要用长远眼光看问题,既在战略上坚持持久战,又在战术上打好歼灭战,牢牢掌握战略主动权,实现伟大的战略目标。

要有战略定力,增强工作的原则性。战略定力是对战略目标的自信、意志和毅力。全面建设社会主义现代化国家是一项前无古人的开创性事业,实现这个目标不可能一帆风顺,尤其是进入新时代,世界形势风云变幻、国家形势错综复杂,敌对势力疯狂地攻击中国式现代化,企图阻断中华民族伟大复兴的进程。一些领导干部受到了干扰,有的患得患失、瞻前顾后、随波逐流,有的想重回封闭僵化的老路,有的想走改旗易帜的邪路,这个时候最需要的就是坚如磐石的战略定力。保持战略定力,要树立对马克思主义的坚定信仰,对共产主义和中国特色社会主义的坚定信念,对实现中华民族伟大复兴的坚定信

[①] 《习近平谈治国理政》(第四卷),外文出版社2022年版,第42页。

心；要增强抵御风险挑战的能力，拿起政治的"望远镜""显微镜""透视镜"进行观察，从一般事务中发现政治问题，从倾向性、苗头性问题中发现政治端倪，从立体多面的社会现实中把握政治逻辑；要始终保持清醒坚定，不为各种错误观点所左右，不为任何风险所惧，不为一切干扰所惑，坚定不移推进中国式现代化。

（二）做好政策衔接，在破解现实难题上出实招、出硬招

迈上全面建设社会主义现代化国家新征程，国家治理领域的各方面政策既不能僵化停滞，又要坚决反对乱"翻烧饼"，保持连续性、稳定性与可持续性，一步一个脚印地把伟大事业推向前进，创造令世人刮目相看的新的更大奇迹。各级领导干部要立足本职岗位，多出精准有效的硬招，多出针对性强的实招，多出提升发展能力的新招，成为精准破解难题的行家里手。

多出精准有效的实招，突出政策针对性。民心是最大的政治，民之所望，政之所向，人民群众对美好生活的向往就是我们的奋斗目标。在发展的过程中，还有一些难啃的"硬骨头"，一些群众普遍关心的突出问题、一些发展亟待解决的痛点难点问题，这都是党员干部排忧解难的履职清单，解决得好不好、实不实，直接关系到党的执政地位。党的二十大报告指出："深入群众、深入基层，采取更多惠民生、暖民心举措，着力解决好人民群众急难愁盼问题"。解决人民群众最关心最直接最现实的利益问题，招数并不在多，但求切中要害。领导干部必须真正沉下来、到基层、去一线，听真言、学真知、悟真谛，把困难摸清摸透；必须敢担当、善作为，把对策和方法考虑周密，在痛点难点问题上寻求突破，拿出实实在在的过硬举措，真正做到从源头上破解难题。

多出整体协同的硬招，保持政策连续性。中国共产党的初心和使

初心如磐
——中国式现代化的本质要求

命是为中国人民谋幸福、为中华民族谋复兴。为了实现这个目标，我们党坚持一任接着一任干，一张蓝图绘到底，从第一个五年计划到第十四个五年规划，体现了政策的稳定性、连续性，很多外国学者把这看成是中国之治的密码。习近平总书记明确指出，"规划科学是最大的效益，规划失误是最大的浪费，规划折腾是最大的忌讳"[①]。在过去较长时期内，由于政绩观的扭曲、领导干部意志膨胀和体制机制的不完善，有的一任领导一个思路，有的一届政府一套规划，有的政出多门并互相矛盾，浪费了大量人力物力财力，害苦了百姓，损害了党和政府的形象。领导干部要提高站位、胸怀大局，高度重视长远发展规划，出台政策要有充分的包容性和系统性，执行政策要及时修改、补充、完善，形成政策变迁的闭环；要注重规划的科学性，必须遵循经济社会发展规律，不做表面文章，绘好发展蓝图，并一以贯之执行好落实好；要注重决策的民主性和科学性，将民主集中制贯穿公共决策各方面、各环节，既要借鉴已有经验和先进做法，又要开门决策，问需、问政、问计于民，真正发挥集体的"乘数效应"，确保工作平稳顺利推进。

多出提升发展能力的新招，增强政策衔接性。未来，希望与挑战并存，尤其是全面建设社会主义现代化国家，最艰巨最繁重的任务仍然在农村，全面实施乡村振兴战略的深度、广度、难度都不亚于脱贫攻坚。习近平总书记强调，"要做好巩固拓展脱贫攻坚成果同乡村振兴有效衔接，工作不留空档，政策不留空白"[②]。从一线实践来看，二者的衔接还不够顺畅，有的地方认为脱贫"摘帽"就是终点，有的

[①] 中共中央党史和文献研究院编：《习近平关于城市工作论述摘编》，中央文献出版社2023年版，第74—75页。

[②] 《习近平著作选读》（第二卷），人民出版社2023年版，第76页。

地方缺乏政策之间的过渡接续等,有的地方盲目用脱贫攻坚的老办法来解决新问题,导致难以实现新突破、见到新气象、取得新成效。脱贫攻坚和乡村振兴要做好政策衔接,分类确定需要取消的、接续的、完善的政策,研究现行倾斜性支持政策的延续时限与脱钩方法,注重总结梳理脱贫攻坚中成熟的实践经验,在坚持的基础上进行创新;转变政策供给方式,把临时性帮扶政策转成常态化支持政策,把超常规性政策转成常规性政策,把特惠性政策转成普惠性政策;强化脱贫攻坚政策与社会保障政策的衔接,均衡发展农村基础设施和教育、医疗等公共服务,为少数特殊困难群众兜牢社会保障底线。

(三)推进落地深根,在贯彻落实党中央决策部署上作表率

"一分部署,九分落实"。治国理政不是纸上谈兵,贵在落实和执行。再美好的战略愿景、再周密的战略部署,都需要高效的执行能力才能成为现实,否则只会成为水中月、镜中花。党的二十大报告指出:"健全总揽全局、协调各方的党的领导制度体系,完善党中央重大决策部署落实机制,确保全党在政治立场、政治方向、政治原则、政治道路上同党中央保持高度一致,确保党的团结统一。"全体党员要不折不扣地贯彻落实党的二十大作出的各项决策部署。

要在用党的创新理论武装上作表率。政治上的坚定源于理论上的清醒,理论上的清醒离不开理论武装和思想教育。新征程上,学习贯彻党的二十大精神,当务之急就是自觉主动用习近平新时代中国特色社会主义思想和习近平强军思想武装头脑、指导实践、推动工作,把握好习近平新时代中国特色社会主义思想的世界观和方法论,坚持好、运用好贯穿其中的立场观点方法,切实把中国式现代化理论转化为推进党和国家工作的锐利武器,在推动事业发展上见真章、出实效。

要在同党中央精神对标对表上作表率。万山磅礴,必有主峰。党

初心如磐
——中国式现代化的本质要求

的二十大制定的路线方针政策,是全党全国各族人民统一思想、统一意志、统一行动的依据。但是一段时期以来,党内还存在不少落实党的领导弱化、虚化、淡化、边缘化问题。对党忠诚是共产党人首要的政治品质,各级领导干部要强化全局视野和系统思维,自觉把工作放在党和国家事业大局中考量和推进,深刻领会什么是党和国家最重要的利益,"切实做到党中央提倡的坚决响应,党中央决定的坚决执行,党中央禁止的坚决不做,坚决维护党中央权威和集中统一领导"[1],确保党中央政令畅通、令行禁止;必须不断强化标杆意识,各地区各部门确定工作思路、工作部署、政策措施,要时刻关注党中央在关心什么、强调什么,向党中央看齐,向党的理论和路线方针政策看齐,向党中央决策部署看齐,坚持用党中央精神分析形势、统一认识、推动工作,坚持自觉对标对表,不断校正自己的思想和行为偏差,始终与党同心同德。

要在坚决贯彻落实党中央重大战略部署上作表率。事在四方,要在中央。对党中央作出的决策、部署的工作、定下的事情,无论形势多复杂、任务多繁重、挑战多艰巨,必须雷厉风行,顶着压力也要干,否则就会大大弱化政策的效果。在实际工作中,还存在对党中央重大决策部署敷衍了事、象征性执行、另搞一套的两面派。同党中央保持一致,不仅要看政治表态,更要看具体行动。把党的二十大描绘的宏伟蓝图变成美好现实,各级领导干部必须敢于担当,在落实上聚焦、聚神、聚力,对党中央作出的战略决策必须无条件执行,确保不打折扣、不荒腔走板、不搞变通,努力消除"中梗阻",打通"最后一公里",确保党中央各项重大部署落到实处、见到实效;必须讲求战略战术,要科学分析、深入研究,吃透党中央精神,对中央有具体

---

[1] 《习近平谈治国理政》(第四卷),外文出版社2022年版,第44页。

要求的，要一层一层抓落实，一项一项抓落实，一抓到底，对中央提出原则要求的，要立足本地区、本部门的实际进行细化实化，既保证党中央政令畅通，又发挥地方的积极性主动性，更好地把中国式现代化的本质要求落实到各项工作之中。

三、不断丰富拓展中国式现代化的本质要求

党的二十大全面把握党和国家事业发展新要求、人民群众新期待，向全党全军全国各族人民发出新的动员令："从现在起，中国共产党的中心任务就是团结带领全国各族人民全面建成社会主义现代化强国、实现第二个百年奋斗目标，以中国式现代化全面推进中华民族伟大复兴。"宏伟目标的实现不是轻轻松松的，必须准备付出更为艰巨、更为艰苦的努力。前进道路上，要以坚定的历史自信、主动的历史担当、高度的历史自觉，踔厉奋发、勇毅前行，为全面推进中华民族伟大复兴而团结奋斗！

（一）践行初心、担当使命，不断推进民族复兴的历史伟业

中国共产党自成立以来，始终把为中国人民谋幸福、为中华民族谋复兴作为自己的初心使命，这是贯穿我们党百年奋斗史的一条红线。一百年来，从石库门到天安门，从兴业路到复兴路，从一艘小小红船到领航中国行稳致远的巍巍巨轮，根本原因在于中国共产党人始终秉持为民初心，强化使命担当，得到了人民的支持。

为了把我国建设成为现代化强国，无数先辈筚路蓝缕、披荆斩棘，进行了艰苦卓绝的奋斗，从第一个五年计划到第十四个五年规划，一届接着一届干。现在我们已经实现了第一个百年奋斗目标，正迈上实现第二个百年奋斗目标的新征程。初心易得，始终难守。在长

初心如磐
—— 中国式现代化的本质要求

期执政条件下,少数党员和干部在一片喝彩声、赞扬声中自我革命意志衰退,有的不愿担当、不敢担当、不会担当,有的目无法纪甚至顶风违纪,有的理想信念丧失,精神缺"钙",这些与党的初心使命是完全背道而驰的,如不解决,初心使命就只是空中楼阁。在全面建设社会主义现代化国家新征程上,如何践行初心、担当使命,是关系党和国家事业发展的全局性、根本性重大理论和实践问题。事业越是伟大、任务越是艰巨,越不能忘记走过的路和为什么出发,全党要牢记中国共产党是什么、要干什么这个根本问题,把握历史发展大势,坚定理想信念,牢记初心使命,以行百里者半九十的清醒,坚持不懈推进中华民族伟大复兴。

（二）锐意进取、团结奋斗,继续创造令人刮目相看的奇迹

力量源于团结、事业成于奋斗。党的百年奋斗史,就是一部领导人民团结奋斗、赢得伟大胜利的历史。团结奋斗是中国共产党人和中国人民最显著的精神标识,更是党团结带领人民在新征程上克敌制胜的重要法宝。党的二十大报告提出"五个必由之路",其中之一就是"团结奋斗是中国人民创造历史伟业的必由之路",这一重大论断深刻彰显了百年大党带领亿万人民坚定不移推进中华民族伟大复兴的信心和决心。

沧海横流,方显英雄本色。进入新时代,党领导人民办成了一系列大事要事,战胜了一系列风险挑战,如期全面建成小康社会,实现第一个百年奋斗目标,这是党和人民同心同德、奋斗拼搏的结果,也是全体人民众志成城、顽强斗争的结果。现在,党团结带领全国各族人民踏上了实现第二个百年奋斗目标新的赶考之路,前进道路上面临的形势更加复杂,任务更加艰巨,道路更加坎坷。党的二十大报告指出,"党用伟大奋斗创造了百年伟业,也一定能用新的伟大奋斗创造

结　语
在新征程上全面贯彻、丰富拓展中国式现代化的本质要求

新的伟业"。全面建成社会主义现代化强国，要求我们一定要牢牢把握团结奋斗的时代要求，必须巩固和加强党的团结统一，保证全党思想上的统一、政治上的团结、行动上的一致，团结成"一块坚硬的钢铁"，为党和国家各项事业发展提供坚强政治保证；必须巩固和加强党同人民的团结，想人民之所想，急人民之所急，行人民之所嘱，保持党同人民群众的血肉联系，将14亿人的磅礴伟力汇聚成新时代中国昂扬奋进的洪流；必须巩固和加强海内外中华儿女大团结，建立最广泛的统一战线，最大限度凝聚起共同奋斗的力量，以更加昂扬的姿态和奋发有为的精神，在新征程上铸就令人刮目相看的新的更大的奇迹，这是对百年奋斗历史最好的致敬。

（三）坚定历史自信，增强历史自觉，掌握开创中国式现代化新道路的历史主动

察势者智，驭势者赢。回顾百年奋斗的历史征程，中国共产党坚持以马克思主义为指导，精准把握社会历史发展规律，始终顺应社会历史发展潮流，主动营造历史发展前景，以高度的历史主动性牢牢掌握自己的前途命运，推动中华民族伟大复兴进入不可逆转的历史进程。

历史主动精神是党领导人民创造现代化中国道路的重要经验。党的二十大报告指出："在新中国成立特别是改革开放以来长期探索和实践基础上，经过十八大以来在理论和实践上的创新突破，我们党成功推进和拓展了中国式现代化。"中国式现代化是最难的，也是最伟大的，因为它不是随心所欲地创造出来的，而是在汲取西方现代化经验成就的基础上，在对历史征程、时代潮流、未来选择的准确把握中，独立自主地探索出来的，体现了我们党对历史主动的深刻思索和勇于实践，是对人民之问、中国之问、世界之问的有效回答。中国共产党为什么能够成功，在未来又如何走向新的成功？习近平总书记深刻指

出:"在新的赶考之路上,我们能否继续交出优异答卷,关键在于有没有坚定的历史自信"[1]、"在历史智慧的学习运用中提升历史自觉、把握历史主动"[2]。面对"两个大局"相互交织的深刻变革,我们党必须立足当下、着眼未来,注重总结和运用历史经验,激励人民群众发挥自觉能动性,"既不走封闭僵化的老路,也不走改旗易帜的邪路,坚持把国家和民族发展放在自己力量的基点上"[3],掌握开创中国式现代化道路的历史主动,团结带领人民从伟大胜利走向新的伟大胜利。

（四）坚持发扬斗争精神,依靠顽强斗争打开事业发展新天地

人无精神则不立,国无精神则不强。斗争精神是马克思主义鲜明的理论品格,是中华民族精神的重要因子。中国共产党是在斗争中成长和壮大起来的,敢于斗争、敢于胜利,是党和人民不可战胜的强大精神力量。发扬斗争精神,也是党的二十大报告所强调的。

新时代的伟大成就,不是天上掉下来的,也不是任何人恩赐的,是党和人民在应对各种困难挑战中一道奋斗出来的。我们依靠斗争走到今天,也必然要依靠斗争走向未来,赢得更加伟大的胜利和荣光。当前,实现中华民族伟大复兴进入不可逆转的历史进程,但风险挑战只会越来越复杂,既要面对改革发展稳定中躲不开、绕不过的繁重任务,又要面对全面从严治党中顽固性、多发性的敏感问题,还要面对

---

[1] 《习近平谈治国理政》（第四卷）,外文出版社2022年版,第545页。

[2] 中共中央党史和文献研究院编:《习近平关于社会主义精神文明建设论述摘编》,中央文献出版社2022年版,第132页。

[3] 习近平:《高举中国特色社会主义伟大旗帜　为全面建设社会主义现代化国家而团结奋斗——在中国共产党第二十次全国代表大会上的报告》,人民出版社2022年版,第27页。

来自外部随时可能升级的围堵、打压和遏制。正如习近平总书记在学习贯彻党的二十大精神研讨班开班式上指出，"推进中国式现代化，是一项前无古人的开创性事业，必然会遇到各种可以预料和难以预料的风险挑战、艰难险阻甚至惊涛骇浪"。全面建成社会主义现代化强国，要不信邪、不怕鬼、不怕压，知难而进、迎难而上，统筹发展和安全，全力战胜前进道路上各种困难和挑战，依靠顽强斗争打开事业发展新天地，不断夺取全面建设社会主义现代化国家新胜利，创造无愧于党、无愧于人民、无愧于时代的新业绩。

主要参考文献

[1]《马克思恩格斯选集》(第一卷),人民出版社2012年版。

[2]《马克思恩格斯选集》(第四卷),人民出版社2012年版。

[3]《马克思恩格斯文集》(第一卷),人民出版社2009年版。

[4]《马克思恩格斯文集》(第二卷),人民出版社2009年版。

[5]《马克思恩格斯文集》(第五卷),人民出版社2009年版。

[6]《马克思恩格斯文集》(第八卷),人民出版社2009年版。

[7]《列宁选集》(第四卷),人民出版社2012年版。

[8]《毛泽东选集》(第一卷),人民出版社1991年版。

[9]《毛泽东选集》(第三卷),人民出版社1991年版。

[10]《邓小平文选》(第二卷),人民出版社1994年版。

[11]《邓小平文选》(第三卷),人民出版社1993年版。

[12]《习近平谈治国理政》(第一卷),外文出版社2018年版。

[13]《习近平谈治国理政》(第二卷),外文出版社2017年版。

[14]《习近平谈治国理政》(第三卷),外文出版社2020年版。

[15]《习近平谈治国理政》(第四卷),外文出版社2022年版。

[16] 习近平:《在文艺工作座谈会上的讲话》,人民出版社2015年版。

[17] 习近平:《论坚持推动构建人类命运共同体》,中央文献出版社2018年版。

[18] 习近平:《在庆祝改革开放40周年大会上的讲话》,人民出版社2018年版。

［19］习近平：《论党的宣传思想工作》，中央文献出版社2020年版。

［20］习近平：《在庆祝中国共产党成立100周年大会上的讲话》，人民出版社2021年版。

［21］习近平：《论坚持人民当家作主》，中央文献出版社2021年版。

［22］习近平：《论把握新发展阶段、贯彻新发展理念、构建新发展格局》，中央文献出版社2021年版。

［23］习近平：《加强政党合作　共谋人民幸福——在中国共产党与世界政党领导人峰会上的主旨讲话》，人民出版社2021年版。

［24］习近平：《高举中国特色社会主义伟大旗帜　为全面建设社会主义现代化国家而团结奋斗——在中国共产党第二十次全国代表大会上的报告》，人民出版社2022年版。

［25］《中共中央关于党的百年奋斗重大成就和历史经验的决议》，人民出版社2021年版。

［26］中共中央文献研究室编：《十八大以来重要文献选编》（上），中央文献出版社2014年版。

［27］中共中央文献研究室编：《习近平关于社会主义政治建设论述摘编》，中央文献出版社2017年版。

［28］中共中央党史和文献研究院编：《习近平关于中国特色大国外交论述摘编》，中央文献出版社2020年版。

［29］中共中央党史和文献研究院编：《习近平关于社会主义精神文明建设论述摘编》，中央文献出版社2022年版。

［30］习近平：《扎实推动共同富裕》，载《求是》2021年第20期。

［31］习近平：《在中央人大工作会议上的讲话》，载《求是》2022年第5期。

［32］习近平：《努力建设人与自然和谐共生的现代化》，载《求是》2022年第11期。

[33] 习近平：《为实现党的二十大确定的目标任务而团结奋斗》，载《求是》2023年第1期。

[34]《中央经济工作会议在北京举行　习近平李克强作重要讲话》，载《人民日报》2019年12月13日。

[35]《习近平在学习贯彻党的二十大精神研讨班开班式上发表重要讲话强调　正确理解和大力推进中国式现代化》，载《人民日报》2023年2月8日。

[36]《习近平在参加江苏代表团审议时强调　牢牢把握高质量发展这个首要任务》，载《人民日报》2023年3月6日。

[37] 习近平：《携手同行现代化之路——在中国共产党与世界政党高层对话会上的主旨讲话》，载《人民日报》2023年3月16日。

后 记

党的十八大以来,以习近平同志为核心的党中央进一步深化对中国式现代化的内涵和本质的认识,概括形成中国式现代化的中国特色、本质要求和重大原则,初步构建中国式现代化的理论体系,使中国式现代化更加清晰、更加科学、更加可感可行。习近平总书记在党的二十届一中全会上指出:"党的二十大对中国式现代化的本质要求作出科学概括。这个概括是党深刻总结我国和世界其他国家现代化建设的历史经验,对我国这样一个东方大国如何加快实现现代化在认识上不断深入、战略上不断完善、实践上不断丰富而形成的思想理论结晶。"本书依据党的二十大精神,从历史和当代、世界和中国、理论和实践的结合上,对中国式现代化的本质要求这一重要问题作出初步阐释和解读。

本书由中国历史唯物主义学会社会主义现代化研究专业委员会、天津大学社会主义现代化研究中心组织编写。本书具体分工为:导论,颜晓峰(天津大学);第一章,卢亮亮(天津大学);第二章,卢伟、赵静思(陆军工程大学);第三章,吴晓宇(陆军军事交通学院);第四章,任鹏(东北大学);第五章,刘博(天津大学);第六章,杨文圣、王嘉南(天津大学);第七章,柳兰芳(天津大学);第八章,张鹭(天津大学);第九章,崔菁颖(中国财政科学研究院);结语,黄玉莹、姚芳(空军预警学院)。颜晓峰负责全书提纲设计和统编,刘博、吴晓宇也参与了全书统稿,刘博负责撰写工作协调。

  本书的撰写得到了各位作者单位的支持帮助,在此表示衷心的感谢!

  不足之处,恳请各位读者批评指正。

作者

2023 年 12 月